誰でも憧れの筋肉ボディになれる！

太い腕と厚い胸板をつくる至高の筋トレ

日本体育大学准教授
柔道全日本男子チーム
体力強化部門長
岡田 隆

日本文芸社

太い腕と厚い胸板をつくる至高の筋トレ

CONTENTS

著者のことば

「筋力トレーニングは量と質、両方を追い求める時代へ」

これまでのトレーニングは、「〜キロを持ち上げた」「〜回挙上した」「〜セット実施した」というように、「質」より「量」が重視されてきました。

トレーニングの解説書においても、各種目のフォームは極めて簡単な写真で説明されるのみ。しかし、見よう見まねのフォームでは筋肉の形やサイズを理想に近づけることは難しい。トレーニングにおいて「量」と同じぐらい「質」が重要であることは、体づくりのプロであるボディビルダーなら誰しも感じるもの。これは一般の方々にも同じことがいえます。

本書では、今まで簡単に扱われていたトレーニングフォームを細分化して説明し、細かな動きやそのコツを逃さないように表現しました。特に太い腕、厚い胸といった男らしい体型を作り上げるためには、ターゲットとなる筋肉を常に意識して、それぞれのパーツにきっちりと刺激を与える必要があります。そのためには精密なフォームでトレーニングすることが大切。この本を読んでいただければ、各種目の正しいフォームを身に付けることが可能となります。

さらに本書で解説しているフォームを基本として、自らの骨格や柔軟性に合わせたフォームに微調整していけば、ケガのリスクも低くなり、理想とする筋肉を効率良く手に入れることができます。この本がみなさまのトレーニングの質を高め、理想の体型を作る大きな一助になれば幸いです。

岡田　隆

序章

太い腕と厚い胸の構造

太い腕と厚い胸板を手に入れるためには、腕を太くする筋肉、胸板を厚くする筋肉について知る必要がある。筋肉の構造や働きを知ることにより最適な鍛え方がわかる。

腕を太くする4つの筋肉

4つの筋肉が合わさって太い上腕部を形成する

Tシャツが似合う「太い腕」は、ひとつの筋肉ではなく、主に**4つの筋肉によって形成されている**。腕の上腕部を太くするには、この4つの筋肉をまんべんなく肥大させる必要がある。

上腕前面に膨らみを出す「上《じょう》腕《わん》二《に》頭筋《とうきん》」は、収縮して力こぶを作る筋肉。さらに上腕二頭筋の深部には「上腕筋《じょうわんきん》」があり、上腕前面に厚みを加えている。

上腕後面の「上腕三頭筋《じょうわんさんとうきん》」は、腕の太さに最も関わる筋肉。上腕三頭筋を筋肥大させることで、腕は太くなるとともに、丸太ん棒のような丸みが出る。

「腕橈骨筋《わんとうこっきん》」は上腕部よりも肘まわりを太くする筋肉。この筋肉が大きいと腕のラインにメリハリが出て格好良くなる。また、肘を曲げた時に盛り上がって肘側から腕の太さを強調する。

異なる働きをもつ筋肉は鍛え方もまったく異なる

筋肉を成長させる（筋肥大）ためには、筋肉を継続的に鍛え、体内で行われる筋タンパク質合成を促進させることが不可欠。

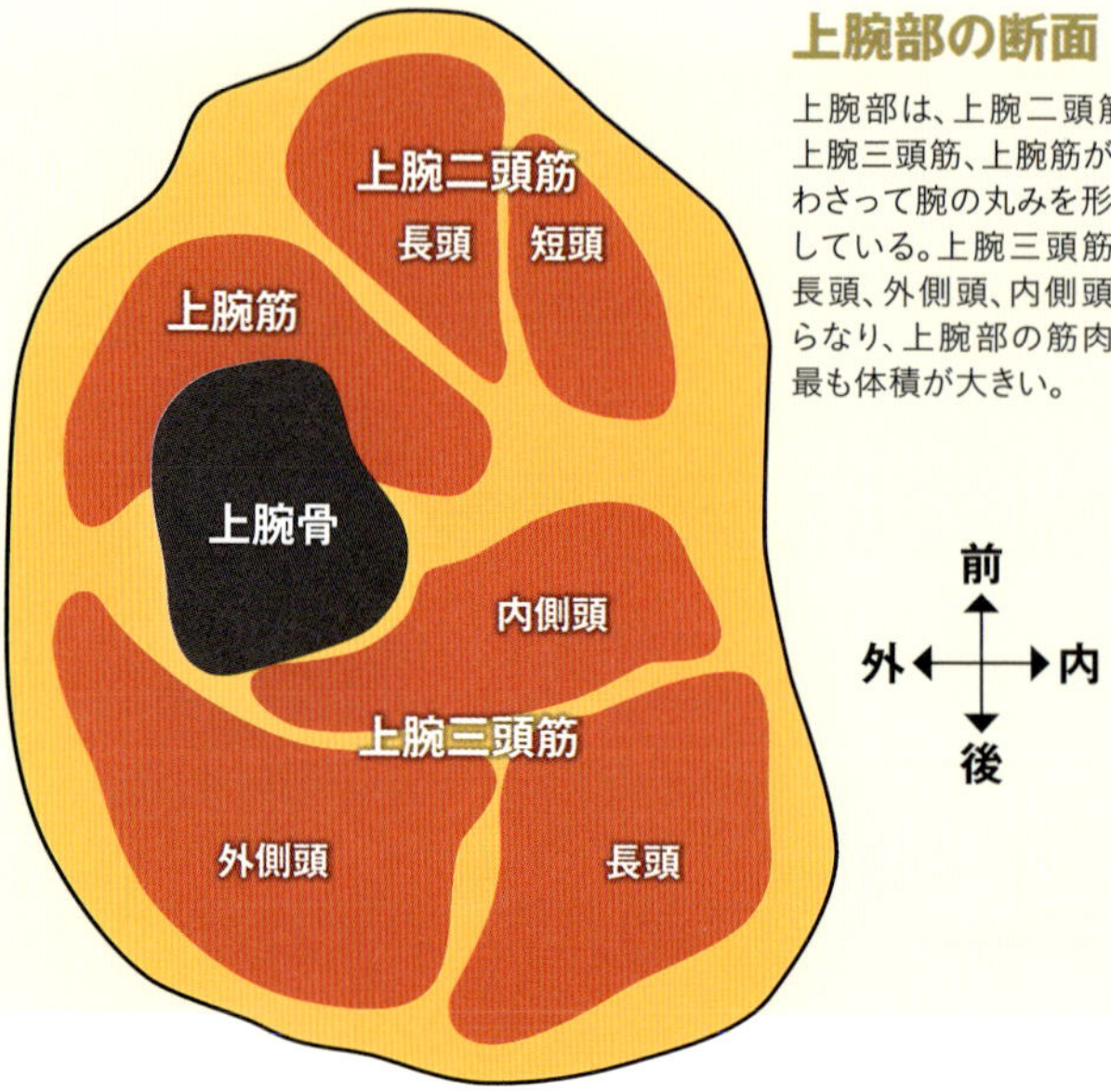
上腕二頭筋
長頭
短頭
上腕筋
上腕骨
内側頭
上腕三頭筋
外側頭
長頭
前
外
内
後

上腕部の断面

上腕部は、上腕二頭筋、上腕三頭筋、上腕筋が合わさって腕の丸みを形成している。上腕三頭筋は長頭、外側頭、内側頭からなり、上腕部の筋肉で最も体積が大きい。

上腕部の4つの筋肉

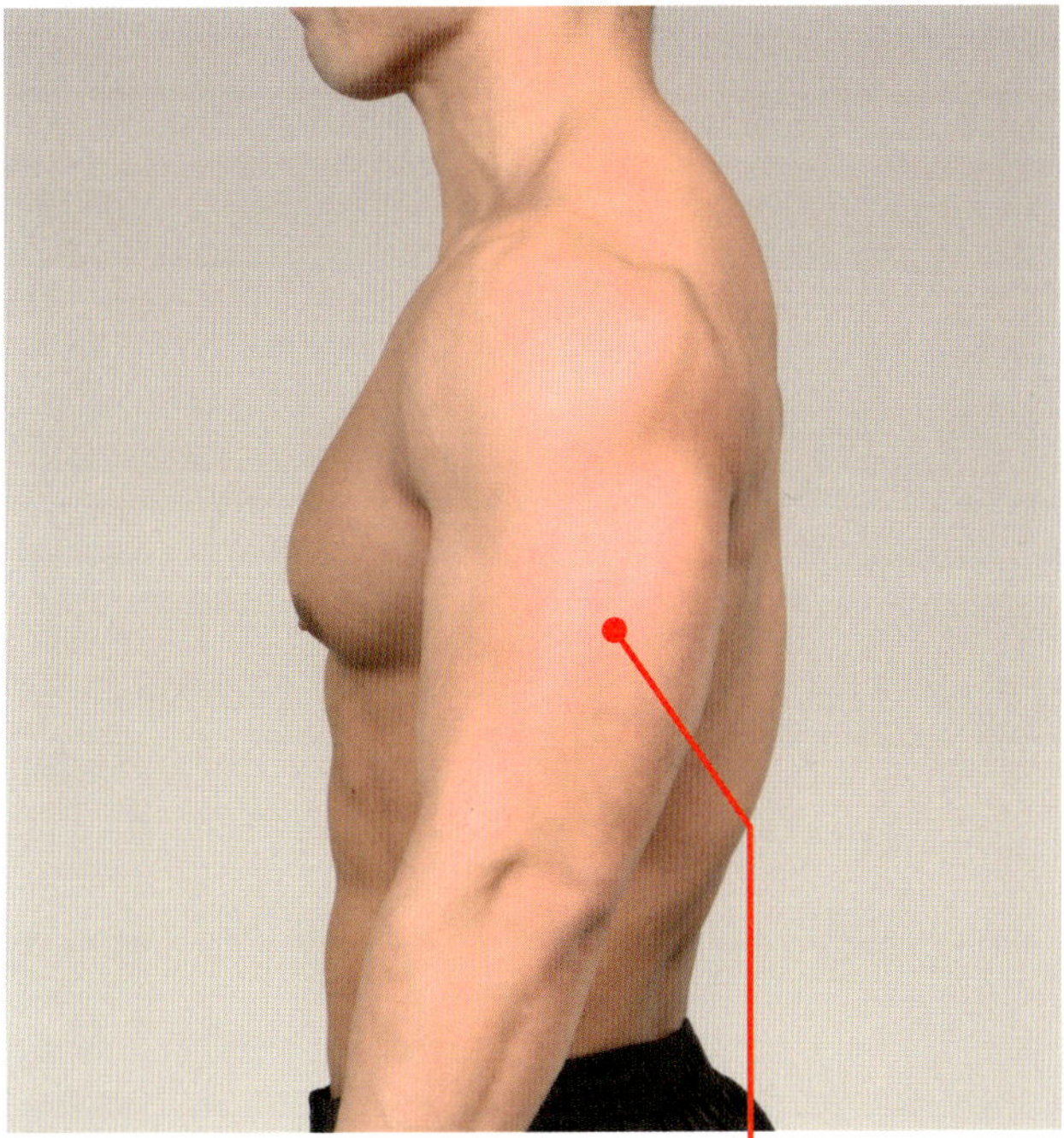

上腕部の4つの筋肉がそれぞれ筋肥大すれば、腕は太くたくましくなる。自分の腕を鏡なども使って観察し、各筋肉の位置や大きさなどを確かめてみよう。

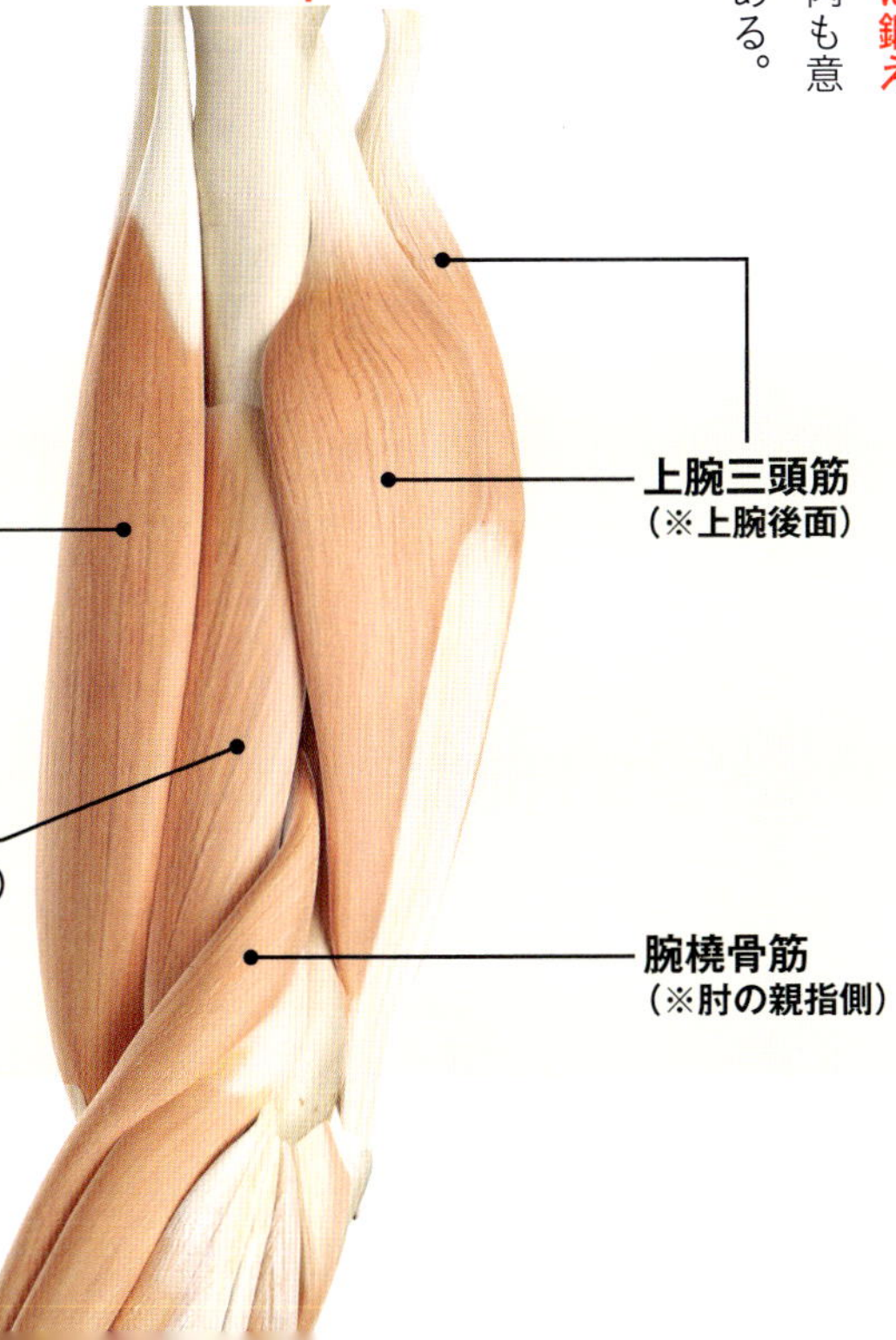

上腕二頭筋
（※上腕前面）
上腕筋
（※上腕二頭筋の深部）
上腕三頭筋
（※上腕後面）
腕橈骨筋
（※肘の親指側）

基本的に筋力は筋肉の断面積（筋断面積）に比例するため、筋肉が太くなれば、それにともなって筋力も強くなる。

各筋肉にはそれぞれ異なる働きがあり、働きが異なれば鍛え方も異なる。上腕部の筋肉も意識して鍛え分ける必要がある。

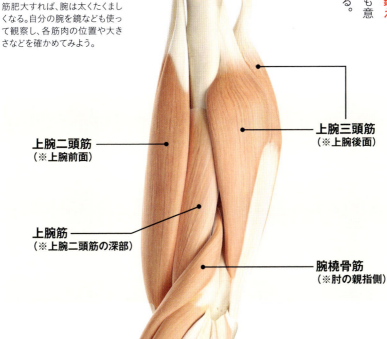

”バズーカ“岡田隆の上腕

上腕二頭筋

力こぶを作る筋肉。太くなると上腕部の前面が盛り上がる。

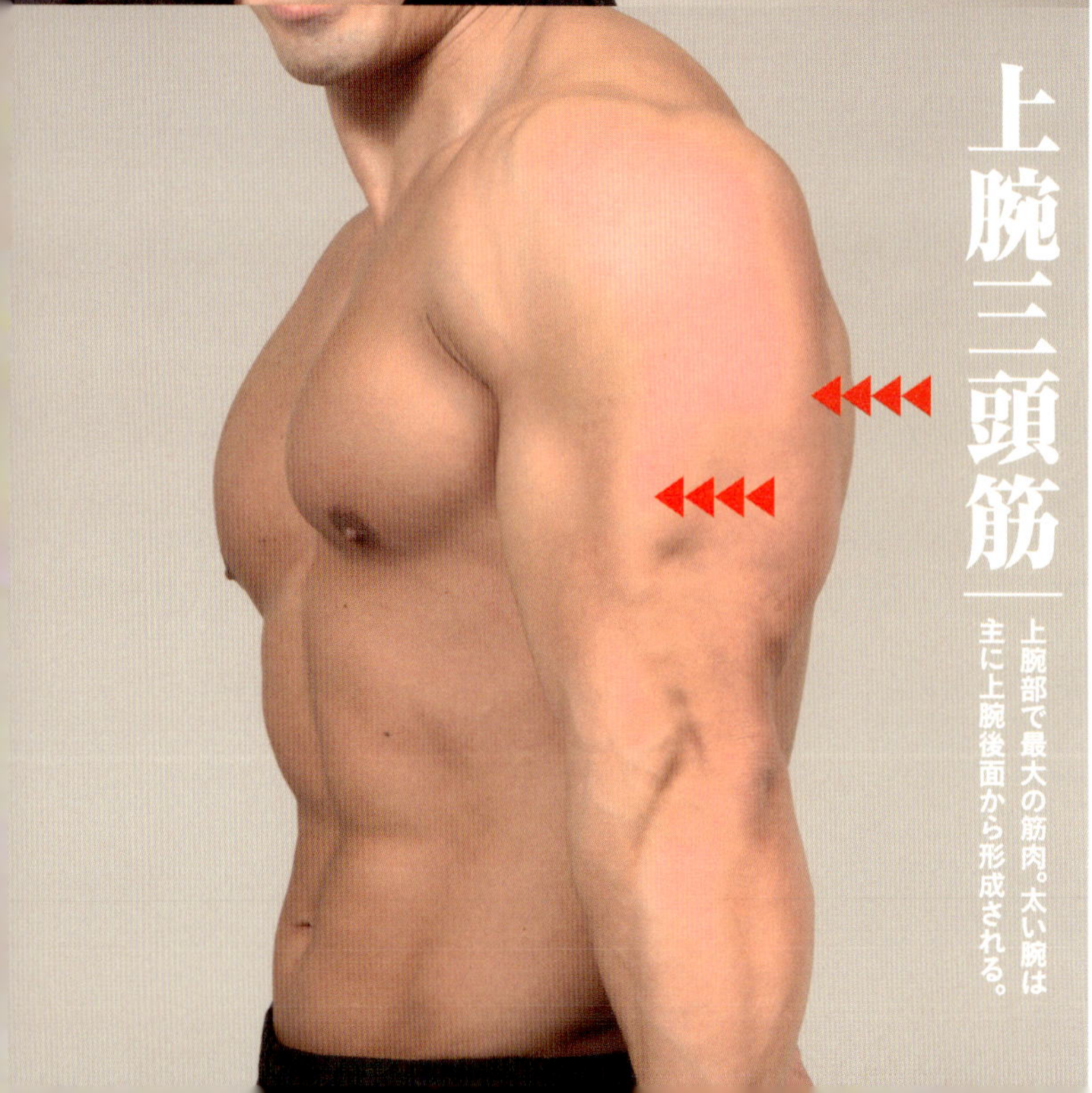

上腕三頭筋

上腕部で最大の筋肉。太い腕は主に上腕後面から形成される。

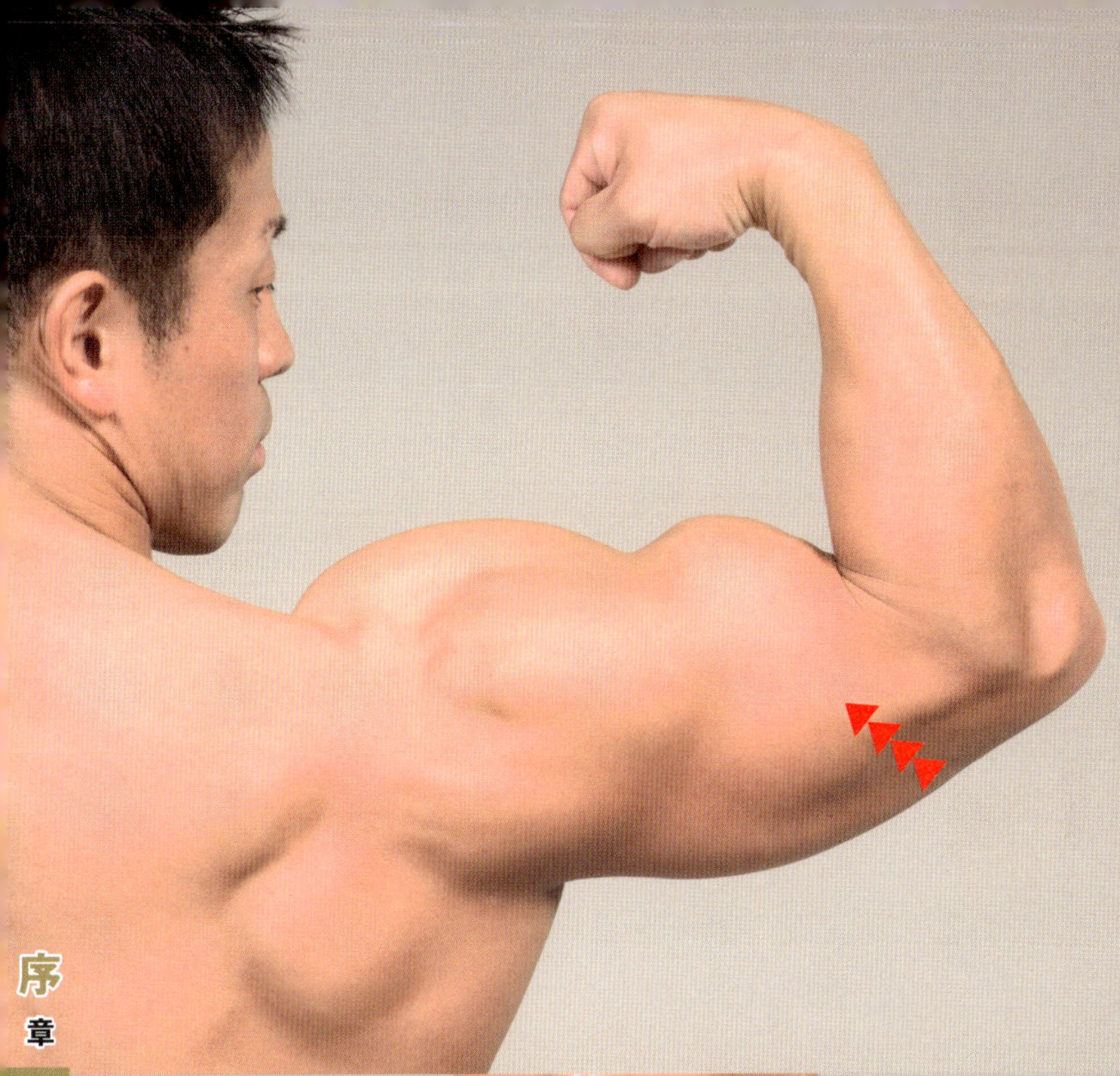

上腕筋

上腕前面で上腕二頭筋の深部にある筋肉。この上腕筋が太くなると腕に厚みが出る。

腕橈骨筋

前腕部から肘に近い上腕部の親指側（外側）にある筋肉。太くなると肘まわりが大きくなる。

上腕部の筋肉 1 （肘関節屈曲筋）

上腕二頭筋

長頭と短頭いずれも肩と肘をまたぐ二関節筋

上腕前面の表層にある上腕二頭筋は、筋名の通り長頭と短頭からなる二頭筋。長頭、短頭とも肩関節と肘関節をまたぐ二関節筋であり、**肘関節だけでなく肩関節の動きにも関与する。**

筋肉の両端となる起始《きし》と停止は、長頭、短頭とも肩甲骨から起始し、前腕部の橈骨《とうこつ》と前腕筋膜に停止する。肩甲骨の起始部と橈骨および前腕部の停止部を遠ざけると筋肉が伸ばされ、近づけると収縮する。

上腕二頭筋は、**肘を曲げる動き（肘関節の屈曲《くっきょく》）に最も強く働く主働筋。**収縮した時にたくましい力こぶが盛り上がる。

さらに、上腕二頭筋は**前腕を外向きにひねる動き（前腕の回外《かいがい》）の主働筋**でもあり、腕を水平面で内側へ振る動き（肩関節の水平内転）にも協働筋として働く。また、長頭は腕を前方に持ち上げる動き（肩関節の屈曲）にも貢献する。

上腕二頭筋を鍛える際は、前腕や肩関節の動きも意識する。

力こぶを出した時、コブのように盛り上がる部分が長頭。力を入れた時に内側へ張り出る部分が短頭。

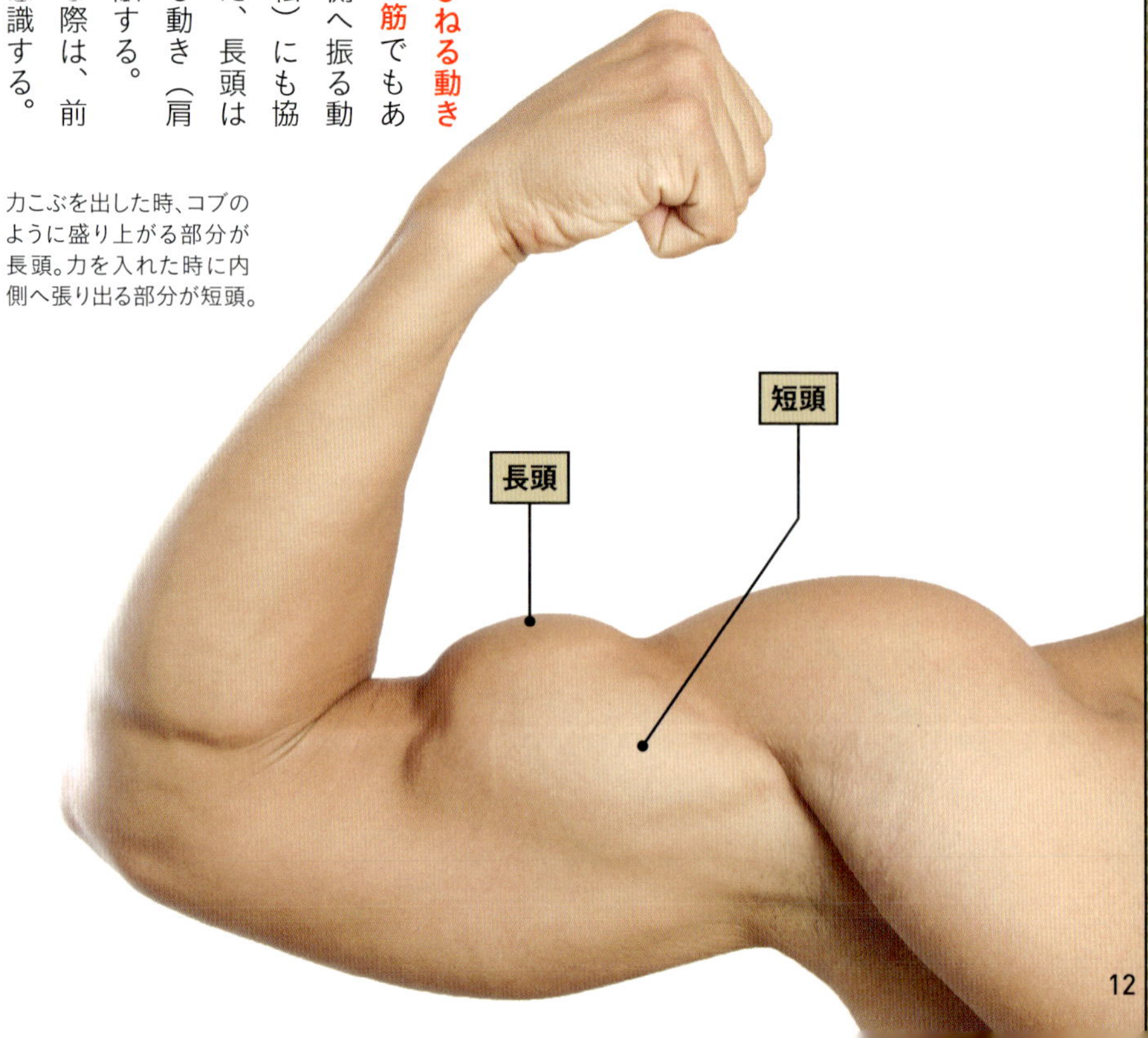

上腕二頭筋の起始・停止

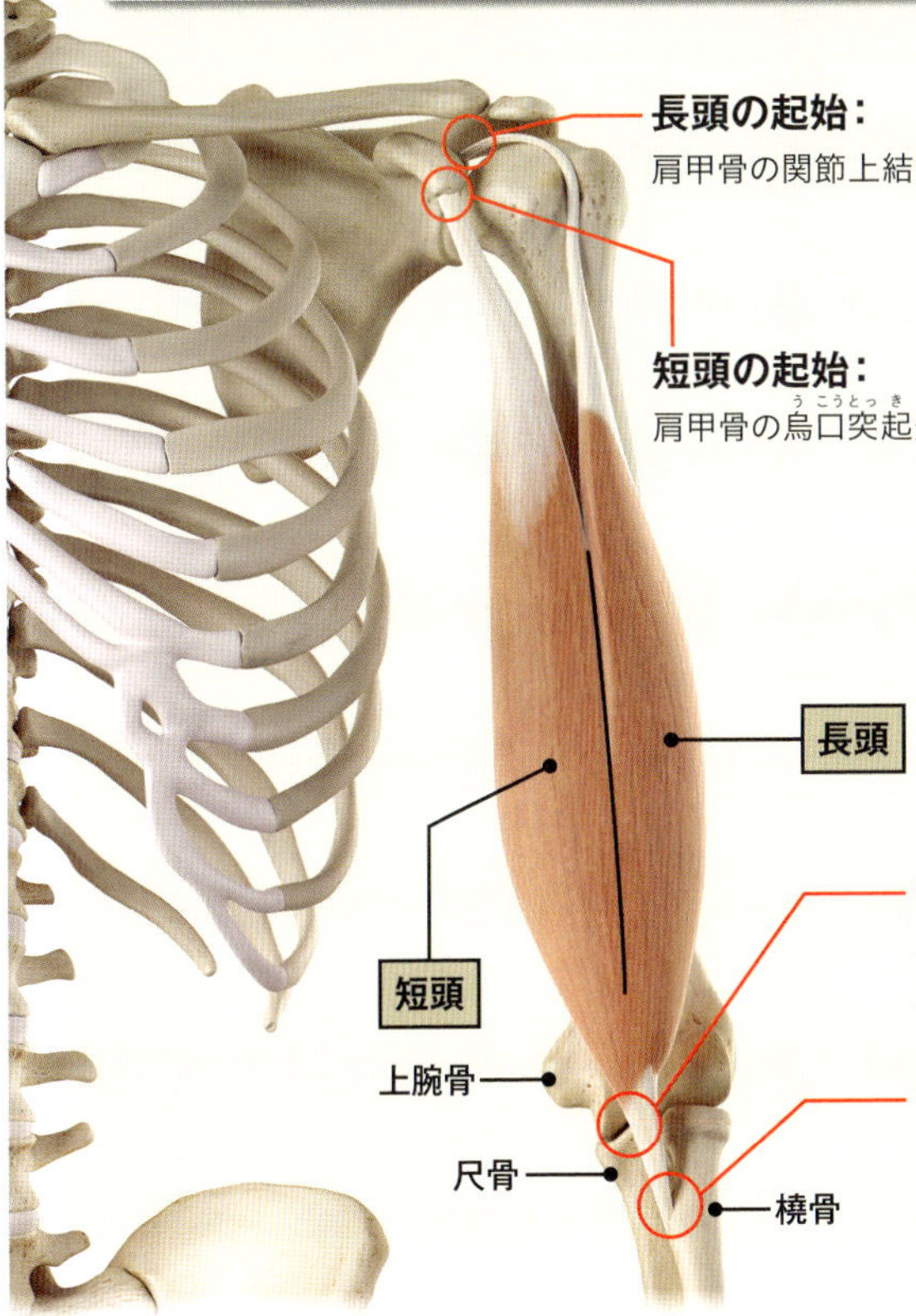

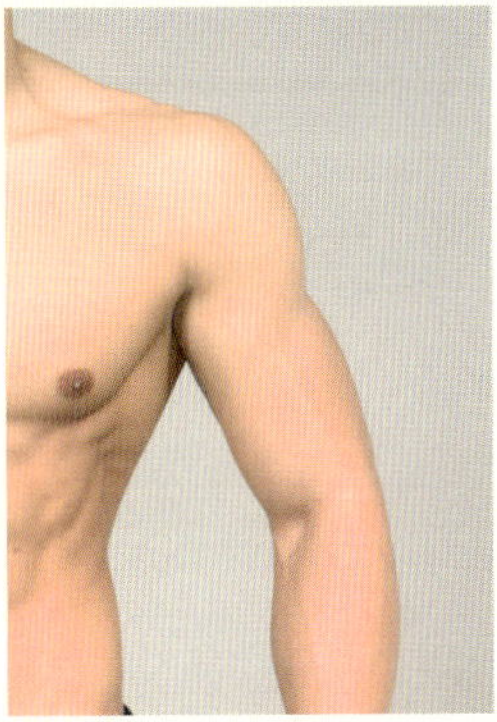

上腕二頭筋の主な働き

肘関節の屈曲

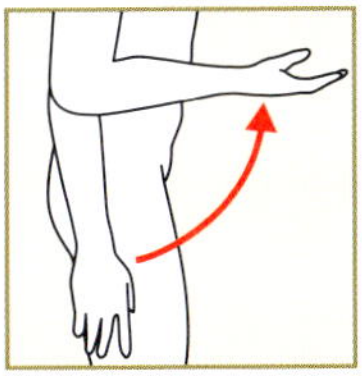

肩関節の屈曲

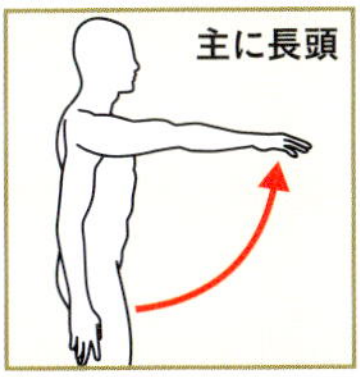

前腕の回外

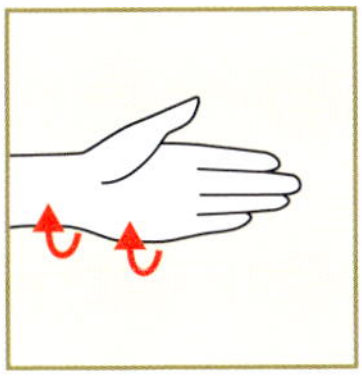

肩関節の水平内転

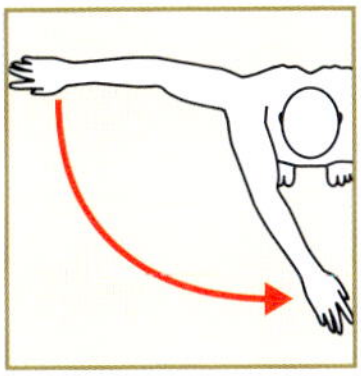

上腕二頭筋は肘を曲げる肘関節屈曲の主働筋。肘を深く曲げるほど筋肉が収縮する。

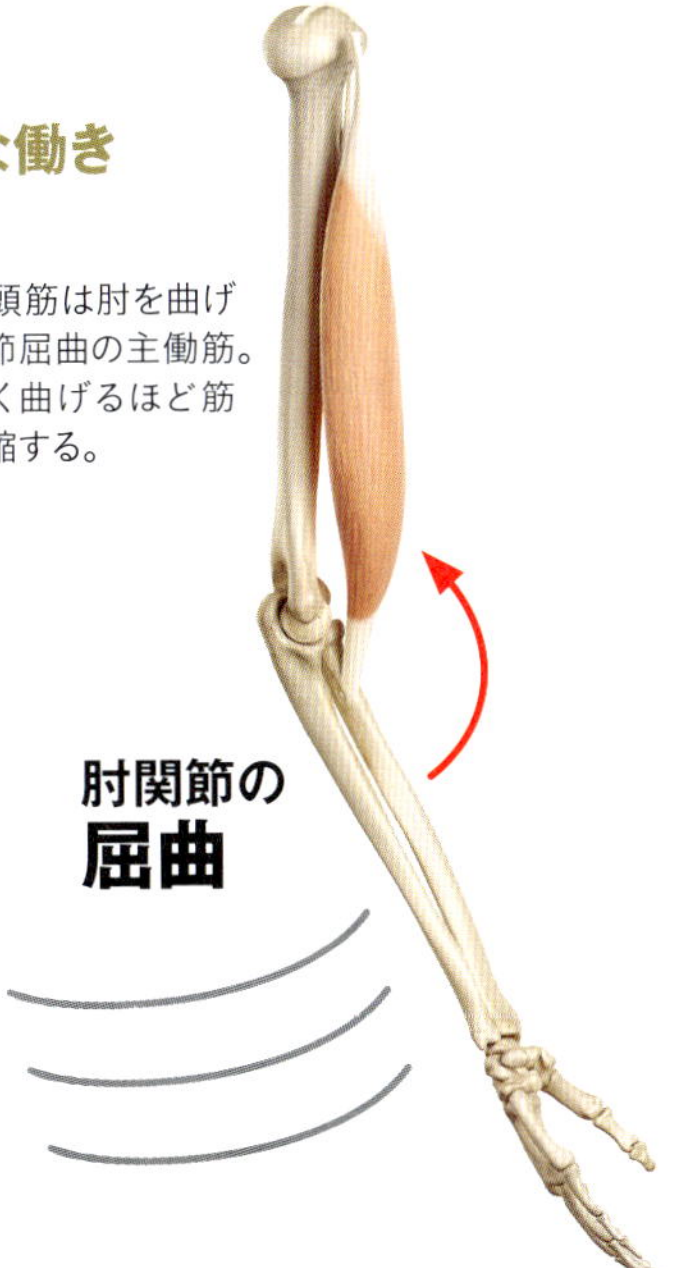

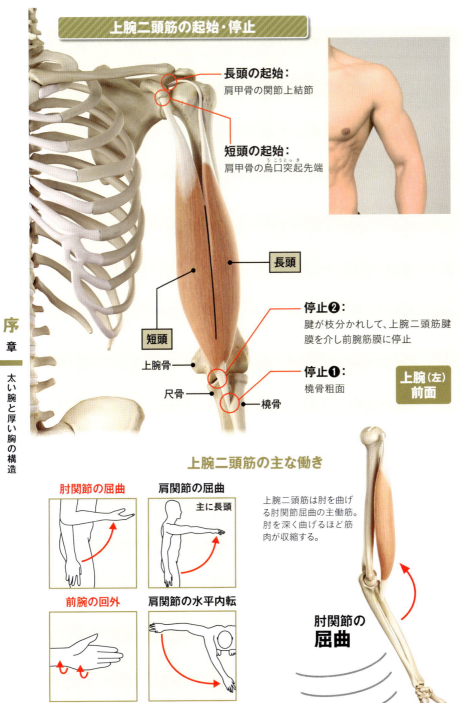

上腕部の筋肉 2 （肘関節伸展筋）

上腕三頭筋

外側頭
上腕後面の盛り上がりが長頭で、力を入れた時に外側面で張り出るのが外側頭。内側頭は大部分が深部にあるため表層からはやや見えにくい。
長頭
内側頭

外側頭・内側頭は単関節筋 長頭のみ二関節筋

上腕後面にある上腕三頭筋も、筋名の通り長頭、外側頭、内側頭からなる三頭筋。この筋肉が肥大すると上腕部の後面だけでなく、外側面にも厚みが出る。

外側頭、内側頭が肘関節のみをまたぐ単関節筋であるのに対し、**長頭は肘関節とともに肩関節もまたぐ二関節筋である**。

起始と停止は、外側頭と内側頭が上腕骨から起始し、尺骨《しゃっこつ》に停止。長頭も同じ尺骨に停止するが、起始部は肩甲骨となる。

外側頭、内側頭は上腕骨の起始部と尺骨の停止部、長頭は肩甲骨の起始部と尺骨の停止部をそれぞれ遠ざけると筋肉が伸ばされ、近づけると収縮する。

上腕三頭筋は、**肘を伸ばす動き（肘関節の伸展《しんてん》）の主働筋**。さらに、**長頭は腕を内側に振る動き（肩関節の内転）や、腕を後方に振る動き（肩関節の伸展）にも協働筋として働く**。

上腕三頭筋を鍛える際は、肘関節だけでなく肩関節の動きにも関与する長頭と、肘関節の動きのみに働く外側頭および内側頭を意識して鍛え分ける。

上腕三頭筋の起始・停止

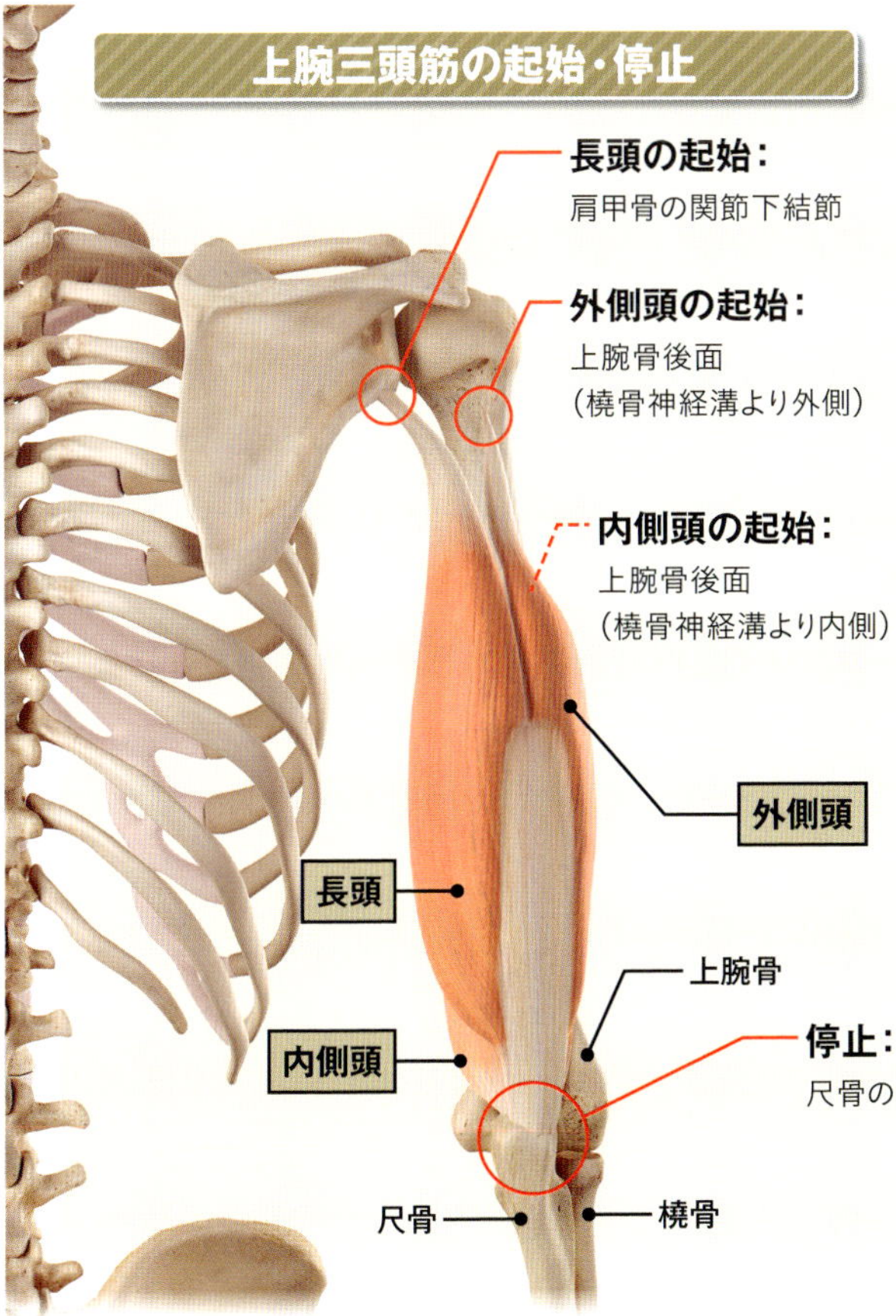
長頭の起始：
肩甲骨の関節下結節
外側頭の起始：
上腕骨後面
（橈骨神経溝より外側）
内側頭の起始：
上腕骨後面
（橈骨神経溝より内側）
外側頭
長頭
上腕骨
内側頭
停止：
尺骨の肘頭
尺骨
橈骨

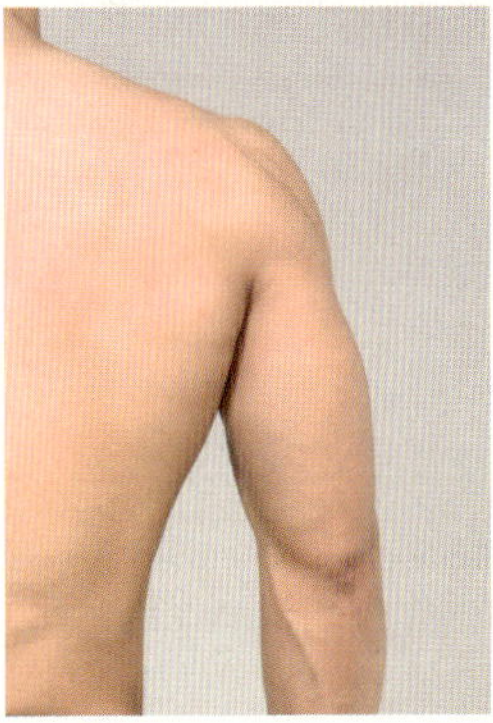

上腕（左）
後面

上腕三頭筋の主な働き

肘関節の伸展

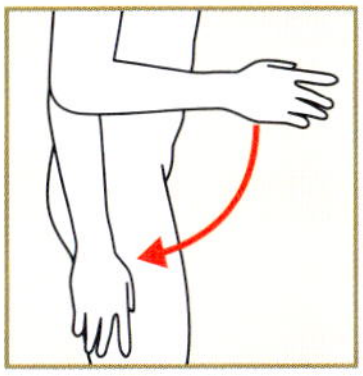

肩関節の内転

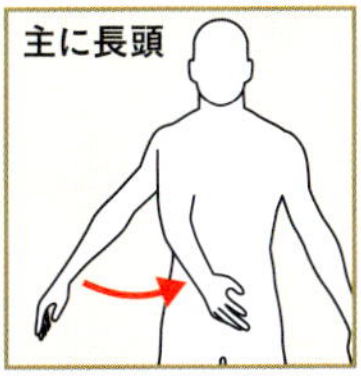
主に長頭

※主に腕を頭上から側方へ振り下ろす内転動作に長頭が関与する

肩関節の伸展

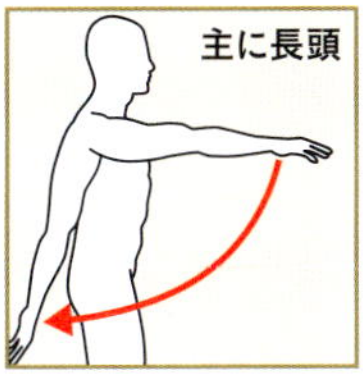
主に長頭

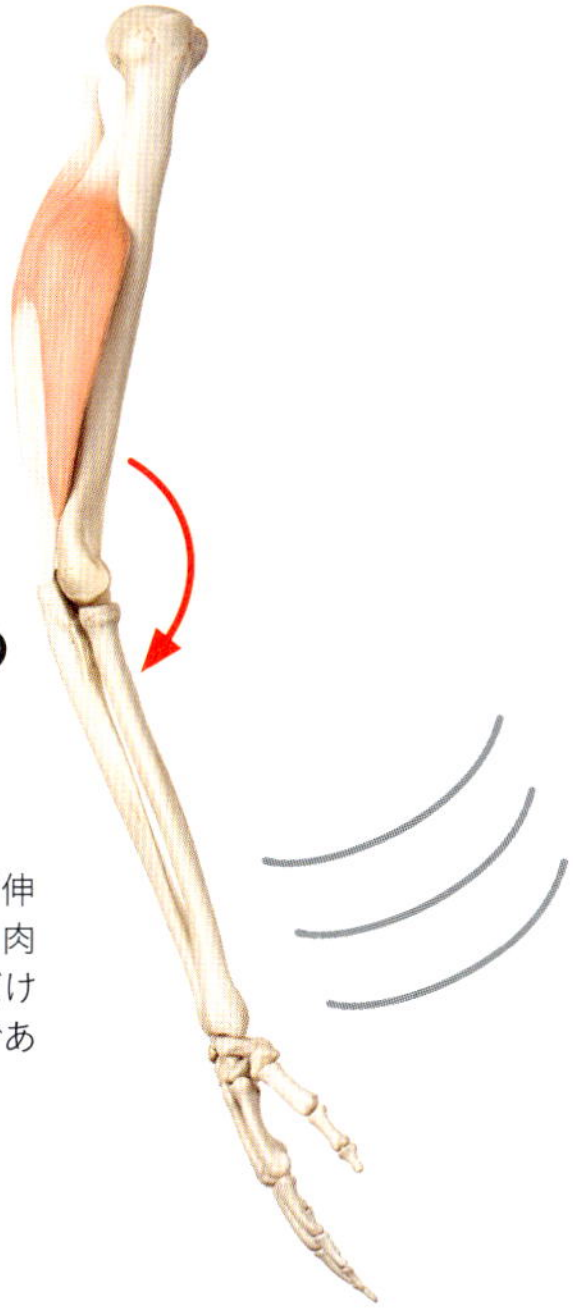

肘関節の
伸展

上腕三頭筋は肘を伸ばす肘関節伸展の主働筋。肘を伸ばすほど筋肉が強く収縮する。長頭は肘関節だけでなく肩関節もまたぐ二関節筋であるため、肩関節の動きにも働く。

上腕筋

上腕二頭筋とともに肘を曲げる動きに働く

　上腕前面のやや深部にある上腕筋は、大部分が上腕二頭筋に覆《おお》われているため、表層からは見えにくい。しかし、深部にあっても体積は意外に大きく、強い筋力（筋張力）を発揮する。この筋肉を肥大させると、上腕前面は厚みが増して太くなる。

　上腕筋は肘関節のみをまたぐ単関節筋であり、上腕骨から起始して、尺骨に停止する。上腕骨の起始部と尺骨の停止部を遠ざけると筋肉が伸ばされ、近づけると収縮する。

　上腕筋は、**上腕二頭筋とともに肘を曲げる動き（肘関節の屈曲）の主働筋として働く**。停止する尺骨は、骨の位置が前腕の回外位・回内位（前腕を外向き・内向きにひねった状態）にあまり影響されないため、**肘を曲げる動き全般に筋力を発揮する**。

　上腕二頭筋と上腕筋は起始部も停止部も異なるため、別々の種目で鍛え分けることも可能。

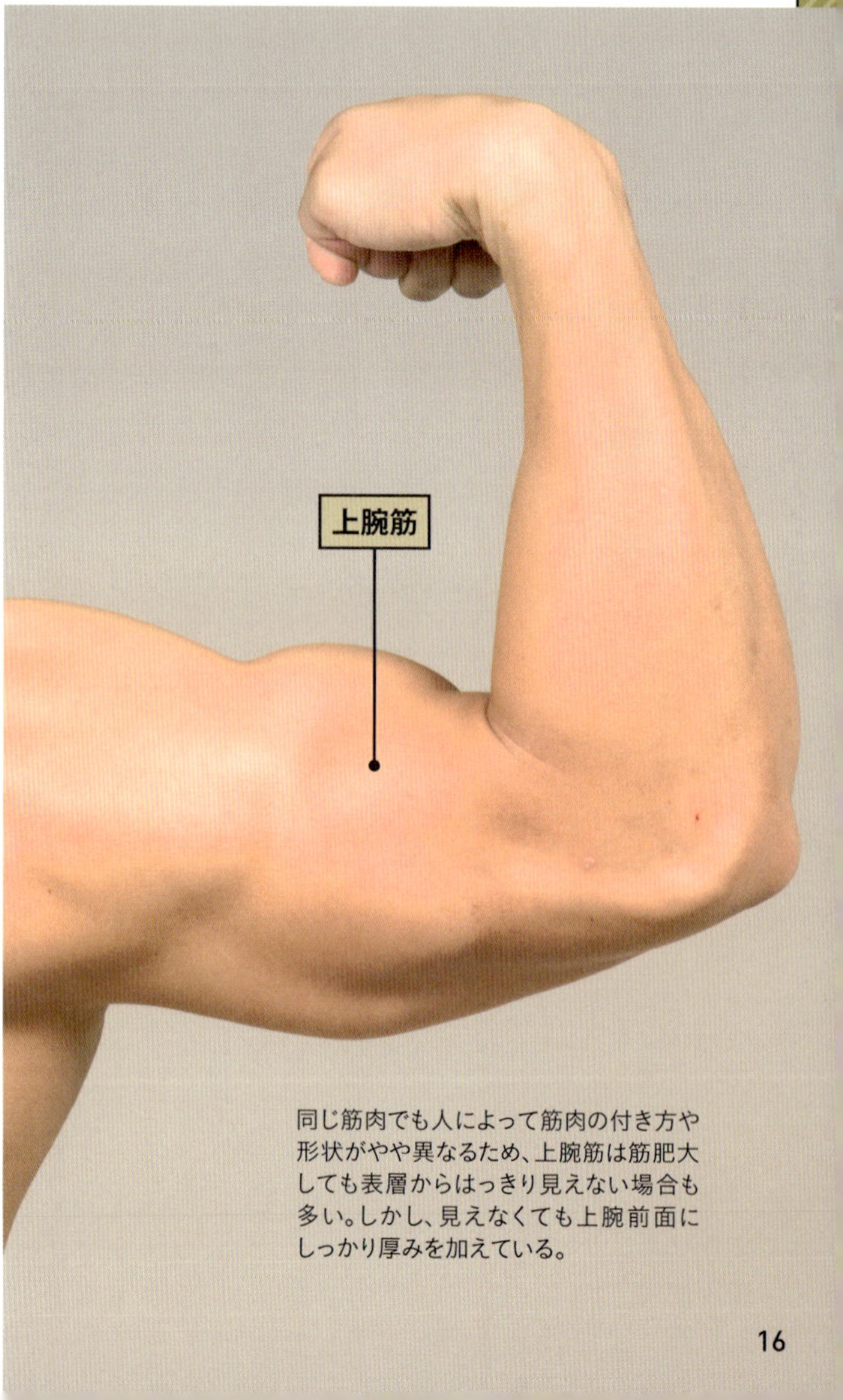

同じ筋肉でも人によって筋肉の付き方や形状がやや異なるため、上腕筋は筋肥大しても表層からはっきり見えない場合も多い。しかし、見えなくても上腕前面にしっかり厚みを加えている。

上腕筋の起始・停止

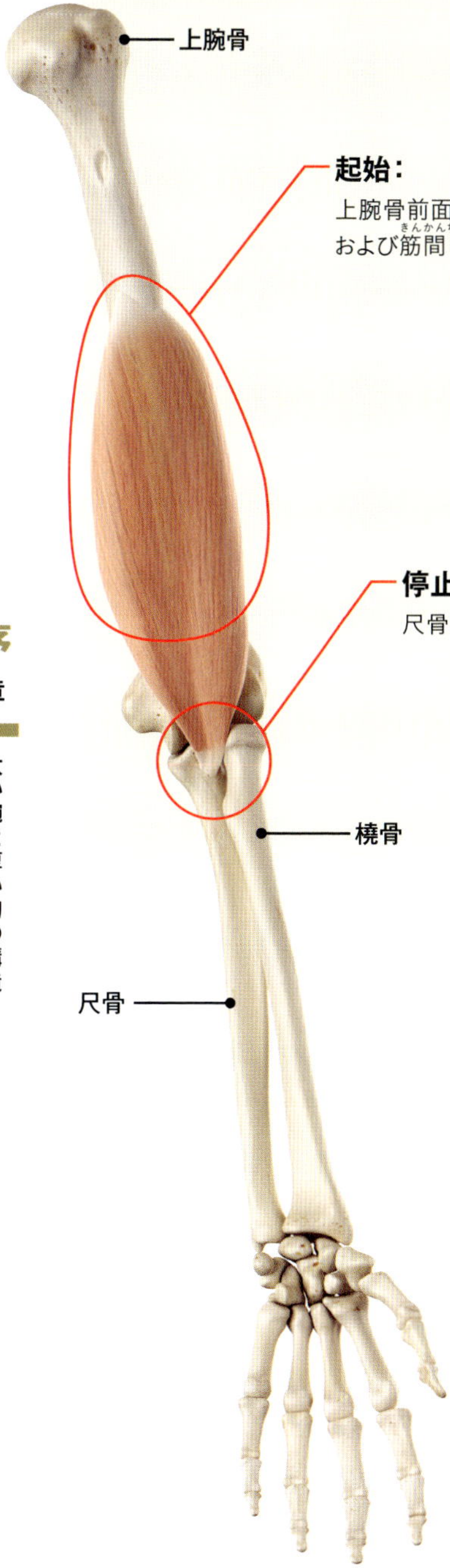
上腕骨
起始：
上腕骨前面の下半分
および筋間中隔《きんかんちゅうかく》
停止：
尺骨粗面
橈骨
尺骨

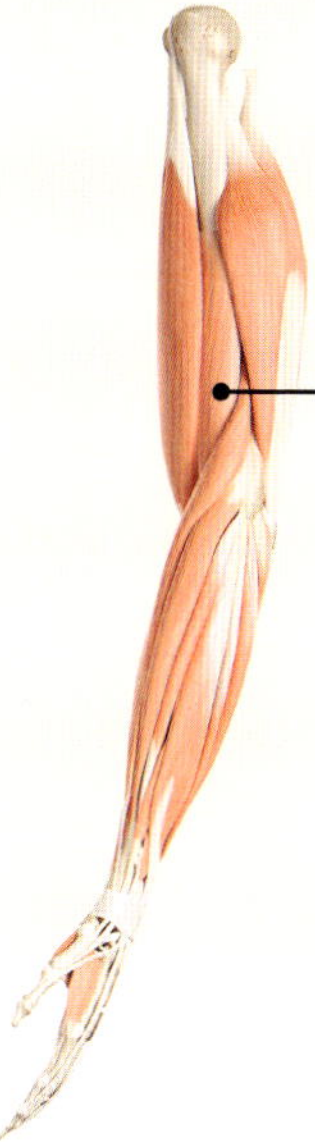
上腕筋

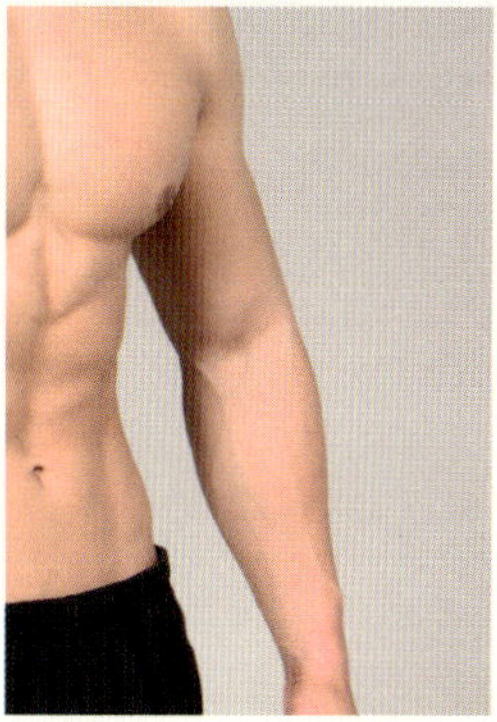

上腕（左）
前面

上腕筋の主な働き

上腕二頭筋に覆われている上腕筋は、上腕二頭筋とともに肘を曲げる肘関節屈曲の動きに主働筋として働く。前腕部が内向きにひねられ、手の甲が上を向いている状態で肘を曲げると、上腕二頭筋より上腕筋の関与が強くなる。

肘関節の屈曲

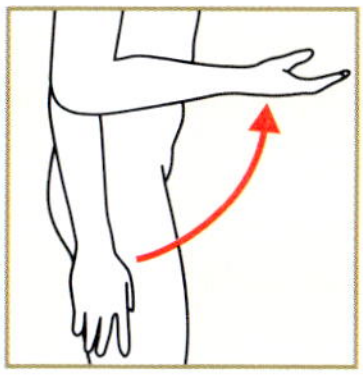

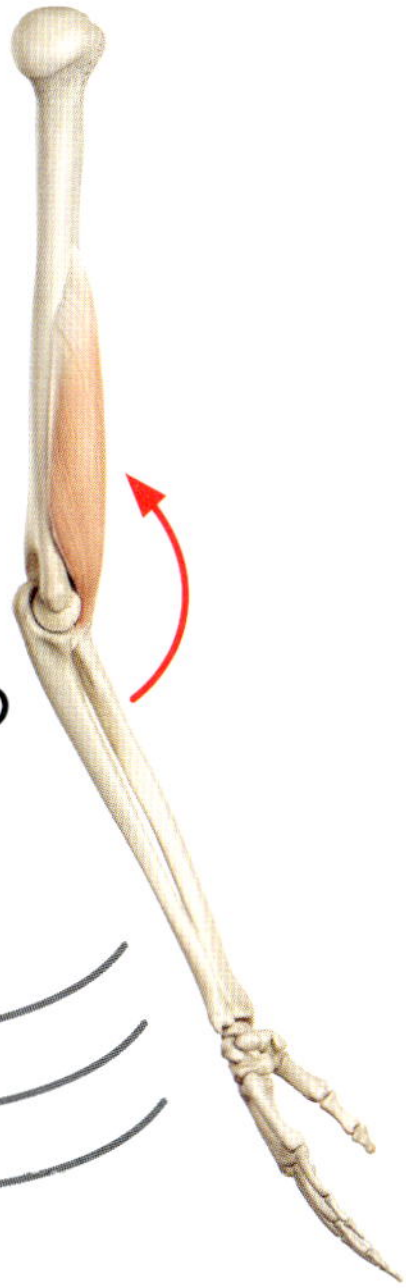

肘関節の
屈曲

肘まわりを大きく見せる腕橈骨筋。特に肘を曲げた時に肘の外側で盛り上がる。

前腕部〜肘まわりの筋肉（肘関節屈曲筋）

腕橈骨筋

上腕二頭筋、上腕筋とともに肘を曲げる動きに働く

腕橈骨筋は、上腕筋と同じように肘関節のみをまたぐ単関節筋。しかし、筋肉全体が前腕寄りに付着しているため、上腕部ではなく、前腕部および肘まわりの太さを形成している。

前腕部から肘関節にかけての外側（親指側）に位置する腕橈骨筋は、上腕骨の外側から起始し、手首に近い橈骨の外側に停止する。前腕をひねって親指を上に向けた状態で肘を曲げると、上腕骨の外側にある起始部と橈骨の外側にある停止部が最も近づいて筋肉が強く収縮する。

腕橈骨筋は上腕前面の**上腕二頭筋、上腕筋とともに肘を曲げる動き（肘関節の屈曲）の主働筋**として働く。特にジョッキでビールを飲む時のように、親指を上に向けて肘を曲げる動きでは、上腕二頭筋より強く働く。

さらに、貢献度は低いものの前腕を内外にひねる動き（前腕の回内《かいない》・回外）にも関与する。**前腕の回内位（内向きにひねった状態）で肘を曲げると、腕橈骨筋とともに上腕筋も強く働く**ため、一緒に鍛えやすい。

腕橈骨筋の起始・停止

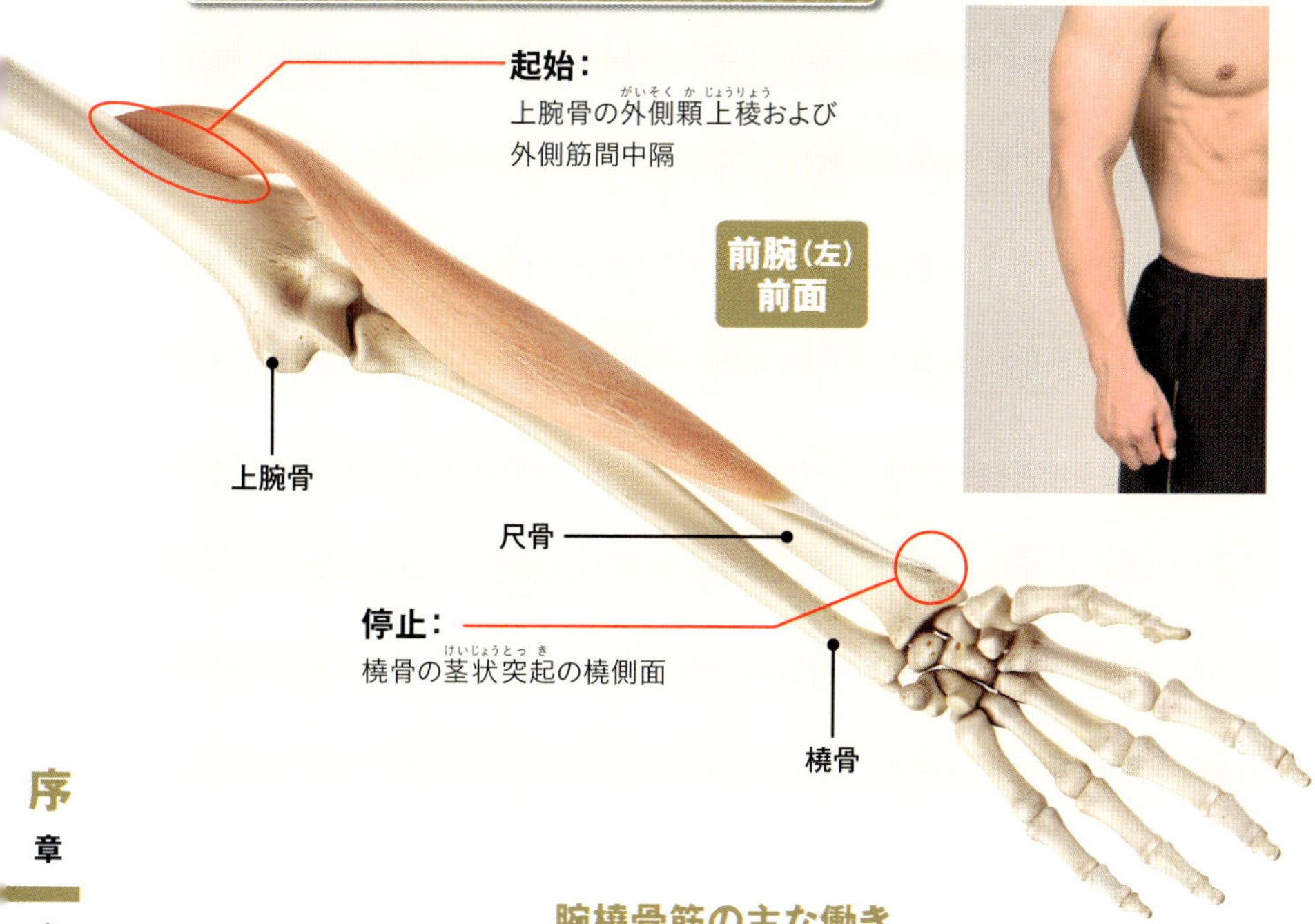
起始：
上腕骨の外側《がいそく》顆《か》上稜《じょうりょう》および
外側筋間中隔
上腕骨
尺骨
停止：
橈骨の茎状《けいじょう》突《とっ》起《き》の橈側面
橈骨
前腕(左)
前面

腕橈骨筋の主な働き

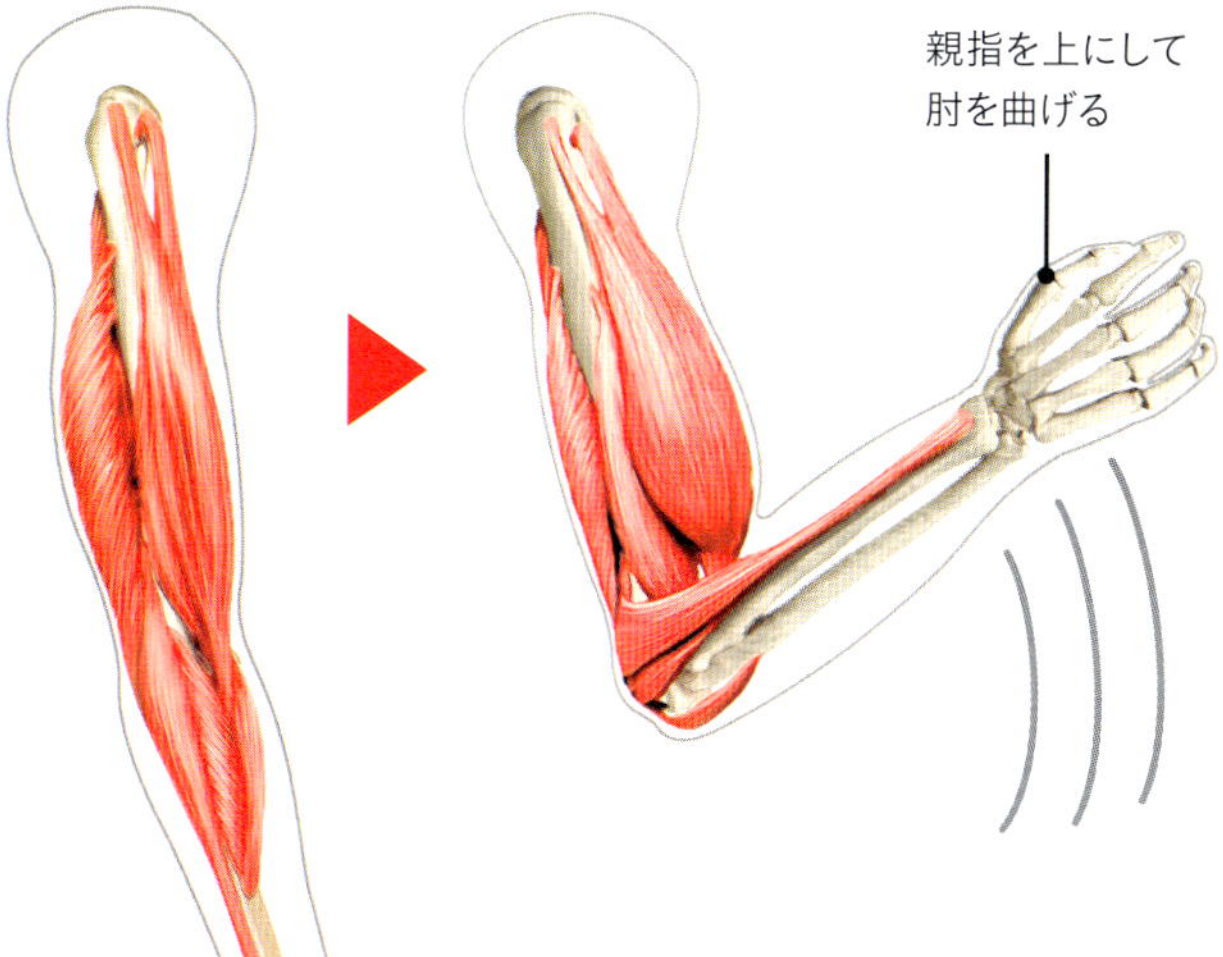
親指を上にして
肘を曲げる

肘関節の屈曲

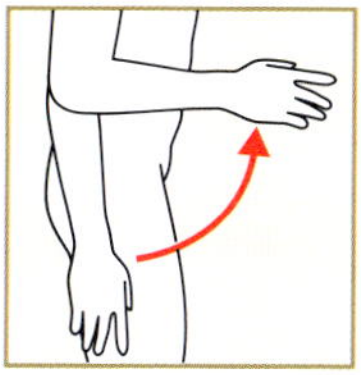

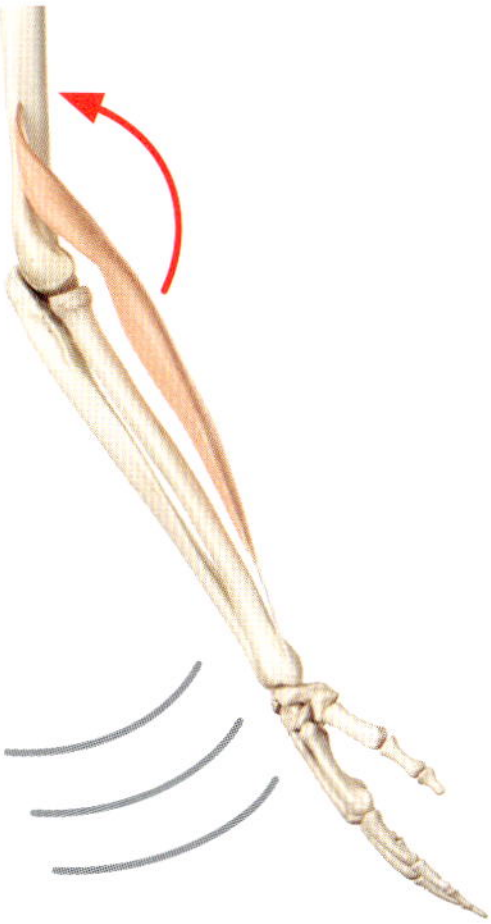

腕橈骨筋は上腕二頭筋、上腕筋に協力する形で肘を曲げる肘関節屈曲の動きに働くが、親指を上に向けた状態で肘を曲げる動きでは、腕橈骨筋が上腕二頭筋よりも強く働く。

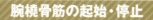

胸部の筋肉（肩関節水平内転筋）

胸板を厚くする大胸筋

上部・中部・下部で働きが少し異なる

たくましい体の象徴ともいえる「厚い胸板」は、胸部の「大《だい》胸筋《きょうきん》」によって形成されている。胸板を厚くするには、胸部を覆っている大胸筋を全体的に肥大させることが不可欠。また、大胸筋がある程度発達すると意識して筋肉を動かせる。

大胸筋は、**上部、中部、下部で筋線維《きんせんい》（筋肉を構成している繊維状の細胞）の走行方向が異なり、それぞれ働きも異なる。**

面積の広い大胸筋には、筋肉の上部で鎖骨《さこつ》から起始する鎖骨部、中部で胸骨《きょうこつ》および肋骨《ろっこつ》（肋軟骨）から起始する胸肋部、下部で腹直筋鞘《ふくちょくきんしょう》から起始する腹部という3つの起始部があり、いずれも肩関節をまたいで上腕骨に停止する。単関節筋であるため、肩関節の動きにのみ働く。

大胸筋は**腕を水平面で内側に振る動き（肩関節の水平内転）の主働筋**。さらに、上部は斜め上方向への水平内転と腕を前方に持ち上げる動き（肩関節の屈曲）に、下部は斜め下方向への水平内転と腕を内側に振る動き（肩関節の内転）に働く。

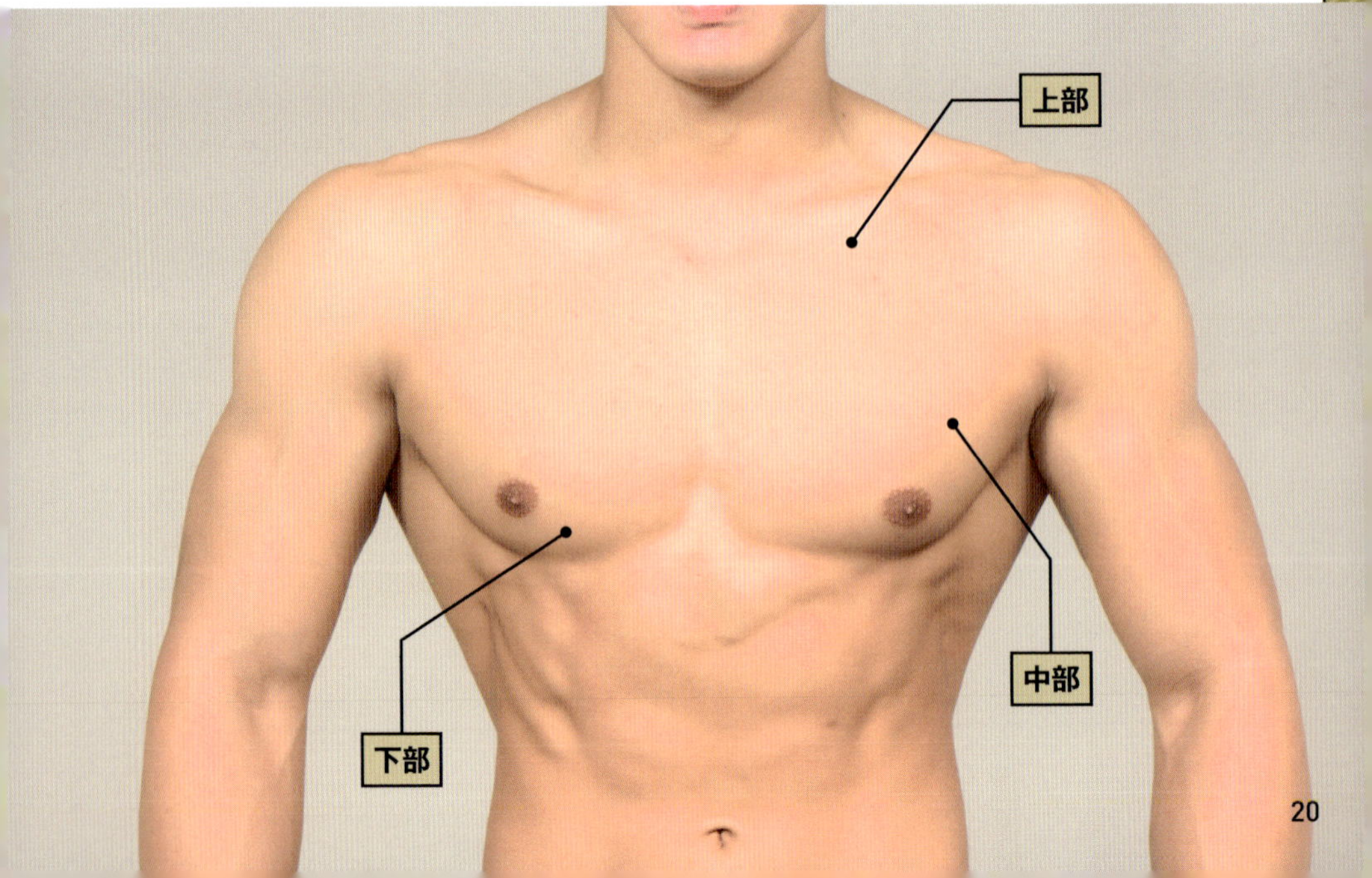

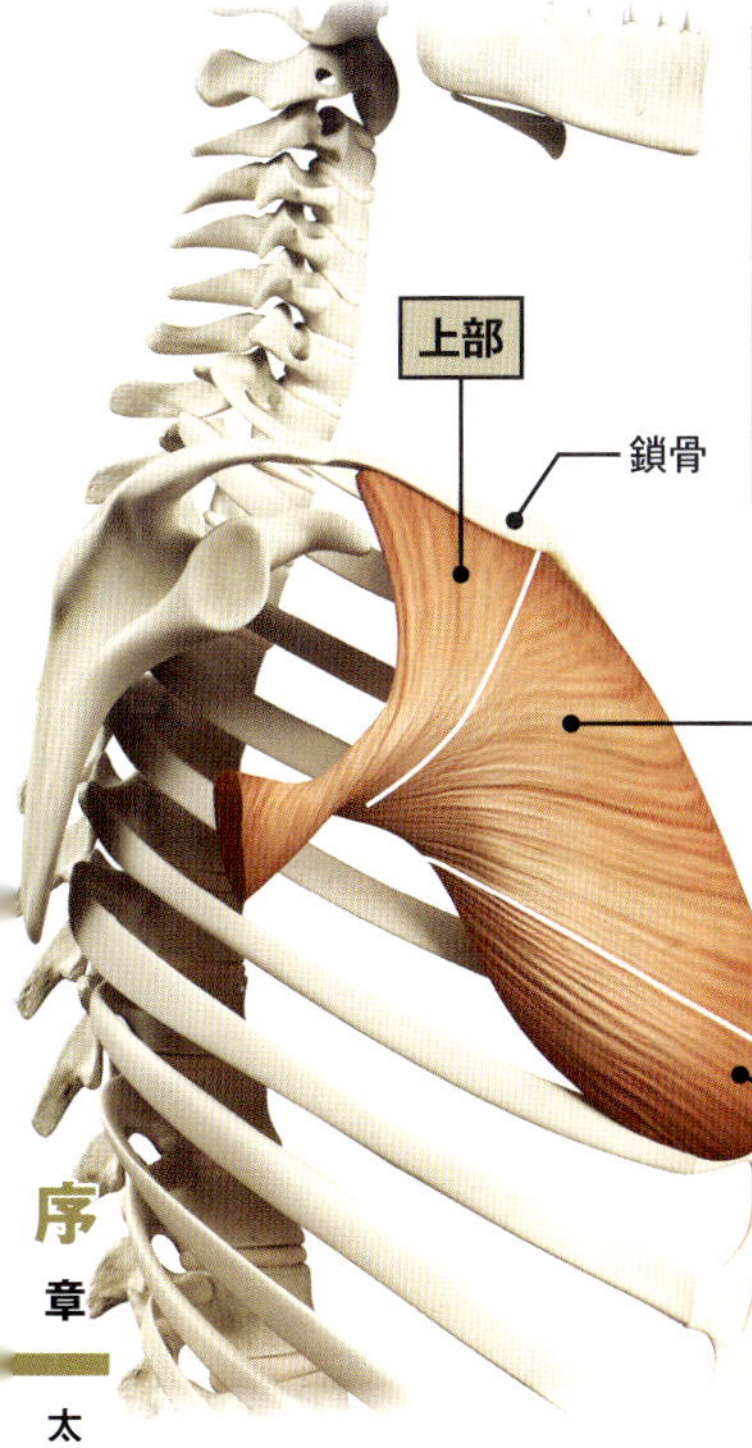

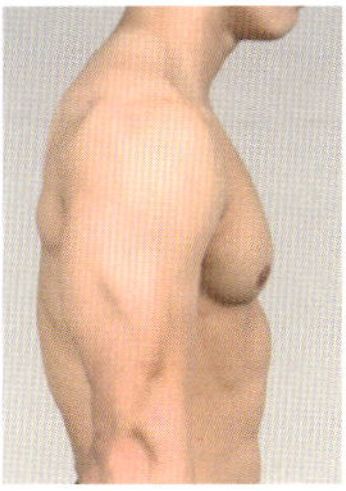

大胸筋の主な働き

大胸筋は、肩関節の水平内転に主働筋として働くが、それは主に大胸筋の「中部」による働き。同じ大胸筋でも「上部」は斜め上方向への水平内転に、「下部」は斜め下方向への水平内転にそれぞれ主働筋として働く。上部、中部、下部によって起始部も異なるため、それぞれ異なる腕（肩関節）の動きで上腕骨の停止部を動かし、伸展・収縮させる。

肩関節の水平内転

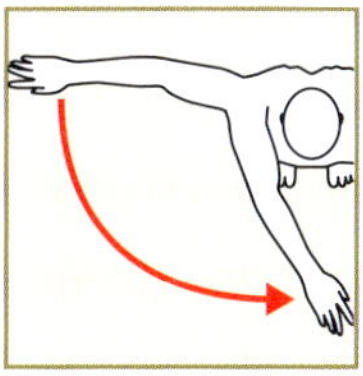

肩関節の内転

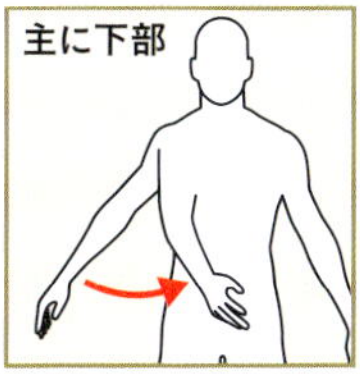

肩関節の内旋

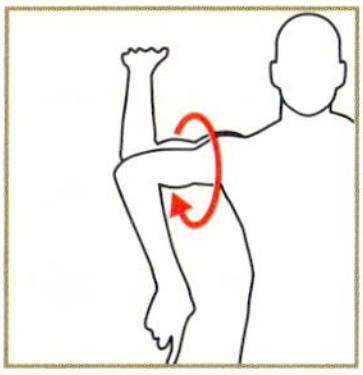

肩関節の屈曲

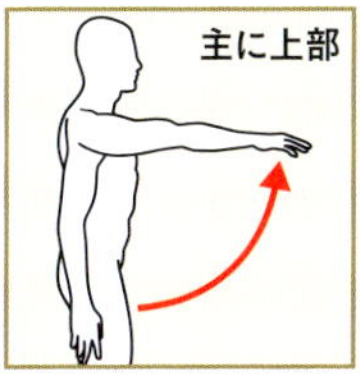

大胸筋の起始・停止

大胸筋は「上部」「中部」「下部」で働きが異なるため、鍛え方も異なる。上部、中部、下部をまんべんなく鍛えると、大胸筋全体のボリュームをアップさせることが可能となる。

起始（鎖骨部）：
鎖骨の内側半分

起始（胸肋部）：
胸骨前面、
第2～6肋軟骨

起始（腹部）：
腹直筋鞘の前葉

停止：
上腕骨の大結節稜

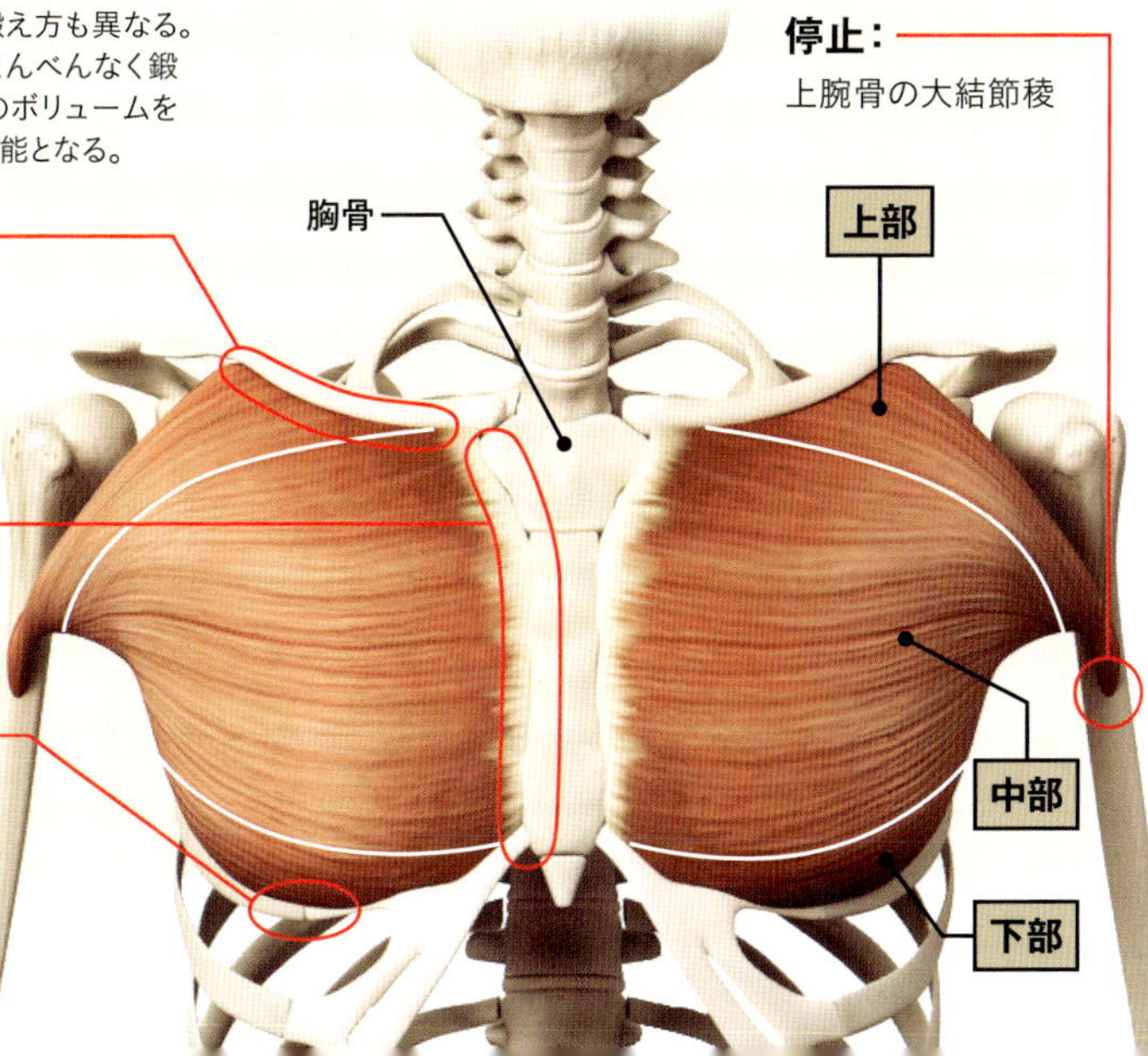

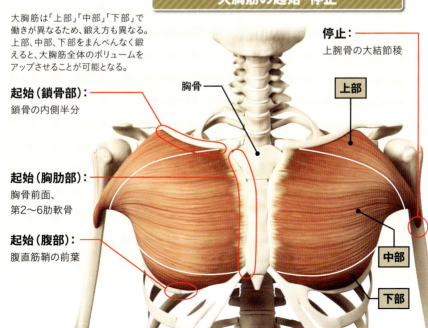

”バズーカ“岡田隆の大胸筋

大胸筋の上部が鎖骨との
結合部まで盛り上がり、
筋肉全体に厚みが出る。

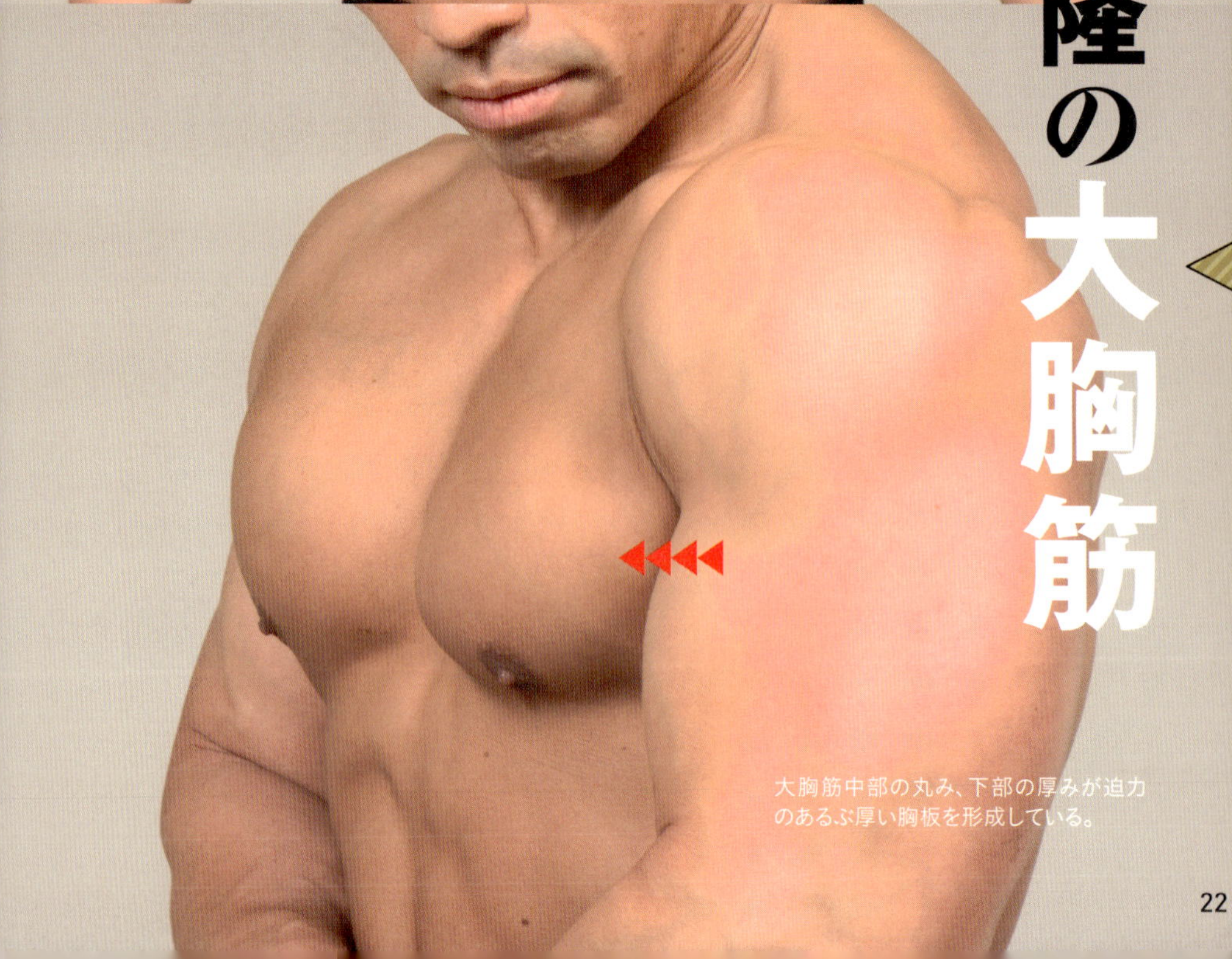

大胸筋中部の丸み、下部の厚みが迫力
のあるぶ厚い胸板を形成している。

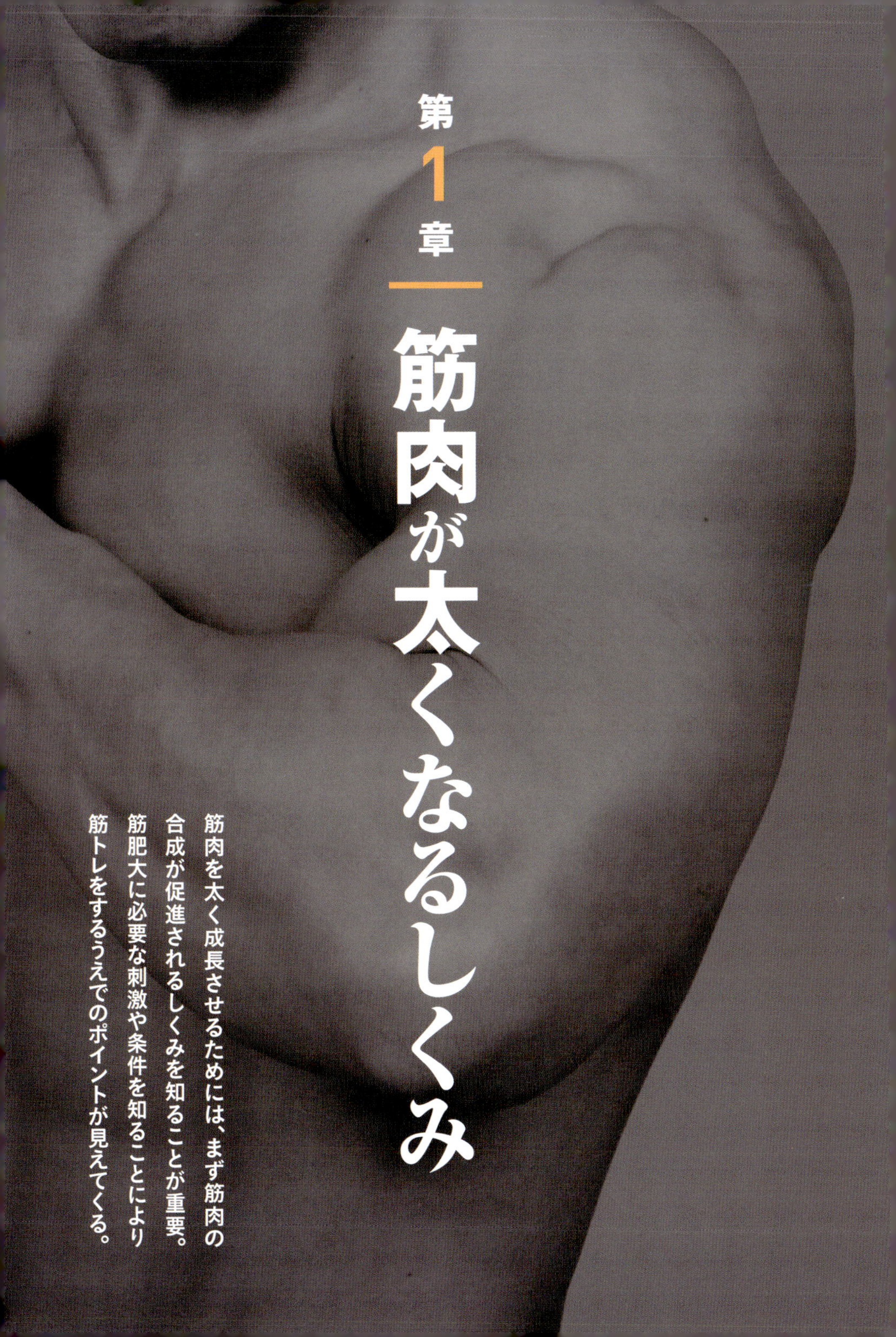

第1章

筋肉が太くなるしくみ

筋肉を太く成長させるためには、まず筋肉の合成が促進されるしくみを知ることが重要。筋肥大に必要な刺激や条件を知ることにより筋トレをするうえでのポイントが見えてくる。

筋肉にストレスを与える

筋肉は必要に応じて強く太く成長する

筋肉を肥大《ひだい》させるためには、筋肉に対して負荷《ふか》をかけ、筋肉にストレスを与えることが基本となる。食事で体重を増やすだけでは、体は大きくなっても筋肉の成長には限界がある。

人間には、生存本能として環境に適応しようとする能力が備わっているため、**筋肉に対して継続的に負荷を与えると、体が反応して負荷に耐えられるレベルに筋肉を成長させようとする。**

逆に筋肉に負荷を与えない状態が続くと、筋肉は退化して小さくなる。これも同様の環境適応であり、運動不足で筋肉が衰えるのも同じ理屈である。

筋トレによって人為的に筋肉へストレスを与える

日常生活の中で筋肉にストレスを与えるには、スポーツやトレーニングが最適。なかでも**狙った筋肉にピンポイントで負荷をかけることができる筋トレ**は、最も効果的な手段となる。

筋トレで強い負荷をかけるほど、人間の体は危険を感じて筋

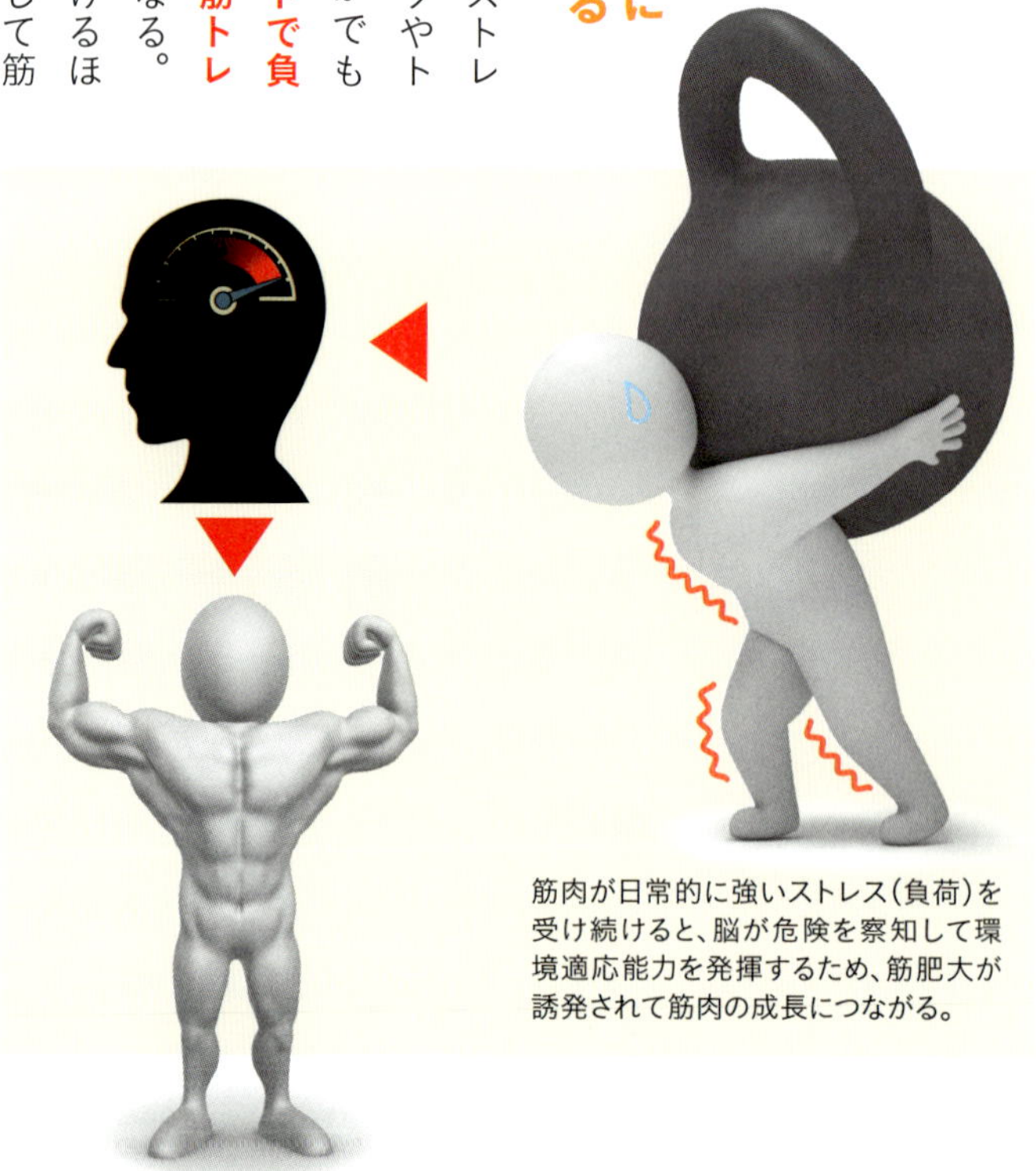

筋肉が日常的に強いストレス（負荷）を受け続けると、脳が危険を察知して環境適応能力を発揮するため、筋肥大が誘発されて筋肉の成長につながる。

肉を成長させようとするため、筋肥大を目指して筋トレを行う場合は、負荷の強さが重要。筋トレを行なっても負荷が弱ければ筋肉のストレスにならない。

さらに、これまでの各種研究により、筋肉にどのようなストレスを与えれば、筋肥大の促進につながるかがわかってきた。

次ページからは、「筋肥大を誘発するシグナル」の主な種類について詳しく解説する。

無重力の宇宙空間に滞在している宇宙飛行士は、筋肉にストレスを与えない生活が続くため、地球に帰還した直後は重力の重さによって、立ち上がることもできないぐらいのレベルまで筋肉が衰えてしまう。

筋トレで筋肉にストレスを与える

筋トレの負荷
＝
筋肉へのストレス

筋トレは、人間のもつ環境適応能力を利用したトレーニング法。筋肉に対して人為的にストレスを与えることで、成長ホルモンの分泌などが促進され、筋肉の成長へとつながっていく。

強い筋張力の発揮

強い負荷に抵抗するほど筋肉は強く太く成長する

筋肥大を誘発するシグナルとして、最も基本となるのは、**「強い筋張力の発揮」**である。

筋張力とは、筋肉が発揮する筋力のこと。筋肉は強いストレスを受けるほど、そのストレスに耐えようとして強く太く成長する性質をもっている。

筋トレを行なう際も、筋肉に対して強い負荷をかけ、筋肉がその負荷に抗《あらが》って強い筋張力を発揮することが重要。その結果、筋肉の成長を促進する成長ホルモンなどの分泌が促される。

ただし、ここでいうところの強い負荷というのは、バーベルの重りが50kgや100kgといったような絶対的な負荷強度ではなく、筋トレ実施者の筋力に対する相対的な強度である。

速筋線維が動員される高強度の筋トレ

筋肉を構成する筋線維は、瞬発系の速筋《そっきん》線維と、持久系の遅《ち》筋《きん》線維に分けられ、例外はあるものの、ほとんどの筋肉は速筋線維と遅筋線維の比率が半々ぐらいになっている。また、筋線

負荷の小さい筋トレは、筋持久力の向上につながるものの筋肥大にはつながりにくい。筋肥大を目指すにはある程度高負荷で筋トレを行なう必要がある。

維の比率は先天的に決まり、運動やトレーニングを続けてもほとんど変化することはない。**遅筋線維より速筋線維のほうが筋肥大しやすい性質をもっている**ため、筋トレでは主に速筋線維に負荷を与えていく。

しかし、人間の身体は、筋張力を発揮する時に遅筋線維から優先的に動員する性質があるため、**速筋線維に筋張力を発揮させるためには、筋肉に強い負荷を与える必要がある。**

また、遅筋線維が筋張力を発揮する時は酸素を使ってエネルギー代謝を行なうが、**速筋線維は酸素を使わずにエネルギー代謝できる**ため、筋トレなどで筋肉に力を入れた緊張状態が続き、筋肉への酸素供給が不足してくると、酸素を必要としない速筋線維が遅筋線維より優先的に動員されるようになる。

基本的には強い負荷で筋トレを行なえば、速筋線維が強い筋張力を発揮するため、筋肥大効果が得られると考えれば良い。

ベンチプレスなどの多関節種目は、高重量の負荷で鍛えられるため速筋線維が動員される。

筋肉の収縮と筋線維方向

強い筋張力を発揮するためには、筋肉の両端である起始部と停止部を近づけ、筋線維を最短距離で収縮させることがポイント。筋線維の方向に合わせて筋肉を収縮させなければ強い筋張力は発揮されない。

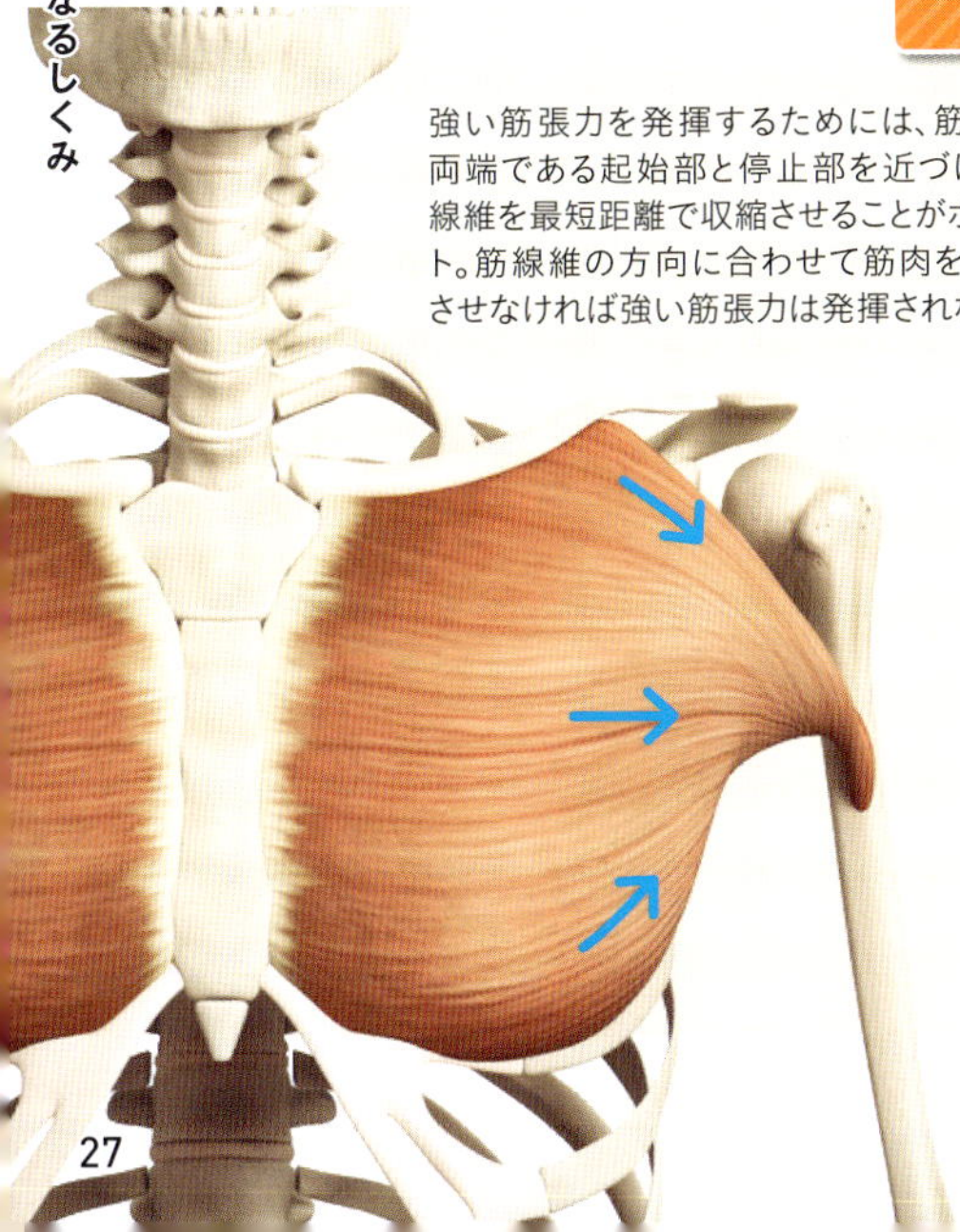

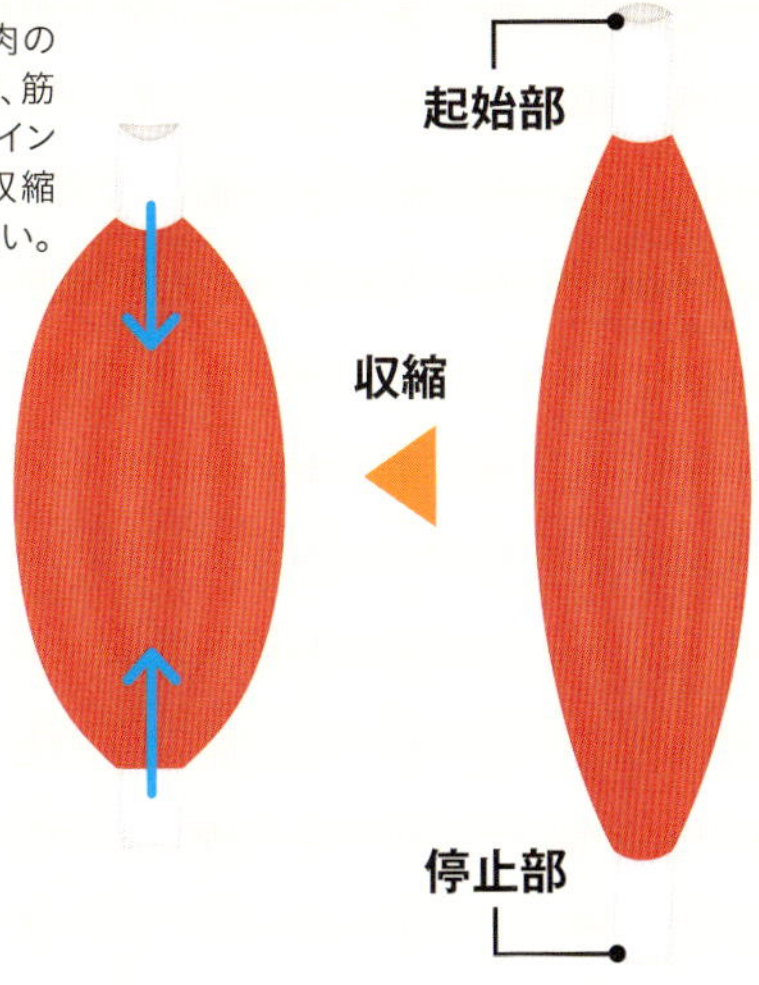

筋線維の微細な損傷

筋肉に力を入れたまま できるだけ伸ばしていく

筋トレなどで、強い負荷に対し、筋肉が筋張力を発揮して繰り返し収縮すると、**「筋繊維の微細な損傷」**が生じる。その大半はレントゲンで撮っても目に見えないレベルの極めて微細な損傷であるが、この損傷も筋肥大を誘発するシグナルとなる。

これは筋線維の損傷によって起きる免疫反応などを経て、筋線維の成長に貢献するサテライト細胞の増殖が促されるため。

筋線維の微細な損傷は、筋肉および筋線維を収縮させるだけでなく、筋張力を発揮したまま伸ばされる局面（ネガティブレップ）でも生じることがこれまでの研究で分かっている。

例えば、肘関節を曲げてバーベルを持ち上げる場合、バーベルを持ち上げて筋肉を収縮させる局面と同じぐらい、**バーベルを下ろして筋肉が伸ばされる局面も筋肥大には重要となる。**

筋肉に力を入れたまま 関節をフルレンジで動かす

筋張力を発揮したまま筋肉が伸ばされる状態を「エキセント

ネガティブレップでも力を抜かない

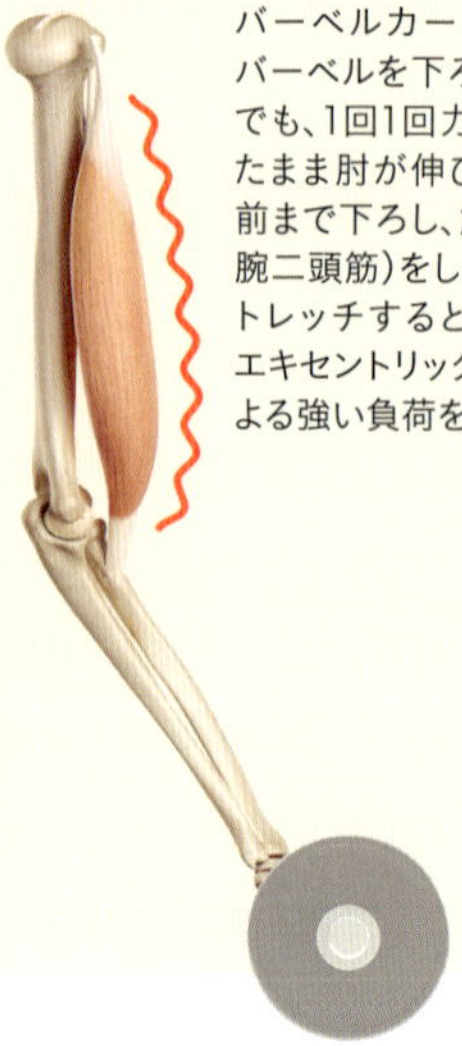

バーベルカールでは、バーベルを下ろす局面でも、1回1回力を入れたまま肘が伸びきる直前まで下ろし、筋肉（上腕二頭筋）をしっかりストレッチするとともに、エキセントリック収縮による強い負荷を与える。

リック収縮」という。筋肉は負荷によって伸ばされているものの収縮活動を続けている。

エキセントリック収縮の刺激は筋肉が伸ばされるほど強くなるため、**筋トレは関節をフルレンジで動かすことが基本となる。**

筋トレを高強度の負荷で行なうと、楽をしてネガティブレップの動きが小さくなりがちなので、**筋トレ中はできるだけ筋肉を伸ばすことを意識する。**ただし、関節を伸ばしきると筋肉は脱力してしまうため、関節が伸びきる直前まで伸ばしていく。

また、筋肉をフルに伸ばした状態で筋張力を発揮する筋トレ種目（ストレッチ種目）も筋線維の微細な損傷を生じさせるトレーニングとして有効となる。

関節をフルレンジで動かす

筋トレを行なう際は、1回1回関節をフルレンジで動かすことが基本。関節を動かす稼働範囲が狭くなると、筋肉にかかる負荷が小さくなる。

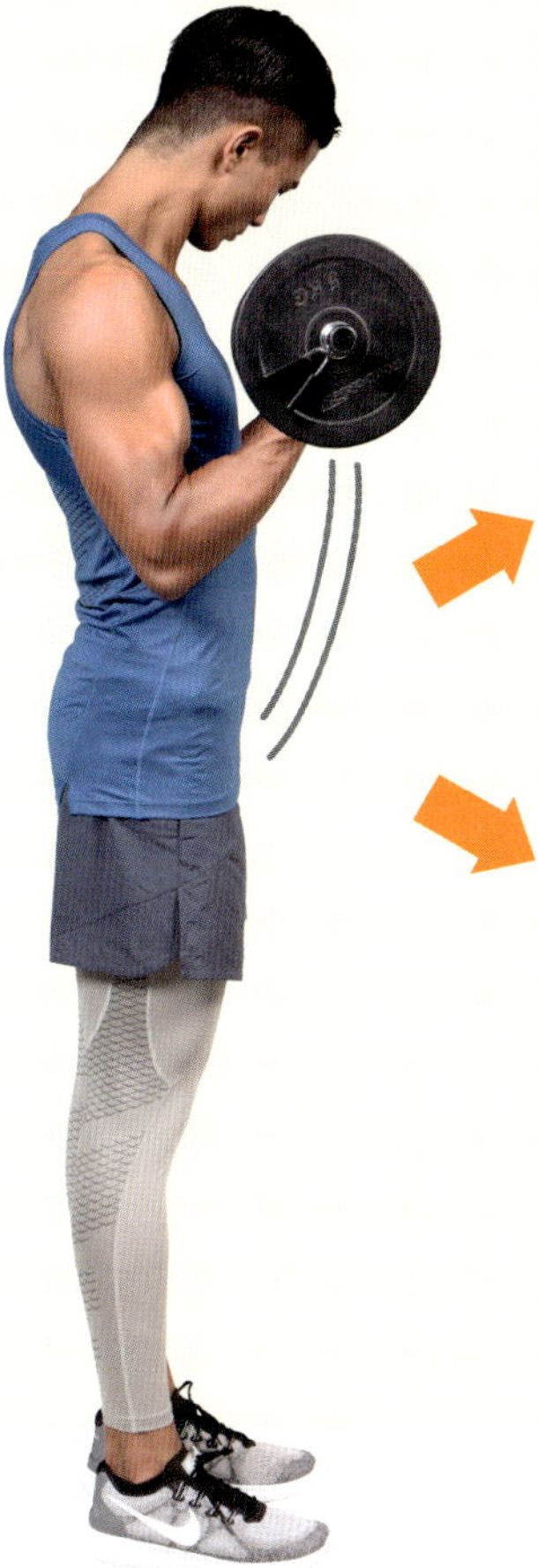

×

バーベルを下ろす動きが小さくなると、筋トレの負荷が低くなるのでNG。脱力してバーベルを下ろしたり、下ろした時に肘が伸びきって脱力するのも、負荷が抜けてしまうのでNG。

○

筋肉に力を入れたまま、肘が伸びきる直前までバーベルを下ろしていく。バーベルを1回1回しっかり下ろすことによって、筋肉は力を入れたまま強く伸ばされる。さらにバーベルを持ち上げる局面にかかる負荷も高くなる。

筋肥大を誘発するシグナル③

無酸素性代謝物の蓄積

速筋線維の動員によって生成される無酸素性代謝物

強い負荷の筋トレなどによって筋肉の速筋線維が動員されると、酸素を使わずにエネルギー代謝が行なわれるため、無酸素性のエネルギー供給にともなう代謝物が体内に蓄積する。

乳酸や一酸化窒素、水素イオンといった**「無酸素性代謝物の蓄積」**も筋肉にとっては大きなストレスであり、筋肥大を誘発するシグナルとなる。

筋トレをすると筋肉が一時的に膨《ふく》れあがるパンプアップも、乳酸をはじめとする無酸素性代謝物の蓄積で起こる症状である。

適正な負荷と回数を設定しオールアウトを迎える

筋トレを行なううえで最も重要となるのは、各種目とも余力を残さず力を出しきって終わること。余力を残して終わるようなトレーニングでは無酸素性代謝物の蓄積も少なくなる。**筋肉を追い込んで力を出しきることを「オールアウト」という。**

しかし、力を出しきったとしても、高重量を2～3回挙上して終わるような筋トレでは運動

無酸素性代謝物の働き

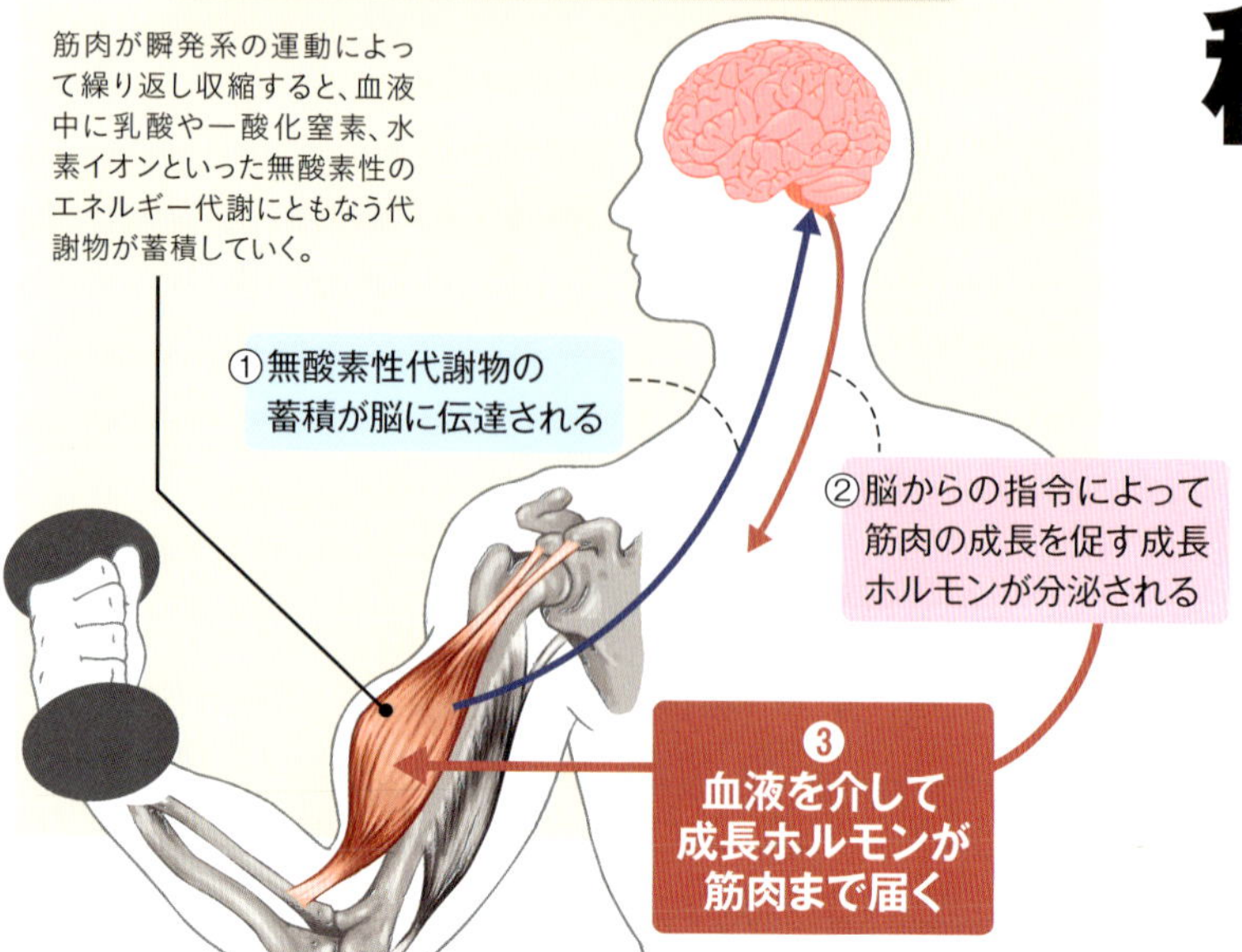
筋肉が瞬発系の運動によって繰り返し収縮すると、血液中に乳酸や一酸化窒素、水素イオンといった無酸素性のエネルギー代謝にともなう代謝物が蓄積していく。
①無酸素性代謝物の蓄積が脳に伝達される
②脳からの指令によって筋肉の成長を促す成長ホルモンが分泌される
③血液を介して成長ホルモンが筋肉まで届く

量や運動時間が不十分で、無酸素性代謝物の蓄積にもつながらないため、適正な負荷と回数を設定することがポイントとなる。

これまでの各種研究によると、**筋トレは1セット8〜10回の反復が限界となる負荷で行なうと、最も筋肥大につながる**との実験結果が出ている。

1種目の合計反復回数の目安はだいたい25〜30回程度。1セット8〜10回であれば、3〜5セットに設定し、最終セットですべての力を出しきり、オールアウトを迎えるようにする。

また、筋肉を休ませるセット間のインターバルは、時間を短くするほうが筋肉にかかるストレスが強くなるため、無酸素性代謝物の蓄積も多くなる。

適正な筋トレ負荷の目安

最大筋力に対する割合（%）	反復可能回数（回）
100%	1回
95%	2回
93%	3回
90%	4回
87%	5回
85%	6回
83%	7回
80%	8回
77%	9回
75%	10回
70%	11回
67%	12回
65%	13回

（出典：『National Strength and Conditioning Association[NSCA]. 2000』より引用改変）

力を出しきりオールアウトできるのであれば、セットを重ねるごとに負荷（重量）を軽くしていく方法や、セットを重ねるごとに反復回数を減らしていく方法などを取り入れても良い。

筋肉を低酸素状態にする

筋肉は力を入れ続けると低酸素状態になる

筋肉は筋張力を発揮した緊張状態が続くと、収縮した筋肉が硬くなり、血管を圧迫して筋肉への血流量が制限される。

筋肉へ流れ込む血流量が減少すると、筋肉への酸素供給量も減少するため、筋肉は次第に**「低酸素状態」**となる。この低酸素状態によるストレスも筋肥大を誘発するシグナルとなり、筋肉の成長を促進する成長ホルモンなどの分泌を促す。

さらに、低酸素状態に陥《おちい》ると、酸素を使ってエネルギー代謝を行なう遅筋線維が動員されにくくなり、酸素を使わずエネルギー代謝を行なう速筋線維が優先的に動員される。また、速筋線維の動員によって無酸素性代謝物の蓄積もより多くなる。

1セット終わるまで筋肉は脱力しない

筋トレによって筋肉を低酸素状態にするには、**1セット終わるまで脱力しないことがポイント**。セット中に何度も脱力すると低酸素状態にはなりにくい。

さらに、複数セット行なう場

筋肉が低酸素状態になるしくみ

セット間インターバルの短いトレーニングや、専用のベルトで最初から血管を圧迫した状態で行なう加圧トレーニングなどは、筋肉が低酸素状態になりやすい。

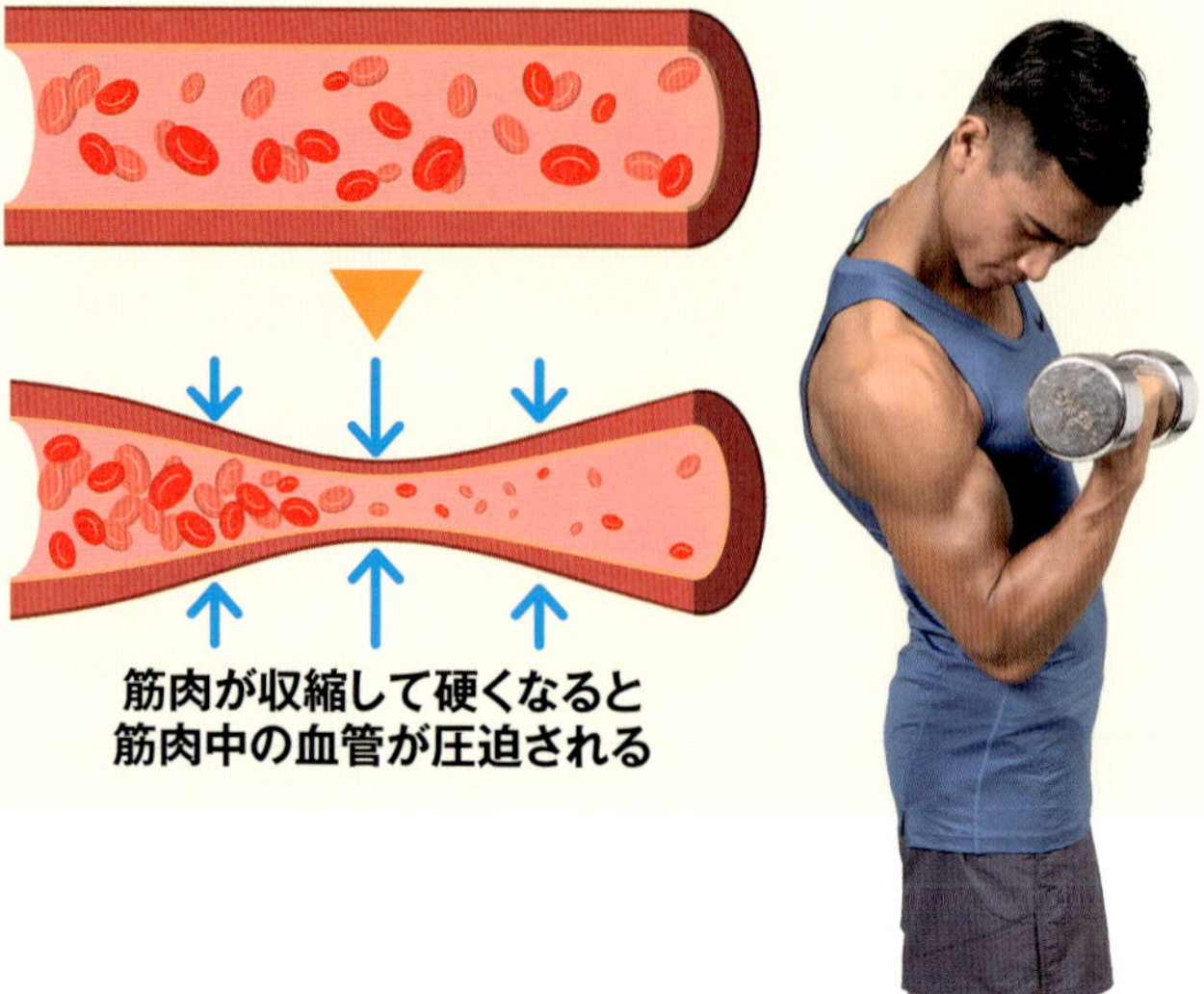
筋肉が収縮して硬くなると
筋肉中の血管が圧迫される

合は、**セット間のインターバルが短いほど低酸素状態に陥りやすい。**逆にインターバルが長くなると、筋肉が休息中に酸素をしっかり取り込むため、低酸素状態になりにくくなる。

ダンベルを下ろす局面で肘が伸びきってしまうと負荷が抜けて上腕二頭筋は脱力する。

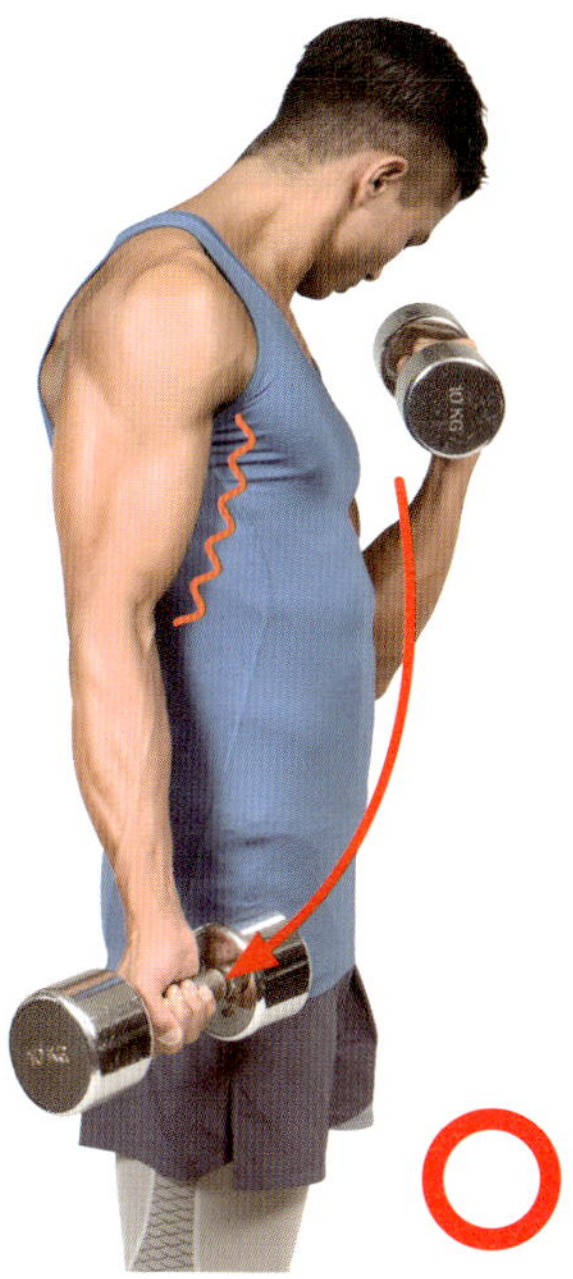

ダンベルを下ろす局面は上腕二頭筋に力を入れたまま、肘が伸びきる直前まで下ろす。

セット間インターバルと筋トレ効果

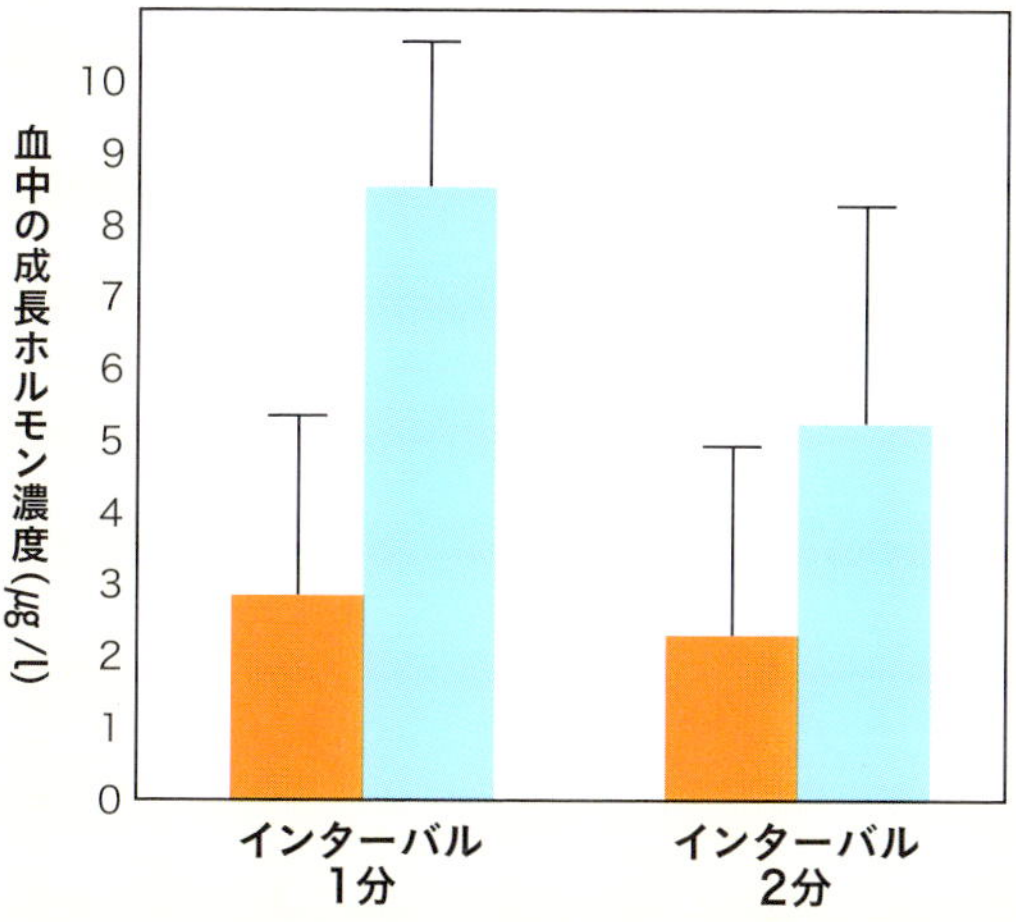

ベースライン
トレーニング終了直後

20代男性10名がスクワットとベンチプレスをそれぞれ異なるセット間インターバルで実施した実験では、短いインターバルのほうが成長ホルモンの分泌量が増える結果となった。セット間インターバルは1〜2分を目安にすると効果的となるが、無理にインターバルを短くしすぎても、挙上回数が少なくなったり、フォームが崩れたりするので注意する。

＊$P<0.05$（※有意差あり）

（出典：「Rahimiら,2010」より引用改変）

正しい動きで狙った筋肉を鍛える

各種目の目的意識を明確にしてから実施する

序章で解説した通り、腕を太くするには、上腕二頭筋や上腕三頭筋、上腕筋、腕橈骨筋をまんべんなく鍛えることが基本。胸板を厚くするのも、大胸筋の上部、中部、下部をまんべんなく鍛えることが有効となる。

筋トレはやみくもに行なっても狙った筋肉を鍛えることはできない。同じ部位の筋肉をしっかり鍛え分けするためには、**各種目がそれぞれ「どこの筋肉をターゲットにしているのか」「どういう動きをすれば狙った筋肉に負荷がかかるのか」といったことを事前に理解してから実施する**ことが重要となる。

さらに、筋トレの実施中もターゲットとなる筋肉の伸展および収縮を感じながら行なっていく。そうすることで各種目の効かせ方が習得できるほか、自分の体に合ったアレンジを加えたりすることも可能になる。

同じ筋肉がターゲットの別種目も取り入れる

同じ筋トレ種目を週2回のサイクルで実施すると、筋肉の疲

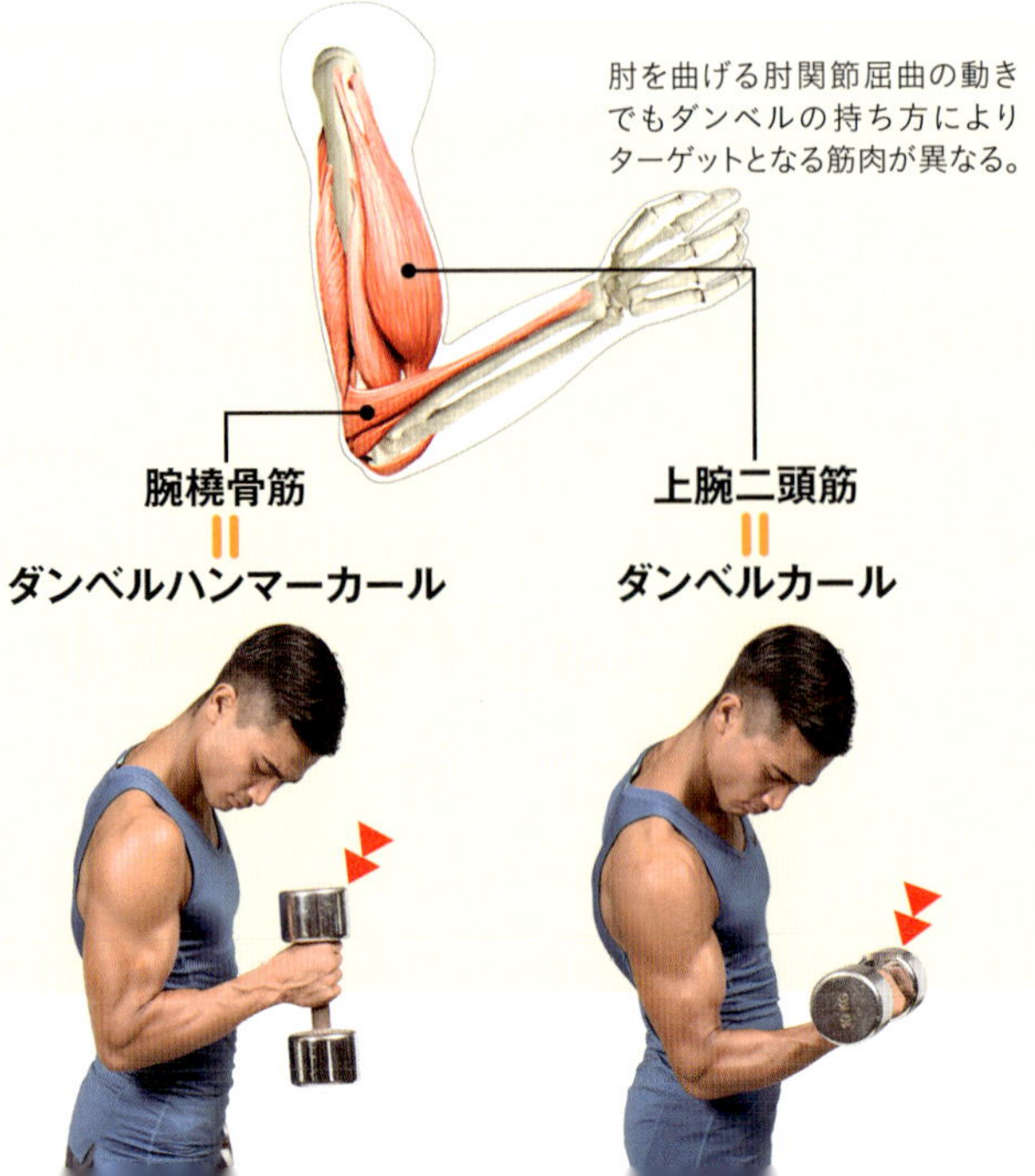

腕橈骨筋
=
ダンベルハンマーカール
上腕二頭筋
=
ダンベルカール

肘を曲げる肘関節屈曲の動きでもダンベルの持ち方によりターゲットとなる筋肉が異なる。

労回復が間に合わない場合がある。そういった時は、同じ筋肉をターゲットにする別の種目を取り入れる方法もある。

ターゲットとなる筋肉が同じでも動きが変わるため、多少の疲労があっても実施しやすい。

また、同じ種目だけを行なっていると、**体が刺激に慣れてしまって筋肥大効果が停滞するリスクもあるため、種目を変えて異なる刺激を入れると効果的。**動きが変わることで飽きずに実施できるメリットもある。

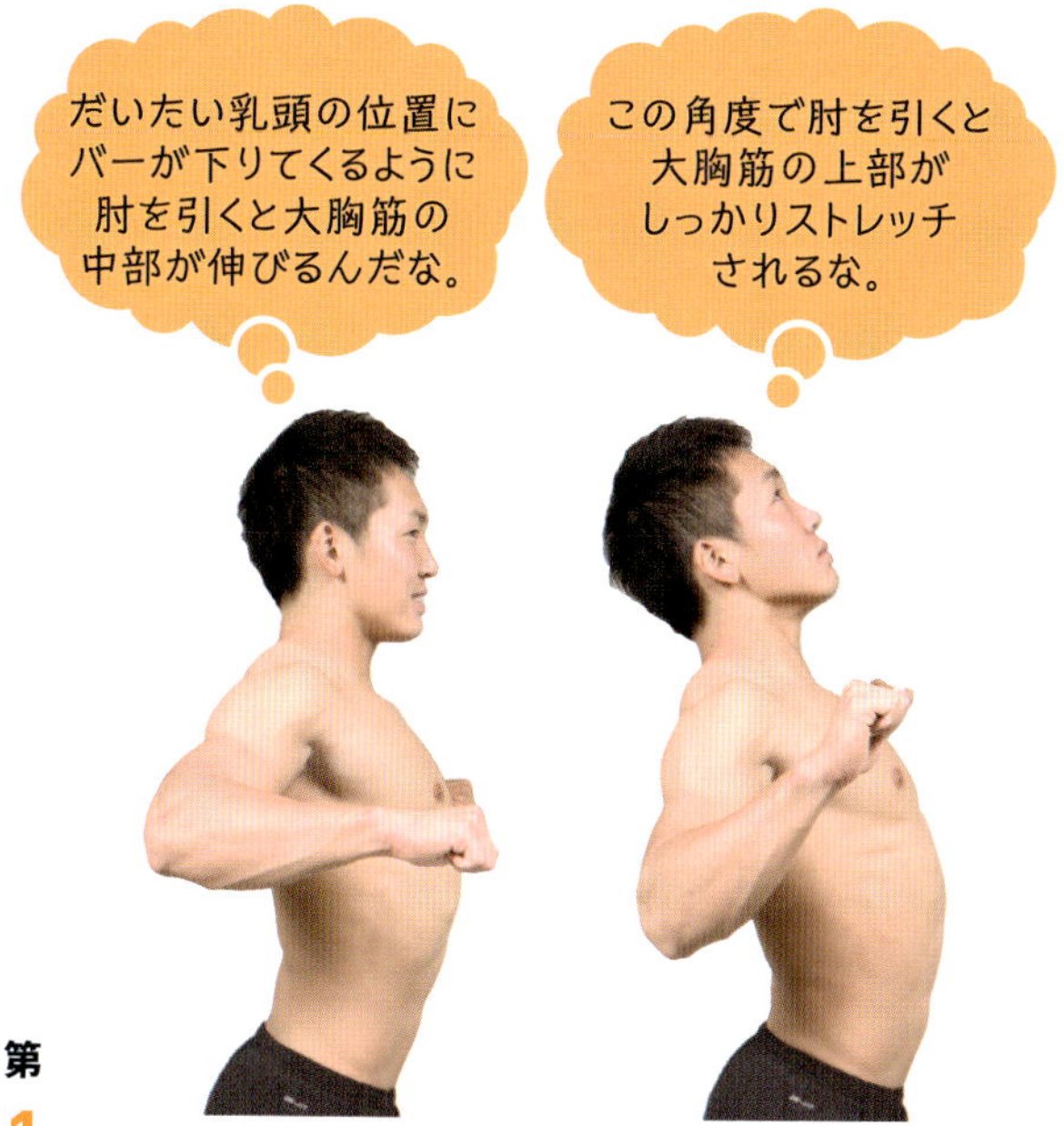
だいたい乳頭の位置にバーが下りてくるように肘を引くと大胸筋の中部が伸びるんだな。
この角度で肘を引くと大胸筋の上部がしっかりストレッチされるな。
狙った筋肉に刺激を入れる動きの確認は、筋トレ器具がなくてもできるため、事前にイメージを固めると良い。

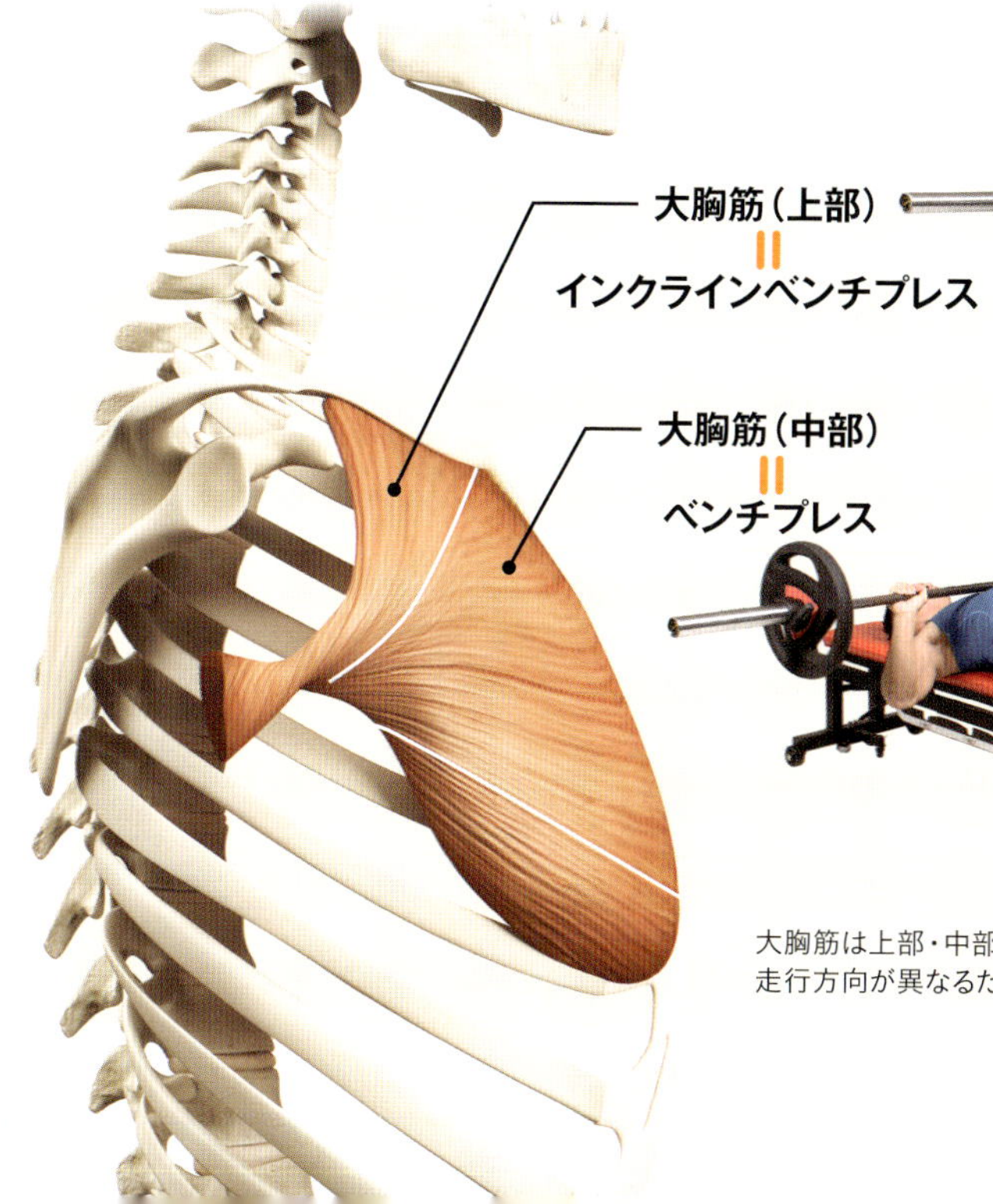
大胸筋（上部）
＝
インクラインベンチプレス
大胸筋（中部）
＝
ベンチプレス

大胸筋は上部・中部・下部でそれぞれ筋線維の走行方向が異なるため、鍛える種目も異なる。

筋肉の合成を優位にする

筋肉が分解される量を減らし合成される量を増やす

　人間の体は、1日に消費するエネルギー（カロリー）より摂取エネルギーが多ければ太り、消費エネルギーのほうが多ければカロリー不足で痩《や》せていく。

　基本的にはカロリー不足の状態で筋肥大することは難しい。筋肉の成長には、筋肉の材料となるタンパク質が必要となるが、カロリーが足りないと糖質や脂質だけではなくタンパク質もエネルギーとして代謝される。

　ただし、腕と胸のサイズアップだけに特化するのであれば、体重を増やさずに筋肥大させることも可能だと考えられる。

タンパク質の分解より合成を優位にする

　筋肉や毛、爪など人間の体を構成するタンパク質にはそれぞれ寿命があり、恒常的に新陳代謝を行ないながら新しいタンパク質と入れ替わっている。筋肉の分解は生理現象であり、タンパク質をいくら摂取しても分解が止まることはないが、**分解される量を減らすことはできる。**

　体の調整機能により筋肉の分

筋肥大するための2つの条件

摂取エネルギーが消費エネルギーを上回る

消費エネルギーが摂取エネルギーを上回ると、タンパク質が筋肉の合成にまわらなくなり筋肥大しにくい。

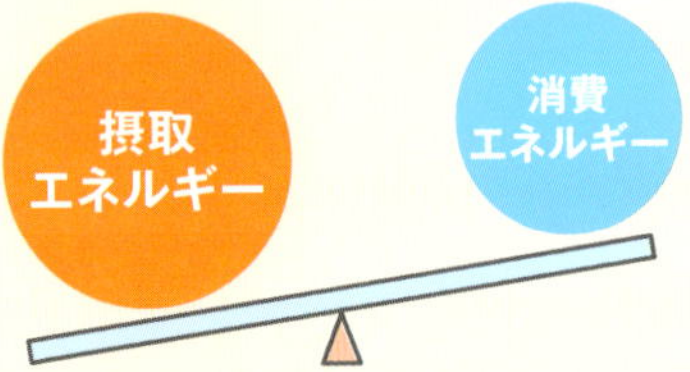

筋肉の合成量が分解量を上回る

筋肉の分解は体内で恒常的に行なわれているため、合成量が分解量を上回らなければ筋肉量は増えない。

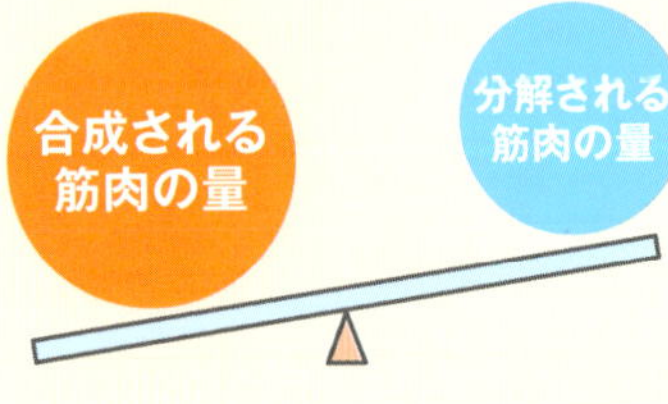

解と合成はある程度バランスが保たれているため、**筋肉量を増やすには、筋肉の分解量より合成量を多くする必要がある。**

空腹時は体内がエネルギー不足で筋肉の分解が進行するため、タンパク質をこまめに摂《と》ると良い。消化時間を考えると3〜4時間おきに摂るのが理想的。三食に加え、おやつや就寝前にタンパク質を摂るだけでも分解量が抑えられる。

また、**筋トレ終了直後はホルモン分泌が活発になっている**ため、タンパク質を摂取することで効率良く合成量を増やせる。

筋トレは終了直後にタンパク質を摂ることで筋肥大効果が高まる。また運動中は筋肉の分解が進行するため、タンパク質の摂取が分解を抑えることにもつながる。

タンパク質の摂取タイミングと筋肥大効果

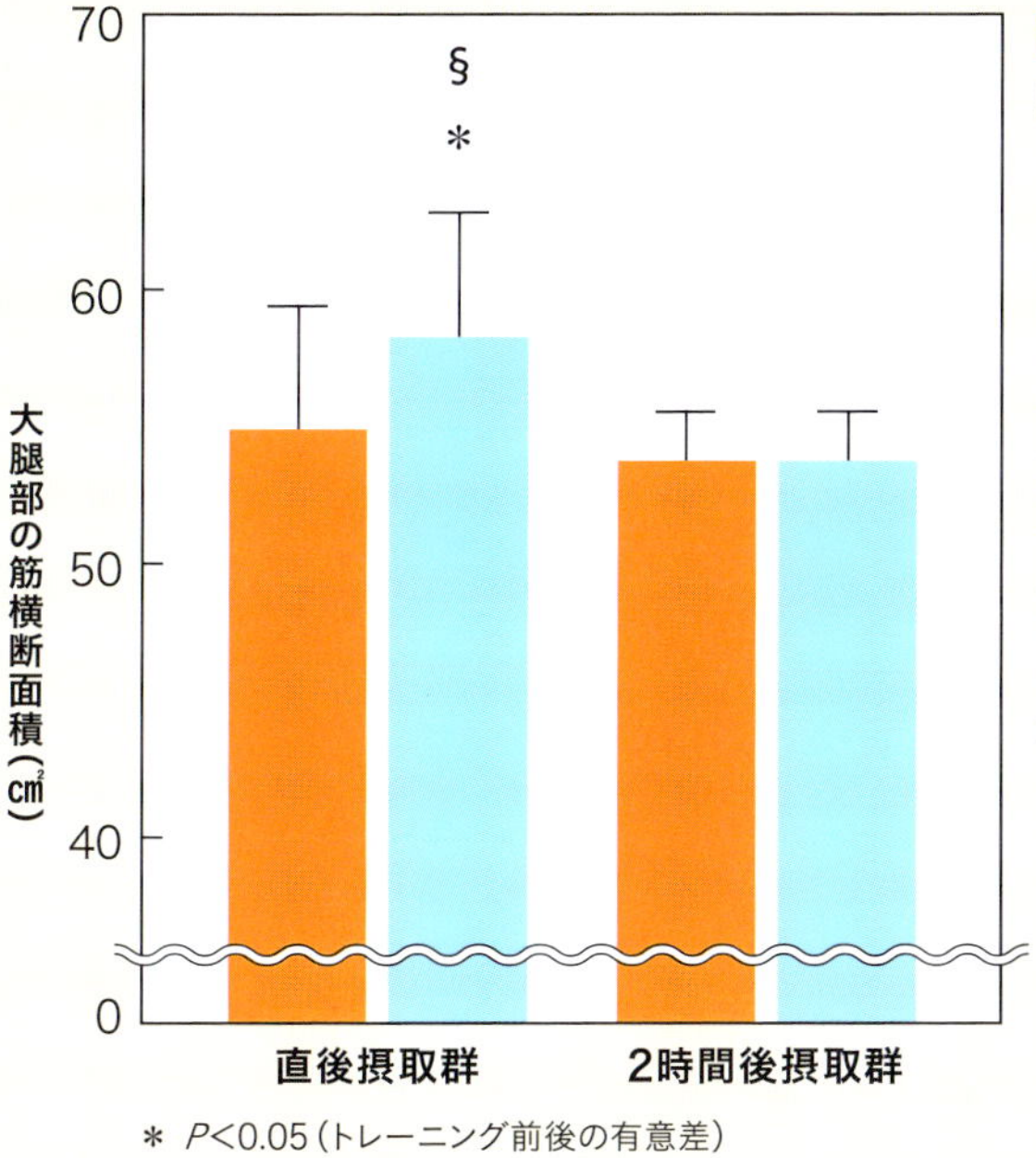

トレーニング開始前
トレーニング開始10週間後

2つの男性グループが、週3回のペースで10週間筋トレを行ない、1つのグループが筋トレ終了直後に、もう一方のグループが筋トレ終了から2時間後に毎回タンパク質（10g）および糖質のサプリメントを摂り続けたところ、筋トレ終了直後に摂取していたグループに高い筋肥大効果が表れた。

※筋トレ前のタンパク質と糖質の摂取も筋肉の分解を抑えるうえでは重要。消化時間を考え、食事なら筋トレ開始2時間前に、サプリメントなら1時間前の摂取を目安に。

＊ $P<0.05$（トレーニング前後の有意差）
§ $P<0.01$（群間の変化の有意差）

（出典：「Esmarckら,2001」より引用改変）

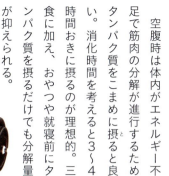

タンパク質を摂る

筋トレ終了直後にタンパク質を20～30g摂る

筋肉の材料となる体内のタンパク質（アミノ酸）は、常に一定量に保たれているため、**タンパク質を一度にたくさん摂取しても余剰分は筋肉にならない。**

筋トレを4カ月以上継続して行なっている6人の男性グループに対し、毎回筋トレ終了直後にタンパク質をそれぞれ0g（摂取なし）、5g、10g、20g、40g摂取させて、筋タンパク質合成の反応を測定したところ、タンパク質摂取量が20g以上になると、合成反応はそれほど上昇しないという測定結果が出た（Mooreら、2009 ※下図）。

この実験結果が示すように、**筋肥大を目的とした1回のタンパク質摂取量は、20g程度がひとつの目安と考えられる。**

ボディビルダーのように筋肥大効果を限界まで追い求める場合は、1回に40～50gのタンパク質を摂取する方法もあるが、栄養の摂取バランスや内臓への負担などを考慮すると、やはり1回につき20gの摂取を目安にして、変化がなければ30g程度まで増やしていけば良い。

筋トレ直後のタンパク質摂取量と筋肥大効果

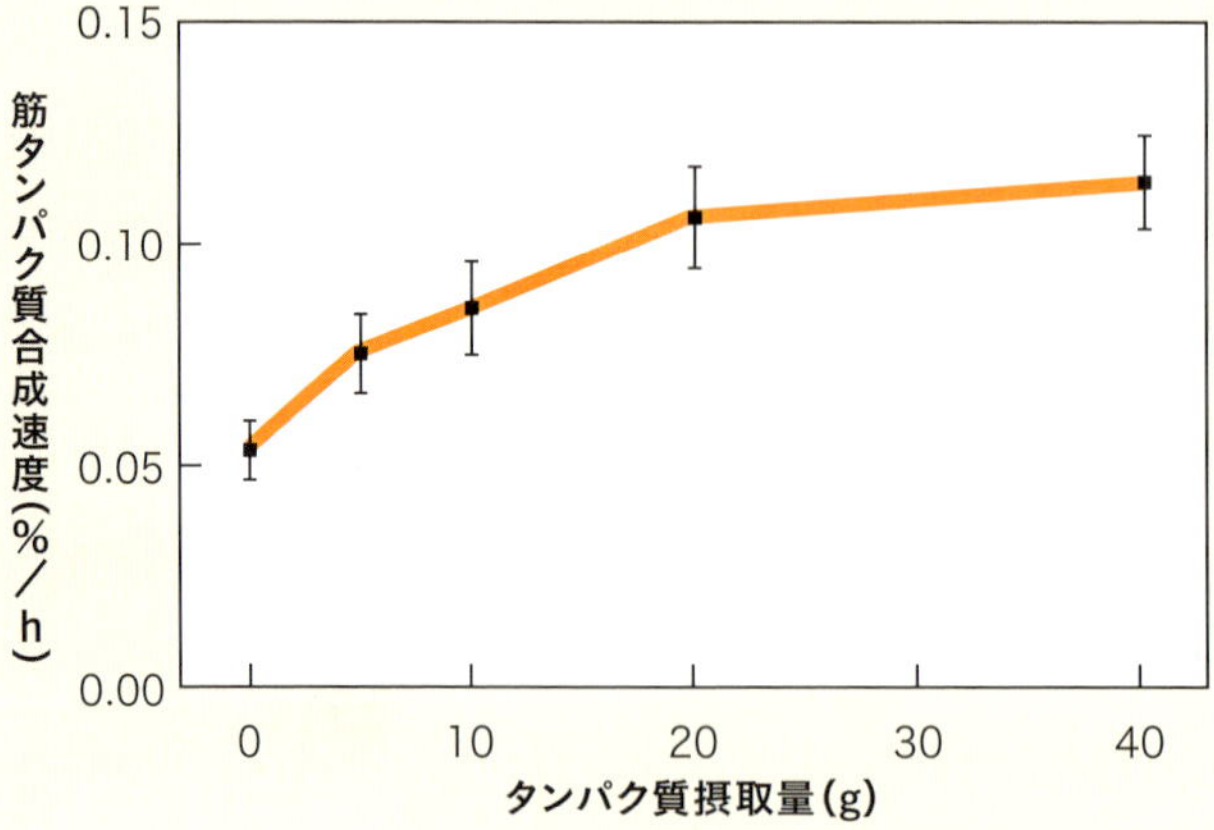

筋トレ終了直後のタンパク質摂取に対する筋タンパク質合成の反応（血中アルブミン濃度）を測定した結果、摂取量20gをピークに合成反応の上昇が減速した。

（出典：「Mooreら,2009」より引用改変）

第2章

上腕前面を太くする！

上腕の前面を太くするためには、上腕二頭筋、上腕筋、腕橈骨筋をそれぞれ狙って鍛えていく必要がある。この3つの筋肉が成長することによって上腕前面が全体的に太くなる。

前腕の回外位・回内位

前腕の回外

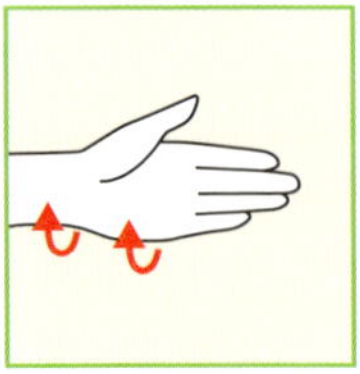

前腕の回内

上腕前面の筋群はいずれも肘を曲げる動き（肘関節の屈曲）で鍛える。肘を曲げる時、前腕の回外位・回内位（外向き・内向きにひねったポジション）によって働く筋肉の貢献バランスが変わる。

回外位

手の平を上に向けると上腕二頭筋全体に効く

手の平を上に向けたポジション（前腕の回外位）で肘を曲げると、最強の肘関節屈曲筋である上腕二頭筋が主働筋として働く。上腕筋、腕橈骨筋も協力して働く。

半回外位

前腕を少し回内すると上腕の筋肉全体に効く

手の平を45度の角度に傾けたポジション（前腕の半回外位）で肘を曲げると、肘関節屈曲筋である上腕二頭筋、上腕筋、腕橈骨筋がバランス良く働く。

中間位

親指を上に向けると腕橈骨筋が主働筋に

親指を上に向けたポジション（前腕の中間位）で肘を曲げると、腕橈骨筋が主働筋として働く。上腕筋も腕橈骨筋と一緒に主働筋として働く。

半回内位

手の甲を上に向けると上腕筋が主働筋になる

手の甲を上に向けたポジション（前腕の回内位または半回内位）で肘を曲げると、上腕筋が主働筋として働く。腕橈骨筋も上腕骨と一緒に主働筋として働く。

肩関節の屈曲位・伸展位

肩関節の屈曲

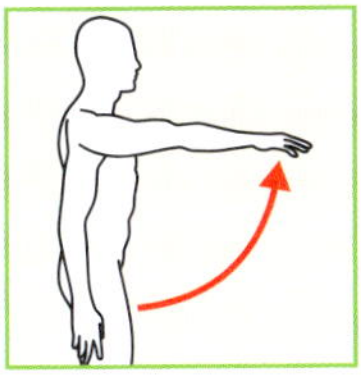

肩関節の伸展

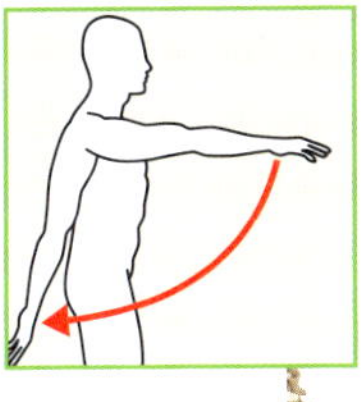

上腕二頭筋は肘関節とともに肩関節もまたぐ二関節筋であるため、肩関節の屈曲位・伸展位（腕を前方・後方に振ったポジション）によって、筋肉が伸ばされた状態または収縮した状態になる。筋張力を発揮する時、筋肉が伸びているか縮んでいるかで刺激も変わる。

肩の動きで伸縮する上腕二頭筋の長頭

上腕二頭筋の長頭は、肩甲骨から起始して肩関節をまたぎ、上腕骨の上端を通っているため、腕を前後に振る動き（肩関節の屈曲・伸展）によって筋肉が伸び縮みする。腕を前方に振ると収縮し、後方に振ると伸びる。

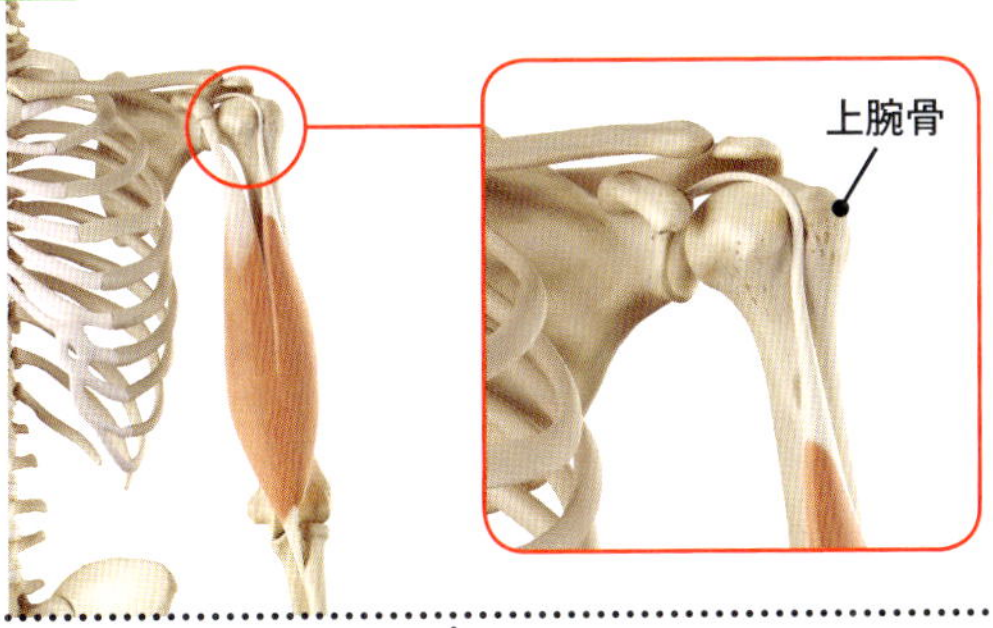

肩関節の伸展位

腕を後方に振った肩関節の伸展位では、上腕二頭筋の長頭が長く伸ばされるため、長頭は伸びた状態で筋張力を発揮する。

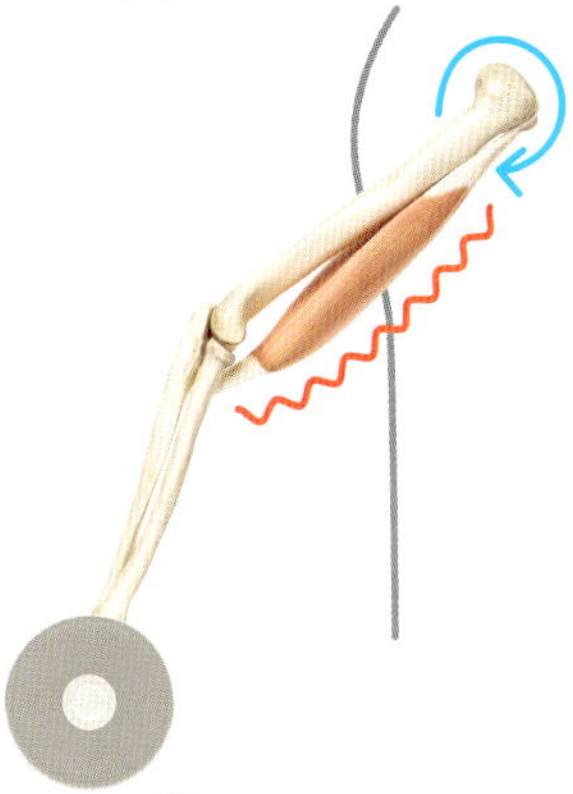

肩関節の中間位

腕を下ろした肩関節の中間位では、上腕二頭筋の長頭・短頭とも筋肉が自然な長さの状態。

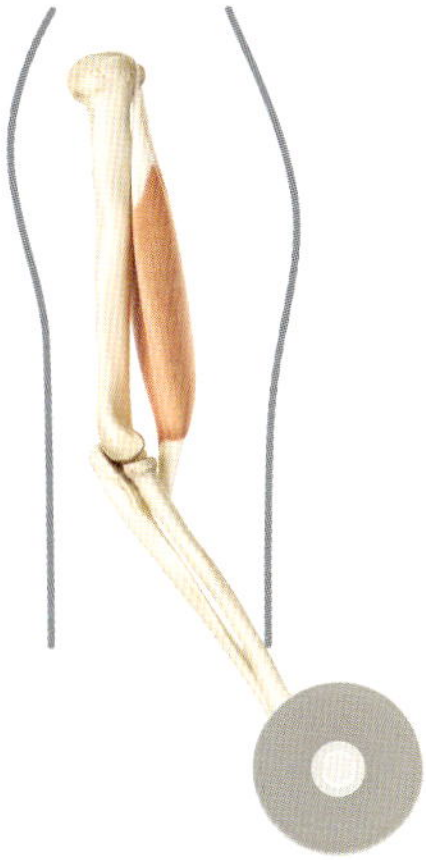

肩関節の屈曲位

腕を前方に振った肩関節の屈曲位では、上腕二頭筋の長頭が縮んで短くなるため、長頭を強く収縮させることができる。

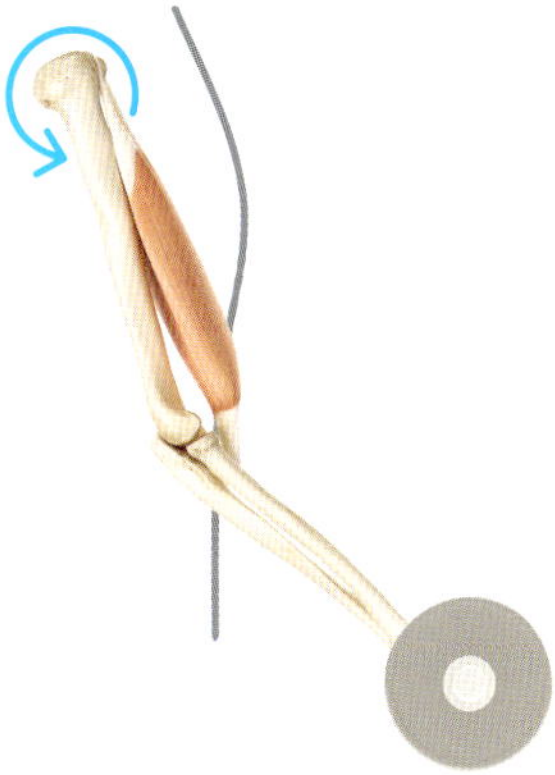

上腕前面プログラム ジム編

上腕二頭筋、上腕筋、腕橈骨筋を鍛え分ける

ジム編のプログラムは、バーベルやEZバー、ダンベルを使い分け、前腕のポジションや肩関節のポジションが異なる複数の肘関節屈曲種目で上腕二頭筋の長頭・短頭、上腕筋、腕橈骨筋をまんべんなく鍛えていく。

週1回実施する場合は、メインプログラムで上腕前面の筋群を限界まで追い込んでいく。

週2回実施する場合は、疲労回復のため中2日以上空けて行なう。2回のうち1回をサブプ

メインプログラム

最も強力な肘関節屈曲筋である上腕二頭筋は、バーベルカールで高負荷をかける。さらに長頭を短く縮めたポジションで強く収縮できるコンセントレーションカール、前腕のひねりを加えて短頭を狙うダンベルスピネートカールで全体、長頭、短頭をそれぞれ刺激。前腕を回内したポジションで行なう種目も取り入れ、上腕筋、腕橈骨筋までしっかり鍛える。

	種目	ターゲット
1	**バーベルカール** ➡P.44	上腕二頭筋（全体）
2	**コンセントレーションカール** ➡P.60	上腕二頭筋（長頭）
3	**ダンベルスピネートカール** ➡P.52	上腕二頭筋（短頭）
4	**ダンベルハンマーカール** ➡P.62	腕橈骨筋、上腕筋
5	**EZバーリバースカール** ➡P.66	上腕筋、腕橈骨筋

※各種目の負荷および回数は、基本的に8〜10回の反復が限界となる負荷に設定。
種目数が多いため、セット数は各種目3セットを目安に。

ログラムにして、筋肉にメインプログラムとは異なる刺激を与えるやり方も効果的である。

サブプログラム

バーベルカールより手首を巻き込んで上腕二頭筋をより強く収縮できるダンベルカールや上腕前面の筋群がバランス良く動員されるEZバーカール、上腕二頭筋を伸ばした状態で負荷をかけるインクラインダンベルカールなどを取り入れ、メインプログラムとは異なる刺激を与える。

	種目	ターゲット
1	**ダンベルカール** ➡P.72	上腕二頭筋 （全体）
2	**インクラインダンベルカール** ➡P.56	上腕二頭筋 （全体）
3	**EZバーカール** ➡P.48	上腕二頭筋、 上腕筋、 腕橈骨筋
4	**アンダーグリップチンニング** ➡P.76	上腕二頭筋、 上腕筋、 腕橈骨筋

※各種目の負荷および回数は、基本的に8～10回の反復が限界となる負荷に設定。
種目数が多いため、セット数は各種目3セットを目安に。

ダンベルカールはダンベルを購入すれば自宅でも実践できる。

ショートプログラム

忙しくて時間がない人や、筋トレ初心者で最初は少ない種目数から始めたいという人に最適なメインプログラムの短縮版。両腕を同時に鍛えられる2種目で上腕二頭筋、上腕筋、腕橈骨筋をしっかり追い込む。

	種目	ターゲット
1	**バーベルカール** ➡P.44	上腕二頭筋 （全体）
2	**EZバーリバースカール** ➡P.66	上腕筋、 腕橈骨筋

※各種目の負荷および回数は、基本的に8～10回の反復が限界となる負荷に設定。
種目数が少ないため、セット数は各種目4～5セットを目安に。

手首が硬い人はバーベルカールではなく、EZバーカールに種目変更してもOK。

上腕前面トレ❶ ジム種目

バーベルカール

肩関節の中間位、前腕の回外位で肘を曲げる

腕を下ろした肩関節の中間位で肘を曲げていく種目。肘を曲げる時、腕を前方に振る肩関節屈曲の動きで肘の位置を固定するため、二関節筋である上腕二頭筋が両端からしっかり収縮する。

Target

上腕二頭筋（全体）

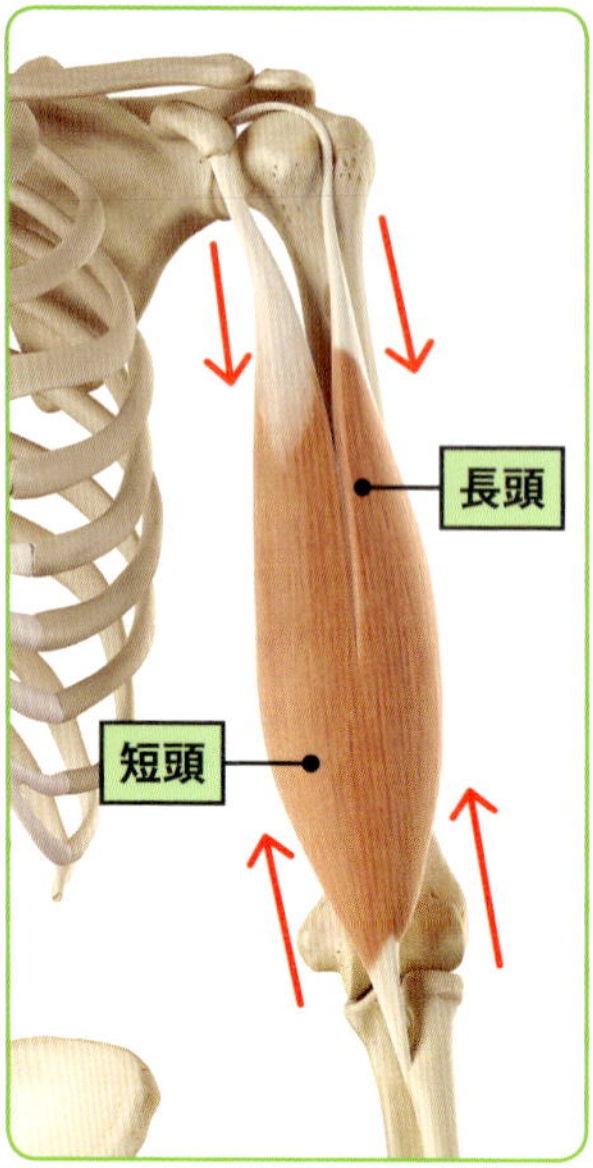

肩関節の屈曲動作では上腕二頭筋の中でも主に長頭が働く。

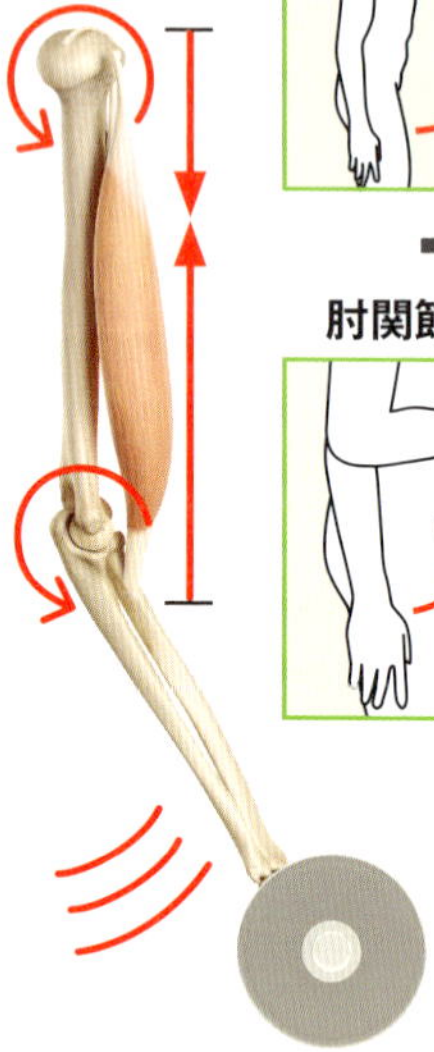

肩関節の屈曲

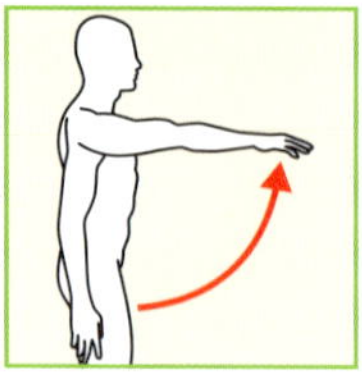

＋

肘関節の屈曲

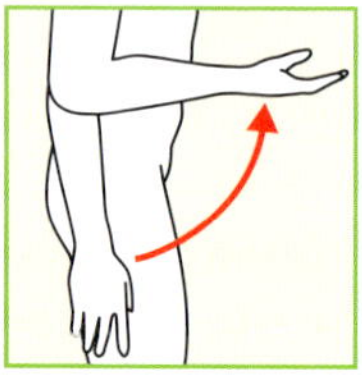

バーベルカールの特長

手の平を上に向けた回外位で前腕のポジションが固定される

手の平を上に向けてストレートバーを握ると、前腕を回外位でキープしたまま動作できる。上腕二頭筋は肘を曲げる肘関節屈曲動作だけでなく、前腕の回外動作にも主働筋として働くため、回外位で肘を曲げると上腕二頭筋をより全体的に収縮させられる。

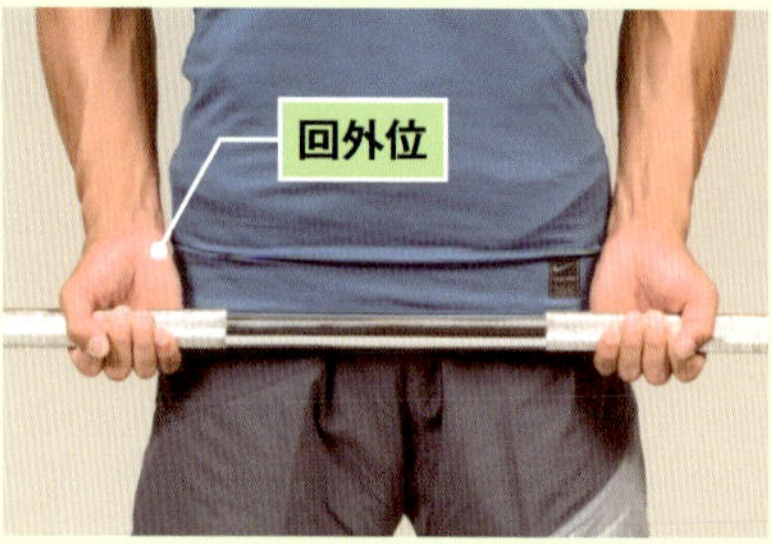

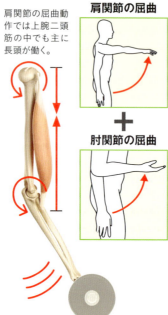

バーベルカール 基本フォーム❶ 斜め前

上体は動作中も
前後に倒さず
真っすぐに固定
肘を開かず
曲げていく
肘を軽く曲げ
上腕二頭筋に
力を入れる
シャフトは
体につけない

1 手の平を上に向けてバーベルを持つ。両手の幅は肩幅程度。足は腰幅程度に開き、背すじをしっかり伸ばす。

2 背すじを伸ばしたまま、両肘を曲げてバーベルを持ち上げる。そこから力を抜かずに1の体勢へと戻る。

POINT 肘が伸びきる直前まで バーベルを下ろす

筋トレは関節をフルレンジで動かし、ターゲットの筋肉をしっかり伸び縮みさせることが重要。下ろす局面でも力を抜かずに肘が伸びきる直前までバーベルを下ろす。

バーベルカール 基本フォーム❷ 横

上体を
しっかり
固定する
肘が伸びきる
直前まで伸ばし
上腕二頭筋を
ストレッチする

肘を引かず
肘先だけを
動かす

1 バーベルを下ろした時、腕の位置はほぼ垂直で体の側面と重なる位置。そこから力を入れて肘を軽く曲げる。

2 肘を曲げる時、肘を後方に引くと上腕二頭筋への負荷が下がるため、肘の位置はできるだけ固定する。

NG 肘を後方に引いてバーベルを挙げる

肘を曲げる時に肘を後方へ引くと、肘を曲げる動きより腕を後方に振る肩関節伸展の動きが中心となるため、肘関節屈曲筋である上腕二頭筋への負荷が小さくなる。

×

バーベルカールのフォームで最も重要となるのは、肘を引かずに固定したまま肘を曲げること。横から見たフォームで肘の位置を確認しよう。

動作中は上体を
動かさずに固定
体の側面で
肘の位置を
固定して
曲げていく

3 肘の位置を固定したまま肘を曲げていく。上体を前後に振らず、肘を曲げる動きだけでバーベルを挙げていく。

肘を少し
前方に出すと
上腕二頭筋の
収縮が強まる

4 最後は肘が少し前方に動いてもOK。ただし肘が前に出すぎると上腕二頭筋への負荷が抜けるので注意する。

NG 上体をのけぞらせてバーベルを挙げる

バーベルを挙上する時、上体を振って肘を曲げると上腕二頭筋の負荷が下がる。ただし最後の力を絞り出す局面で反動を使うのは許容範囲。

上体をのけぞらせた
反動を利用して
バーベルを挙げる

EZバーカール

前腕の半回外位で肘を曲げる

バーベルカールから前腕を回内した半回外位のポジションで肘を曲げる種目。回内することで肘を曲げる動きに対する上腕二頭筋の貢献度がやや下がり、上腕筋、腕橈骨筋の貢献度が高まる。

Target

上腕二頭筋
上腕筋
腕橈骨筋

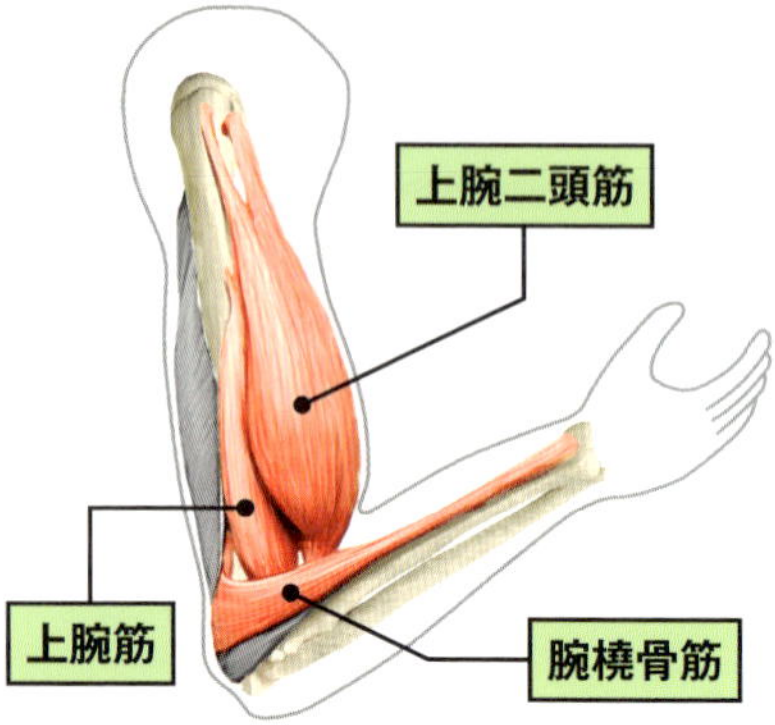

手の平を上に向けた回外位から前腕を少し回内すると、肘を曲げる動きに対する上腕二頭筋の貢献度が下がる。

前腕は半回外位

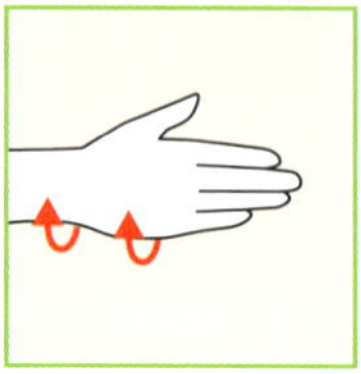

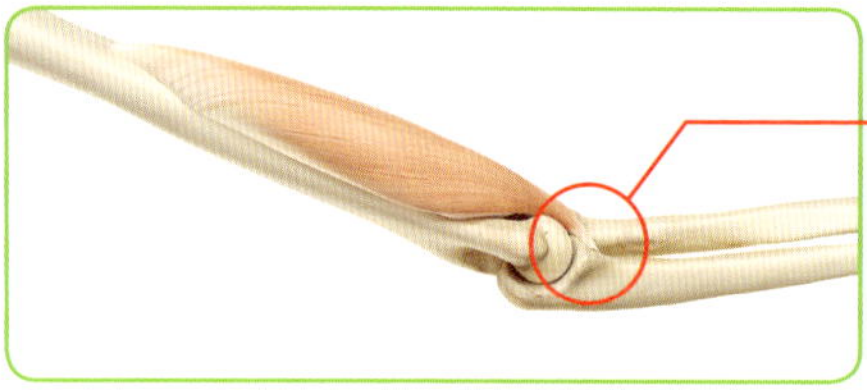

上腕筋は前腕のポジションに影響を受けない尺骨に停止するため、肘を曲げる動き全般に同じように働く。

EZバーカールの特長

手の平を斜め上に向けた半回外位で前腕のポジションが固定される

EZバーを握ると、前腕を回外位から少し内向きにひねった半回外位のポジションで固定できる。前腕を回内すると橈骨に停止する上腕二頭筋が引っぱられて収縮しにくくなるため、肘関節屈曲動作への貢献度が下がる。上腕筋、腕橈骨筋の貢献度は高まる。

EZバーカール 基本フォーム❶ 斜め前

上体は動作中も
真っすぐに固定
動かすのは
肘先だけ
肘は伸びきる
直前まで伸展
シャフトは
体につけない

1 自分から見て両手が「逆ハの字」になるようにEZバーを握る。足は腰幅程度に開き、背すじを伸ばす。

2 背すじを伸ばしたまま、両肘を曲げてEZバーを持ち上げる。そこから力を抜かずに1の体勢へと戻る。

POINT 肘が伸びきる直前までEZバーを下ろす

力を抜かずに肘が伸びきる直前までEZバーを下ろしていく。EZバーカールでも肘関節をフルレンジで動かし、上腕前面の筋肉をしっかり伸び縮みさせる。

EZバーカール　基本フォーム❷　横

EZバーカールも肘の位置を固定することが重要。横から見たフォームで肘の位置や、上腕前面の肘関節屈曲筋をしっかり伸び縮みさせる関節の稼働域を確認しよう。

上体を固定して動作する
肘を引かず肘先だけを動かす
背すじを伸ばす
肘が伸びきる直前まで伸ばし上腕の前面をストレッチする

2　肘の位置を固定したまま肘を曲げていく。上体も固定して肘を曲げる動きだけでEZバーを持ち上げる。

1　EZバーを下ろした時、腕の位置はほぼ垂直で体の側面と重なる位置。そこから力を入れて肘を軽く曲げる。

POINT　肘の位置を固定してバーベルを挙げる

肘を曲げる時に肘を後方へ引くと、肘関節屈曲筋への負荷が小さくなる。肘を引かずに曲げていくことで、肘関節屈曲筋にバーベルの負荷が集中する。

バリエーション EZバーカール（ナローグリップ）

EZバーカールのナローグリップバージョン。手幅を狭めて握ることによって上腕二頭筋長頭の関与がより低くなり、上腕筋、腕橈骨筋の貢献度が高まる。

手幅が狭いため
肘が外側に開く
前腕のポジションは
ノーマルのグリップ
と同じ半回外位

1 EZバーの中心に近いグリップを、自分から見て「逆ハの字」になるように握り、軽く肘を曲げる。

2 肘の位置を固定したまま肘を曲げる。上体も固定して肘先だけを動かす。そこから力を抜かずに1へと戻る。

NG バーベルを挙げる時に力んで肩がすくむ

バーベルを挙げる時に力んで肩がすくむと、肘関節だけでなく肩関節もまたいでいる二関節筋の上腕二頭筋がしっかり収縮できなくなるのでNG。

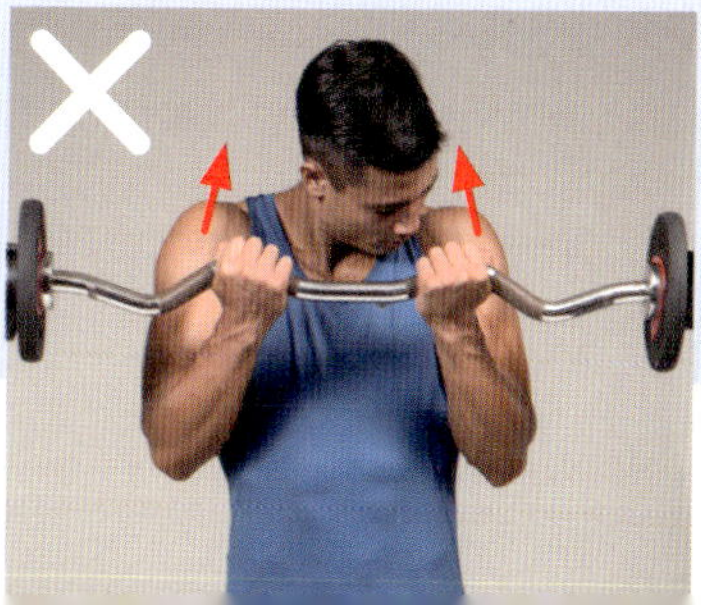

上腕前面トレ③

ジム&自宅種目

ダンベルスピネートカール

前腕を外向きにひねりながら肘を曲げる

肘を曲げながら前腕を外向きにひねって回外していくダンベルカール。肘を曲げた状態で前腕を大きく回外させると、上腕二頭筋の中でも肩甲骨の前部から起始する短頭の収縮が強くなる。

Target

上腕二頭筋（短頭）

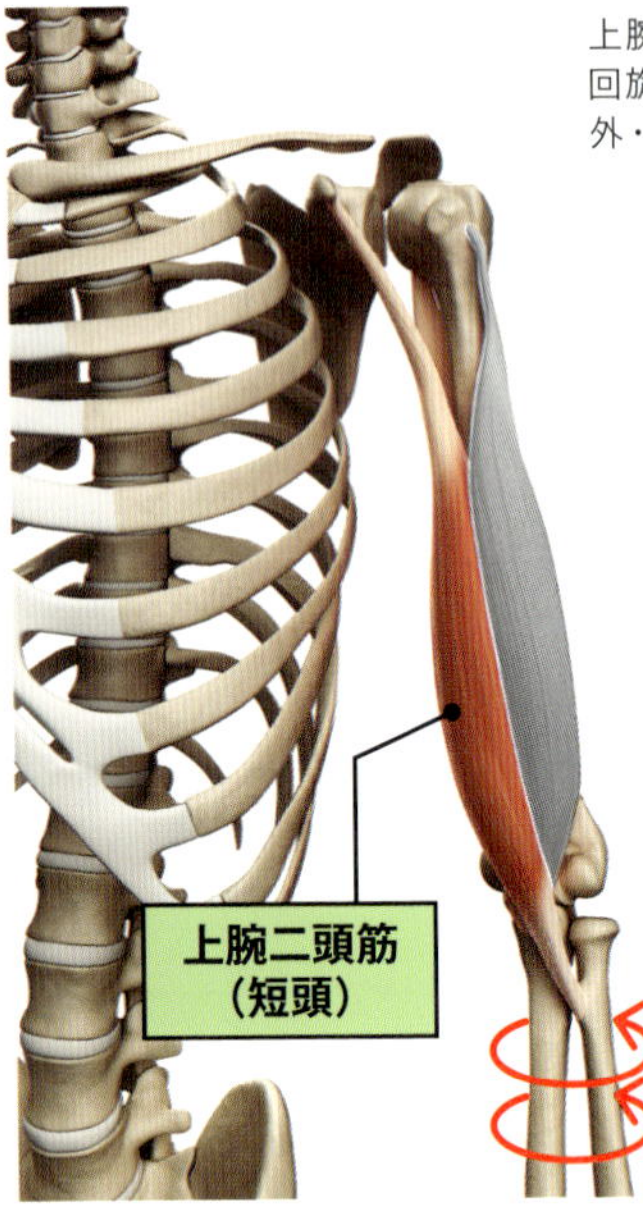

上腕二頭筋は前腕のポジションによって回旋する橈骨に停止するため、前腕の回外・回内に筋肉の長さが影響を受ける。

肘関節の屈曲

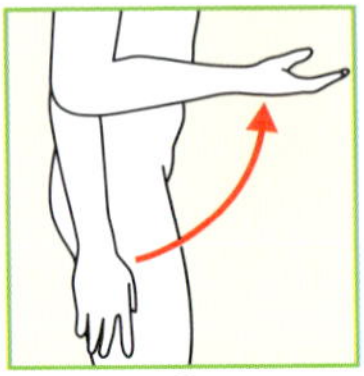

＋

前腕の回外

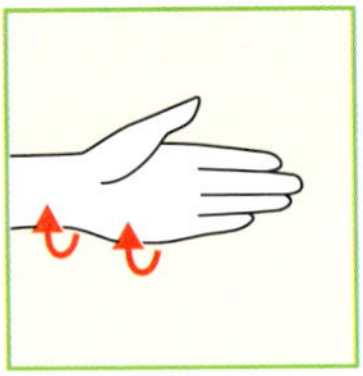

ダンベルスピネートカールの特長

手首が自由に動かせるダンベルの長所を生かし前腕のひねりを加える

肘を曲げながら前腕のポジションを変えられるのがダンベルの長所。ダンベルを下ろす時も前腕を内向きにひねって回内し、もとの体勢に戻す。肘の曲げ伸ばしだけでなく、前腕を回外・回内する稼働域も大きくする。この種目は左右交互に行なう。

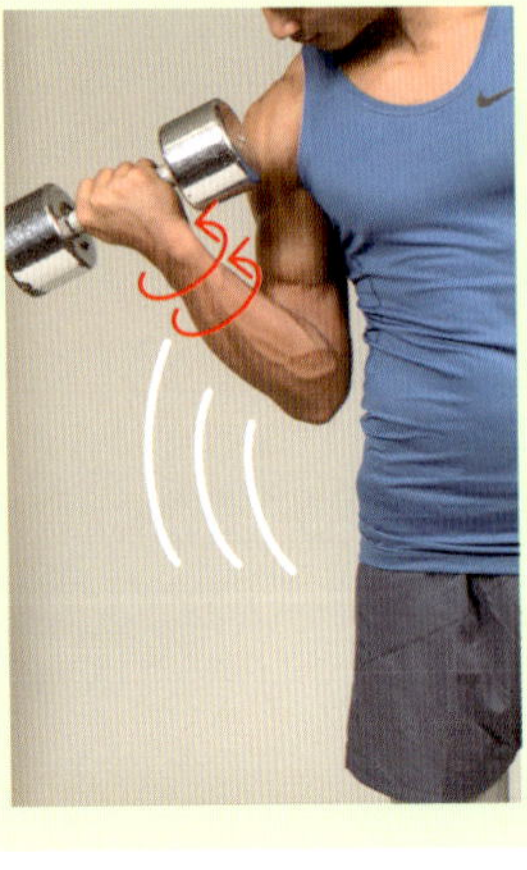

ダンベルスピネートカール 基本フォーム❶ 正面

体を少し傾け
曲げる腕を
垂直にすると
ひねりやすい
肘先が肩より
外側に出る
力を入れて
肘を軽く
曲げる
ダンベルは
親指を前に
向けて持つ

2 前腕を外向きにひねりながら片肘を曲げていく。両腕に力を入れたまま左右交互にダンベルを持ち上げる。

1 親指を前方に向けてダンベルを持つ。そこから肘を軽く曲げる。足は腰幅程度に開き、背すじを伸ばす。

POINT 小指からダンベルを握り 小指から前腕をひねる

人差し指ではなく小指からダンベルを握る。前腕を外向きにひねる動きも小指側からひねっていく意識で回外させると、上腕二頭筋の短頭までしっかり収縮する。

ダンベルスピネートカール 基本フォーム❷ 斜め前

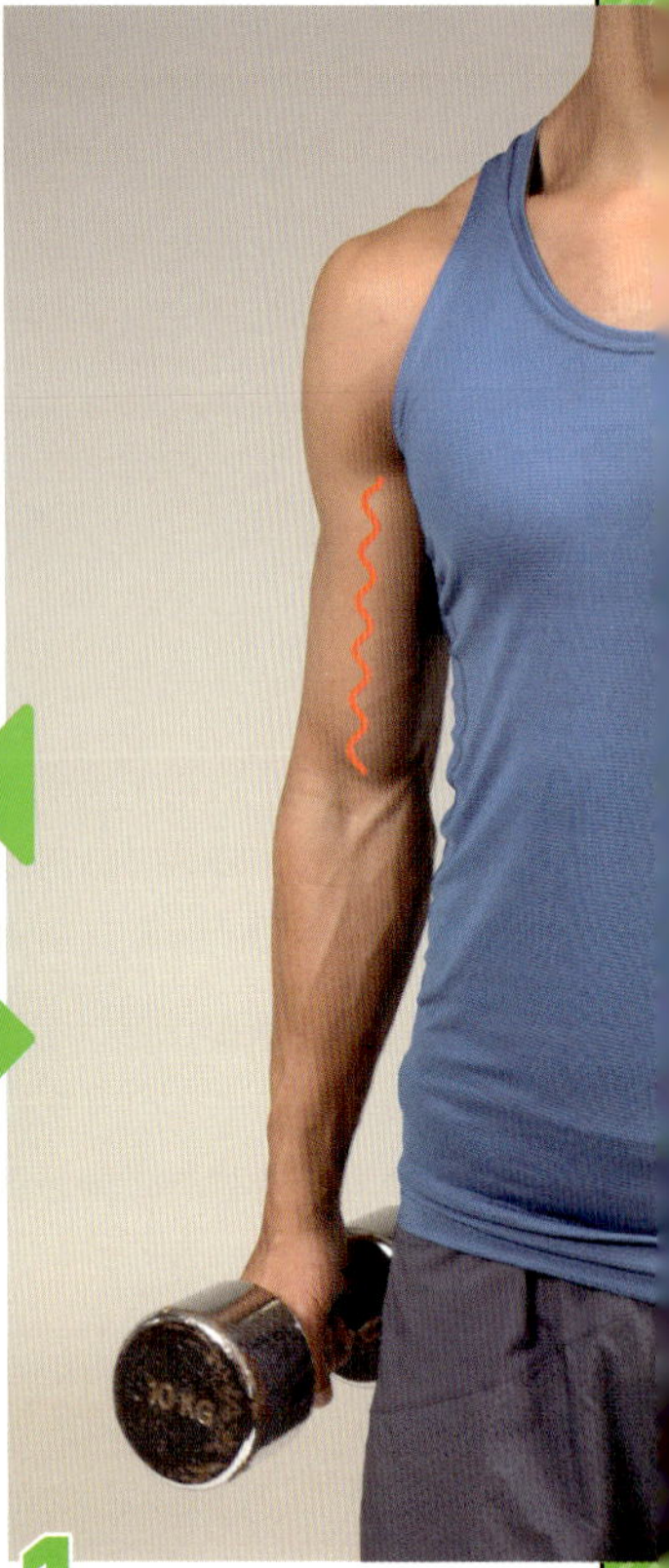

1

親指を前方に向けた前腕の中間位でダンベルを持ち、肘を軽く曲げて上腕二頭筋に力を入れる。

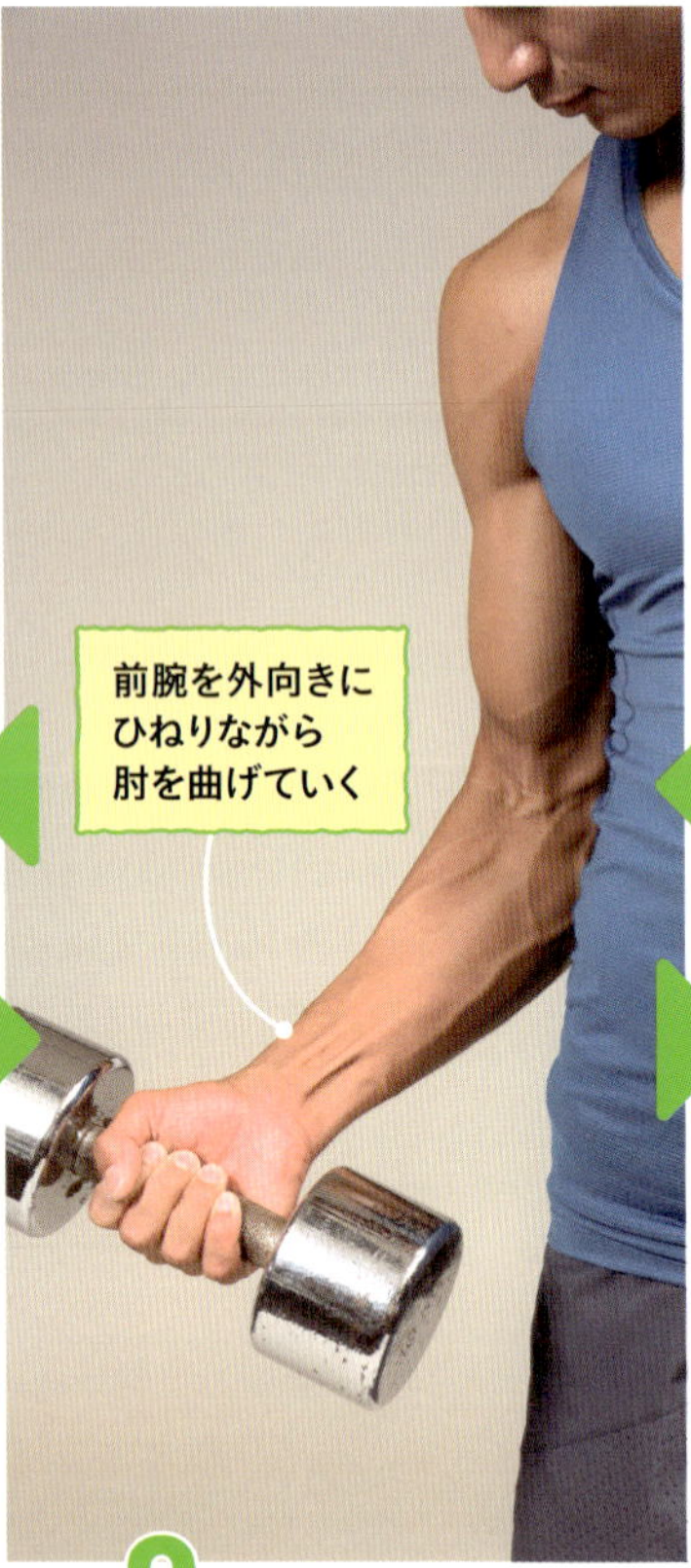
前腕を外向きに
ひねりながら
肘を曲げていく

2

最初から前腕を外向きにひねりながら肘を曲げていく。この時に肘を後方へ引かないように注意。

小指側から
前腕を外向きに
ひねっていく

3

肘を曲げながら、前腕を小指側からひねっていく。肘が90度になるあたりで手の平が上向きになる。

POINT

ダンベルを下ろす際は逆向きにひねって戻す

ダンベルを下ろす時は、逆に前腕を内向きにひねって回内し、もとの体勢へと戻していく。肘も力を入れたまま伸びきる直前まで伸ばす。

ダンベルスピネートカールのフォームで最も重要となるのは、前腕を回外する動き。斜め前から見たフォームで前腕を外向きにひねっていく動きを確認しよう。

前腕が水平に
なってから
手の平を外に
向けてひねる

4

前腕部が水平になるまで上がったぐらいから、手の平を外へ向けるように前腕をさらに回外する。

肘の位置を
固定したまま
ダンベルを
上げていく

5

前腕をさらに外向きにひねって回外しながら、肘もしっかり曲げて上腕二頭筋を収縮させていく。

肘もしっかり
曲げることで
上腕二頭筋が
強く収縮する

6

肘をしっかり曲げるとともに、手の平が外へ向くまで前腕を大きく回外させると、上腕二頭筋の短頭までしっかり収縮する。

NG ひねりを意識しすぎて肘の曲がりが浅くなる

前腕を回外する動きに意識がいくと、肘を曲げる動きが浅くなるので注意。肘をしっかり曲げないと上腕二頭筋の収縮は弱くなる。

上腕前面トレ❹
ジム&自宅種目

インクラインダンベルカール

上腕二頭筋を強く伸ばした状態で刺激

腕を後方に振った肩関節の伸展位で肘を曲げる種目。腕を前方に振る肩関節屈曲の動きにも働く上腕二頭筋をストレッチした状態で収縮させる。通常のダンベルカールとは刺激が異なる。

Target

上腕二頭筋（全体）

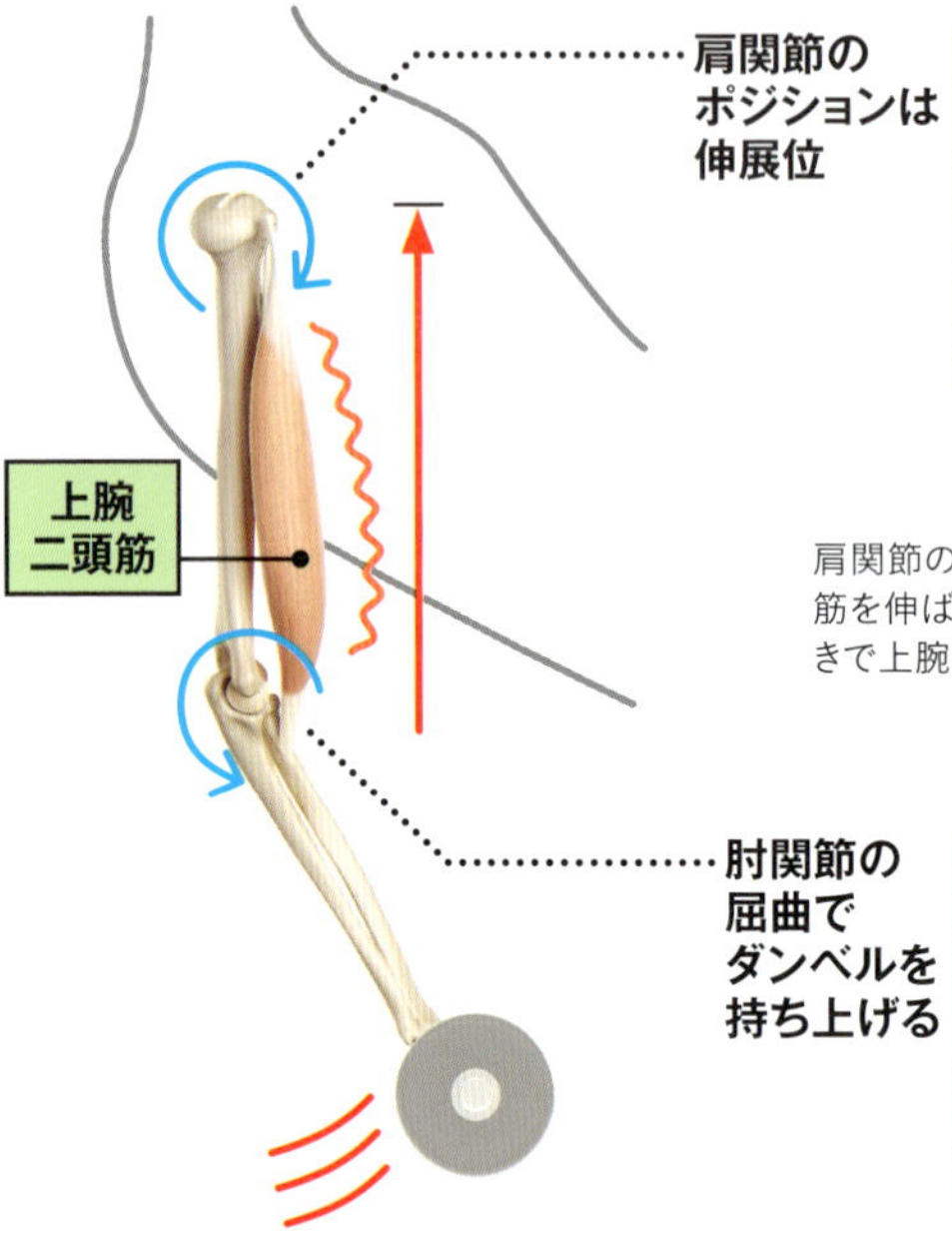
上腕
二頭筋
肩関節の
ポジションは
伸展位
肘関節の
屈曲で
ダンベルを
持ち上げる

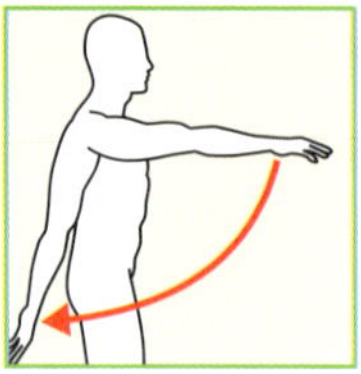

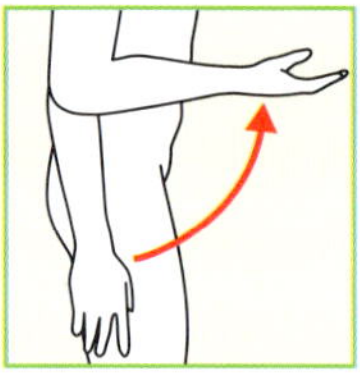

肩関節の伸展によって上腕二頭筋を伸ばしたまま、肘を曲げる動きで上腕二頭筋を収縮させる。

インクラインダンベルカールの特長

傾けたベンチに座ることで上体が後傾し肩関節が伸展位のポジションで固定される

背もたれを起こしたフラットベンチに座ると上体が後傾し、自然に腕が後方へ振られた状態となるため、肩関節の伸展位で上腕二頭筋を強くストレッチしたまま、肘を曲げて収縮させることが可能となる。

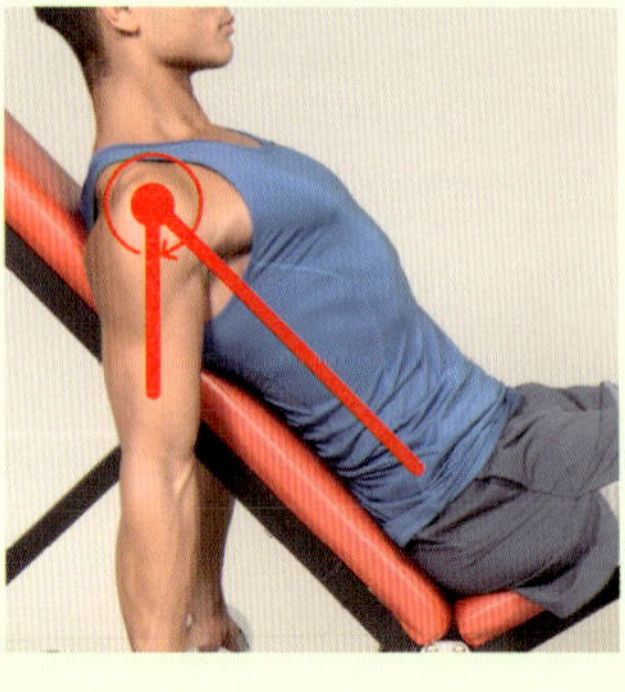

インクラインダンベルカール　基本フォーム❶　斜め前

1 背もたれを45度まで起こしたベンチに座る。ダンベルを持った腕を下ろすと自然に腕が後方へ振られる。

力を入れて
肘を軽く
曲げる
手の平を前方に向け
上腕二頭筋を伸ばす

背中は
ベンチから
離れない
手首を返しながら
巻き上げるように
肘を曲げていく

2 腕が後方に振られて上腕二頭筋が強くストレッチされた状態のまま、肘を曲げて上腕二頭筋を収縮させる。そこから力を抜かずに肘を伸ばして1の体勢に戻る。

POINT

上腕二頭筋はベンチを倒すほど強くストレッチできる

背もたれを倒すほど腕が後方に大きく振られて上腕二頭筋が強く伸びる。しかし、肩の筋肉が硬い人は無理に伸ばさない。背もたれは45度の角度を目安に。

インクラインダンベルカール 基本フォーム❷ 横

インクラインダンベルカールのポイントは肘を後方に引いたポジションで固定したまま肘を曲げること。横から見たフォームで肘の位置を確認しよう。

1 背もたれを45度まで起こしたベンチに座ると、ダンベルを持った腕が後方へ振られて上腕二頭筋が伸びる。

ベンチにもたれて胸を張る
肘を軽く曲げて上腕二頭筋に力を入れる
POWER KEISER

背中が離れて上体が起きないように注意する
肘を引いた位置で固定したまま肘を曲げていく
POWER KEISER

2 肘を引いて上腕二頭筋がストレッチされたポジションをキープしたまま、ダンベルを巻き上げるように持ち上げて上腕二頭筋を収縮する。

NG 肘を曲げた時に肘の位置が前方に動く

肘を曲げた時、肘が前方へ動くと上腕二頭筋が縮んだ状態で収縮させる動きになるため、筋肉を伸ばした状態で刺激できない。

インクラインダンベルカール 自宅バージョン

わざわざジムに行かなくてもインクラインダンベルカールが自宅でできる方法。背もたれのあるイスに浅く座って上体を傾ければベンチがなくても実践できる。

1 背もたれのあるイスに浅く座ると、ダンベルを持った腕が後方へ振られて上腕二頭筋がストレッチされる。

背中が痛ければ
クッションなどを
入れると良い

イスに浅く座り
上体を後傾させる

手首を返して
巻き上げるように
肘を曲げていく

背筋を伸ばした
状態をキープする

2 ジムで行なう時と同じように肘を引いたポジションで固定したまま、ダンベルを巻き上げるように持ち上げて上腕二頭筋を収縮する。

POINT 肘が伸びきる直前までダンベルを下ろす

ダンベルを下ろす時も力を抜かずに肘が伸びきる直前まで下ろし、上腕二頭筋を強くストレッチする。手の平を前方に向けて下ろす。

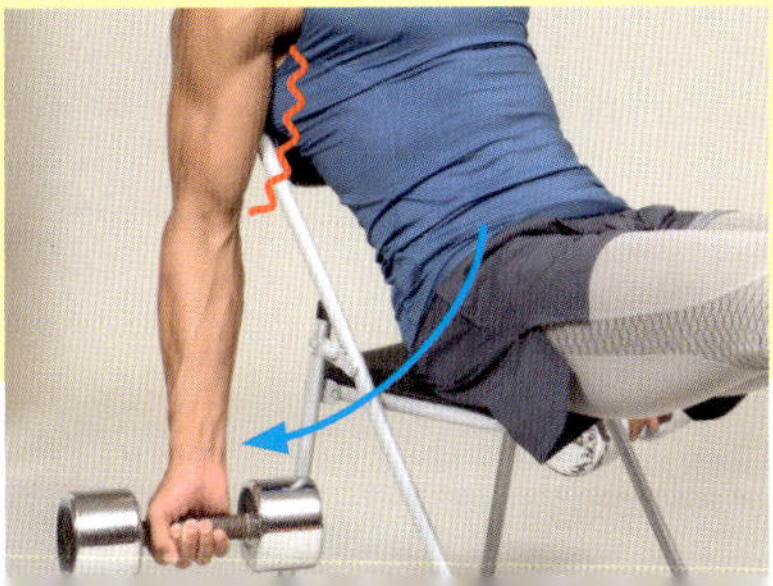

上腕前面トレ⑤

ジム&自宅種目

コンセントレーションカール

上腕二頭筋の長頭を短く縮めた状態から強く収縮

腕を水平面で内側に振った肩関節の水平内転位で肘を曲げる種目。肩関節水平内転の動きに働く上腕二頭筋を縮めた状態からさらに収縮させる。この種目では長頭に最大収縮の刺激を与える。

Target

上腕二頭筋（長頭）

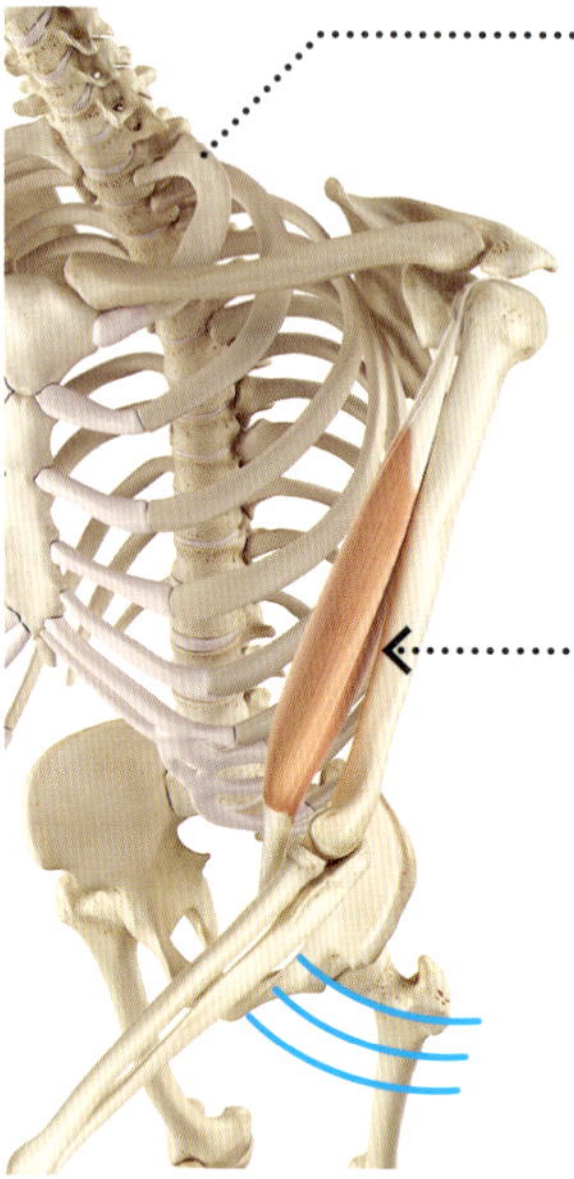

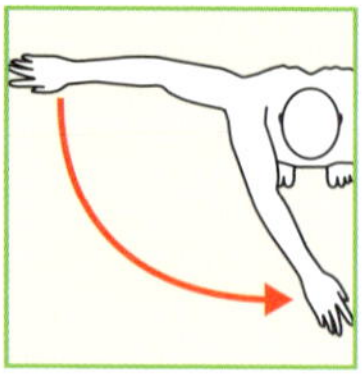

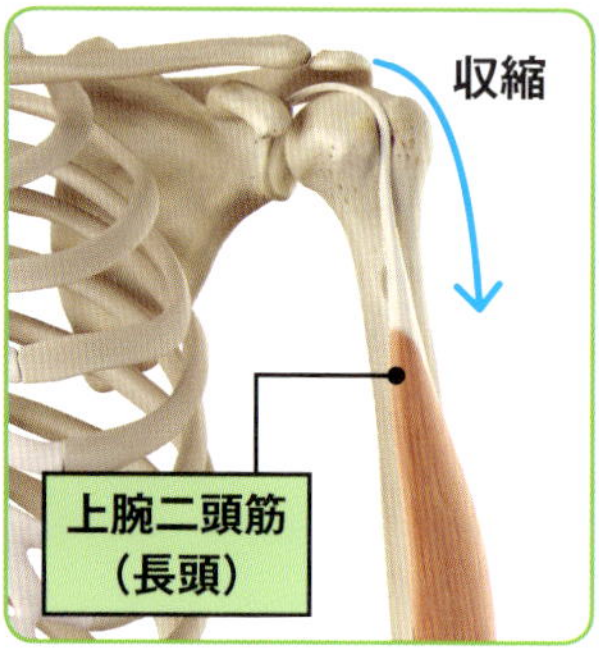

手の平を内側に向けて水平内転すると上腕二頭筋の長頭が縮んで収縮する。

コンセントレーションカールの特長

上腕二頭筋を短く縮めたポジションで腕を固定したまま肘を曲げられる

ベンチに座って上体を前方に倒し、下ろした片腕を自分の太腿で固定することにより、腕が水平面で内側に振られた肩関節の水平内転位となる。ターゲットは長頭となるが、短頭もしっかり収縮できる上腕二頭筋の収縮種目。

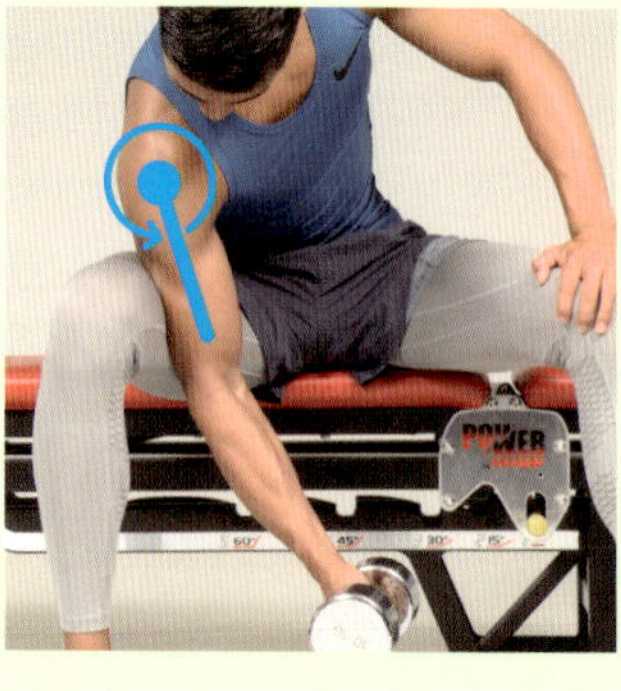

コンセントレーションカール 基本フォーム

膝《ひざ》に近い太腿の内側に
上腕の後面を当てる
空いている手を
膝におくことで
上体を安定させる

1

上体前方に倒して両脚を広めに開く。そこからダンベルを持った片腕を下ろして太腿の内側で固定し、上腕二頭筋に力を入れて肘を軽く曲げる。

腕を固定したまま
肘先だけを動かす
手首を返し
ダンベルを
巻き上げる

2

太腿の内側で腕を固定したまま肘先だけを動かし、ダンベルを巻き上げるように持ち上げる。そこから力を入れたまま1の体勢へと戻る。

NG ダンベルを下ろす時に肘が伸びて脱力する

ダンベルを下ろす時、肘が伸びきるまで下ろすと力が抜けて上腕二頭筋への負荷がなくなるのでNG。途中で脱力すると筋肥大効果が低下するので注意。

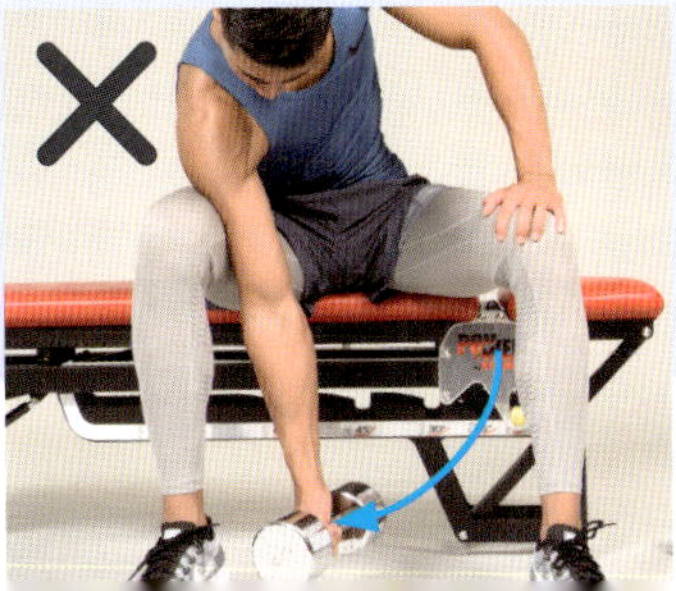

上腕前面トレ6

ジム&自宅種目

ダンベルハンマーカール

親指を上に向けて肘を曲げる動きで腕橈骨筋を収縮

親指を上に向けた前腕の中間位で肘を曲げるダンベルカール。中間位で肘を曲げる動きは上腕二頭筋の貢献度が下がり、腕橈骨筋、上腕筋が主働筋として働く。特に腕橈骨筋が強く収縮する。

Target

腕橈骨筋
上腕筋

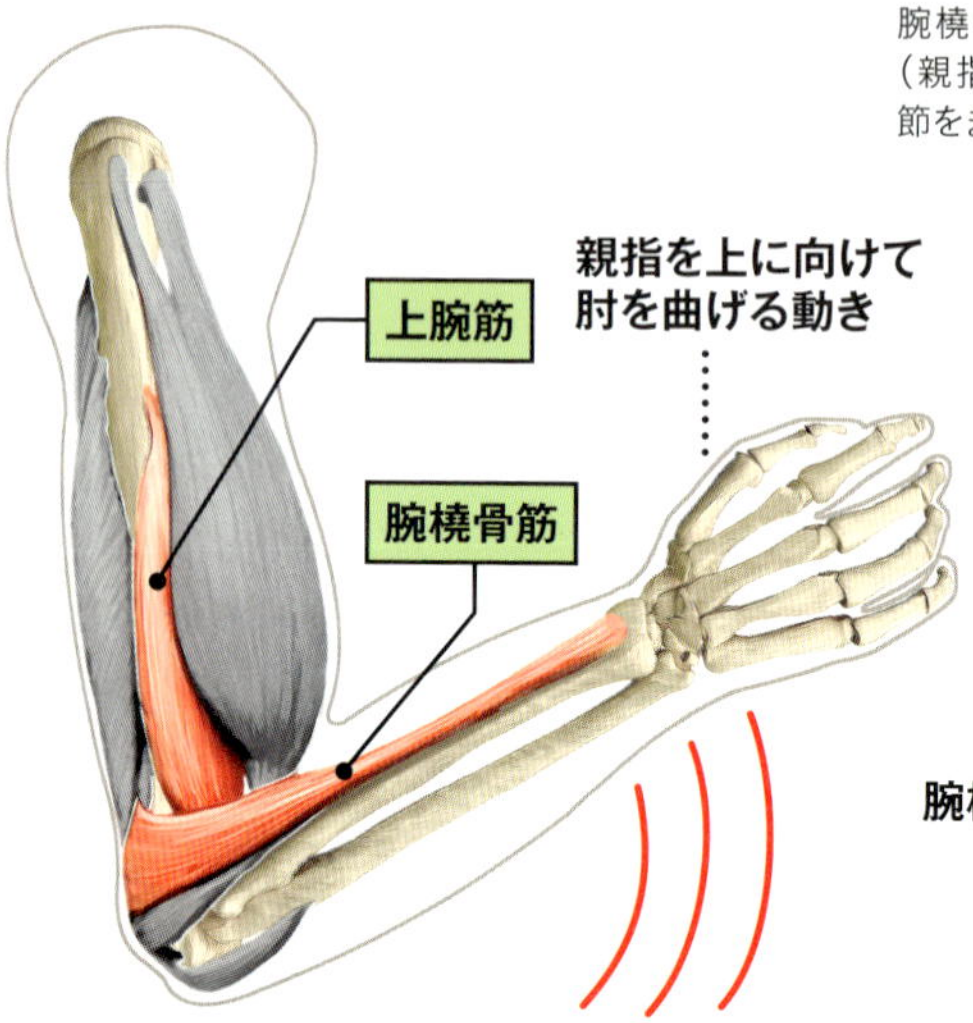

親指から肘を曲げると、上腕骨の外側（親指側）と前腕部の親指側にある橈骨をつなぐ腕橈骨筋が強く収縮する。

腕橈骨筋は前腕部の外側（親指側）に付着して肘関節をまたいでいる筋肉。

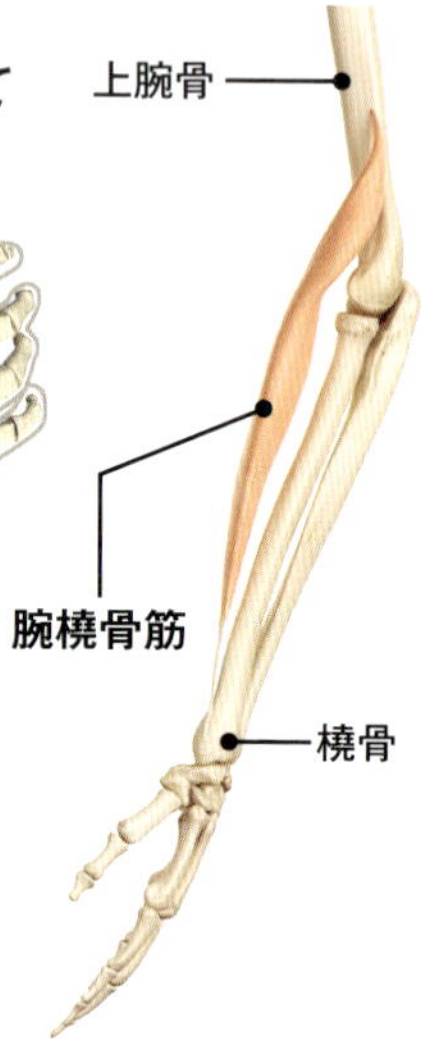

ダンベルハンマーカールの特長

親指を上に向けて肘を曲げる動きにしっかり負荷が掛けられる

ダンベルを縦に持つことで、親指を上に向けて肘を曲げる動きへダイレクトに負荷がかけられる。ダンベルを縦にして持つと体に当たらなくなるため、脇を締めて肘を曲げ伸ばしする動きがやりやすくなる。

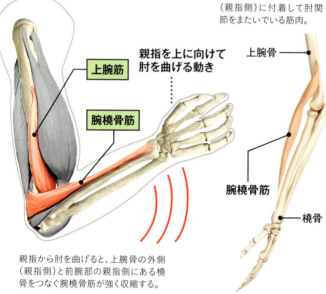

ダンベルハンマーカール 基本フォーム❶ 斜め前

脇を締めて
肘を曲げる
親指から
ダンベルを
持ち上げる
上体をわずかに
前傾させる
肘を軽く曲げて
腕橈骨筋と上腕筋に
力を入れる

1 親指を前方に向けてダンベルを持つ。そこから肘を軽く曲げる。上体を軽く前傾させると負荷が抜けにくくなる。

2 ジョッキでビールを飲むように親指から片肘を曲げる。両腕に力を入れたまま左右交互にダンベルを上げる。

POINT グリップの上端を握ってダンベルを持つ

ダンベルはグリップの中央部分ではなく上端を握って持つと、プレート部分が手先に引っかかって強く握る必要がなくなるため、肘を曲げる動きに集中できる。

ダンベルハンマーカール　基本フォーム❷　横

ダンベルハンマーカールは前腕部を真っすぐ固定したまま肘を曲げることが最も重要なポイントとなる。横から見たフォームで肘の位置を確認しよう。

上体をわずかに前傾させる
肘を軽く曲げ腕橈骨筋と上腕筋に力を入れる

1 親指を前方に向けてダンベルを持つ。そこから肘を軽く曲げる。上体を軽く前傾させると負荷が抜けにくくなる。

手首を真っすぐ伸ばしたまま肘を曲げる
肘の位置を動かさずに肘を曲げる

2 肘を引かずに固定したまま上腕部が垂直になる位置で肘を曲げ、負荷が抜けない高さまでダンベルを上げる。

NG　ダンベルを挙げる時に手首が折れ曲がる

ダンベルを上げる時は手首を真っすぐ固定したまま肘を曲げる。手首が曲がると負荷が逃げて腕橈骨筋や上腕筋への負荷が逃げる。

ダンベルハンマーカール 基本フォーム❸ 正面

ダンベルハンマーカールは、バーベルカールと上体の動きが少し異なる。
正面から見たフォームで肘を曲げる時の上体の傾きを確認しよう。

ダンベルは
体につけない

1 脇を締めて親指を前方に向ける。そこから肘を軽く曲げる。負荷が抜けるためダンベルは体につけない。

上体を傾けて
曲げる腕を
垂直にする
脇を締めて
肘の位置を
動かさずに
肘を曲げる

2 肘の位置を固定して肘を曲げる。上体を傾け曲げる腕を正面から見て垂直にすると腕橈骨筋に効かせやすい。

NG ダンベルを挙げる時に力んで肩がすくむ

ダンベル上げる時は、上体を傾けて曲げる腕側の肩を少し下げる。逆に肩がすくんで上がってしまうと、腕橈骨筋や上腕筋への負荷が軽くなってしまう。

上腕前面トレ7 ジム種目

EZバーリバースカール

手の甲を上に向けた前腕の半回内位で肘を曲げる

前腕を中間位よりさらに内向きにひねった半回内位のポジションで肘を曲げるカール種目。尺骨に停止する上腕筋は回内位で肘を曲げる動きにも主働筋として働く。腕橈骨筋も一緒に働く。

Target

上腕筋
腕橈骨筋

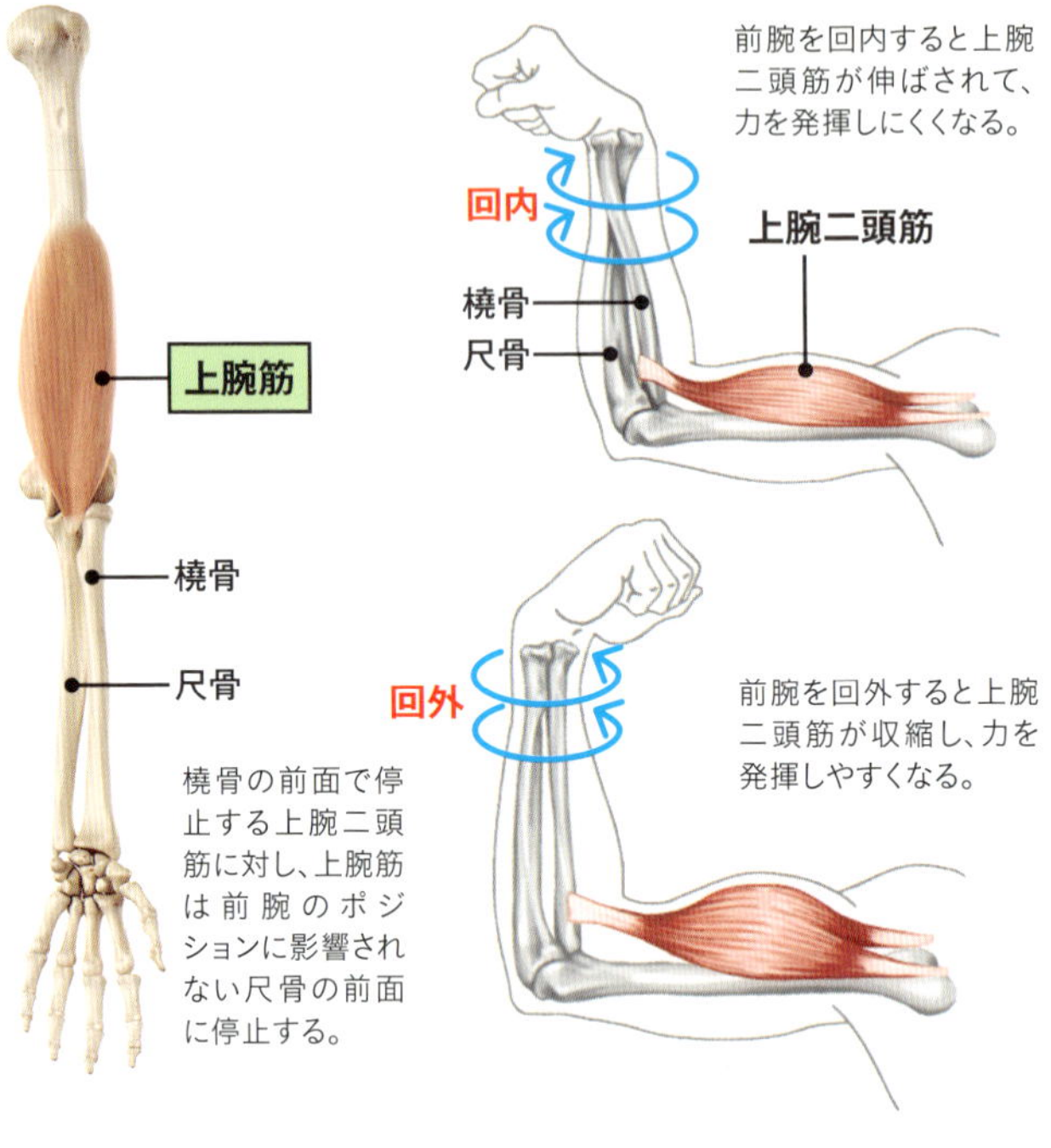
上腕筋
橈骨
尺骨
橈骨の前面で停止する上腕二頭筋に対し、上腕筋は前腕のポジションに影響されない尺骨の前面に停止する。
回内
橈骨
尺骨
前腕を回内すると上腕二頭筋が伸ばされて、力を発揮しにくくなる。
上腕二頭筋
回外
前腕を回外すると上腕二頭筋が収縮し、力を発揮しやすくなる。

EZバーリバースカールの特長

手の甲を上に向けた半回内位で前腕が固定される

手の甲を上に向けてEZバーを握ると、前腕を半回内位のポジションで固定できる。前腕の半回内位で肘を曲げると上腕二頭筋の貢献度が下がるが、上腕筋の貢献度は下がらない。

脇を締めたまま
肘を曲げる
手首を固めて
肘を曲げていく
肘を軽く曲げ
上腕筋と
腕橈骨筋に
力を入れる
シャフトは
体につけない

1 自分から見て両手が「ハの字」になるようにEZバーを握る。足は腰幅程度に開き、背すじを伸ばす。

2 肘の位置を引かずに固定したまま、手首を固めて肘を曲げる。そこから力を抜かずに1の体勢へと戻る。

POINT 肘が伸びきる直前までEZバーを下ろす

力を抜かずに肘が伸びきる直前までEZバーを下ろし、肘関節をフルレンジで動かす。脇を締めて肘を固定すると肘関節の動きに集中できる。

EZバーリバースカール 基本フォーム❷ 正面

EZバーリバースカールのフォームのポイントは、脇を締めたまま肘を曲げること。正面から見たフォームで脇を締めたままバーを引き上げる動きを確認しよう。

脇を締めて
肘の位置を
固定する
手首を真っすぐ
固定したまま
肘を曲げていく
肘が少し
外側に向く
手首を
真っすぐ
伸ばして
固定する

1 自分から見て「ハの字」になるようにEZバーを握って脇を締める。そこから力を入れて肘を軽く曲げる。

2 肘の位置を固定して肘を曲げていく。脇を締め、手首を固めることによって肘を曲げる動きに負荷が集中する。

NG EZバーを挙げる時に力んで肩がすくむ

EZバーを挙げる時は肘先だけを動かす。肩がすくむと肩で引き上げる動きになるため上腕筋や腕橈骨筋への負荷が軽くなる。

EZバーリバースカール 基本フォーム❸ 横

EZバーリバースカールは、肘の位置を少し前に出すことで肘を曲げる動きの負荷が高まる。横から見たフォームで肘の位置を確認しよう。

上体を
わずかに
前傾させる
肘を軽く曲げ
上腕筋と
腕橈骨筋に
力を入れる

1 腕を下ろして脇を締め、力を入れて肘を軽く曲げる。肘の位置は上腕部が垂直になる位置より少し前方に。

肘の位置を
動かさずに
肘を曲げる
水平より高く
EZバーを
引き上げる

2 脇を締めて肘の位置を引かずに固定したまま、手首を固めて肘を曲げる。肘の動きだけでバーを引き上げる。

NG EZバーを挙げる時に手首が折れ曲がる

EZバーを挙げる時は手首を真っすぐ固定して肘を曲げる。手首が曲がると負荷が逃げて上腕筋、腕橈骨筋への負荷が下がる。

上腕前面プログラム 自宅編

ダンベルとイスを使って ジムレベルの筋トレを実施

自宅編のプログラムは、ダンベルとイスを使ってジムと同等のトレーニングを実施。上腕二頭筋の長頭・短頭、上腕筋、腕橈骨筋をそれぞれ狙って鍛える。

筋肉が肥大して筋力が強くなると、筋トレの負荷も上げていく必要があるため、ダンベルを買いそろえる場合は、プレートを増やして重さを変えられる可変式を選ぶ。可変式ダンベルには種目ごとに最適な負荷を設定できるというメリットもある。

自宅でできる上腕前面種目

コンセントレーションカール

トレーニングベンチがなくてもイスに座れば自宅でコンセントレーションカールができる。

ダンベルカール

自宅編のプログラムはダンベル種目の組み合わせであるためダンベルが必需品。

インクライン ダンベルカール

イスに浅く座って上体を傾ければ自宅でインクラインダンベルカールができる。

ダンベル ハンマーカール

自宅編ではダンベルハンマーカールで上腕筋、腕橈骨筋をしっかり鍛えていく。

メインプログラム

王道種目であるダンベルカール、上腕二頭筋を長く伸ばしたポジションで収縮させるインクラインダンベルカール、逆に短く縮めたポジションで強く収縮させていくコンセントレーションカールを並べ、上腕二頭筋を異なる刺激で追い込む。ジム編と同様にダンベルスピネートカールとダンベルハンマーカールで上腕二頭筋の短頭、上腕筋、腕橈骨筋も鍛える。

	種目	ターゲット
1	**ダンベルカール** →P.72	上腕二頭筋（全体）
2	**インクラインダンベルカール（自宅バージョン）** →P.59	上腕二頭筋（全体）
3	**コンセントレーションカール** →P.60	上腕二頭筋（長頭）
4	**ダンベルスピネートカール** →P.52	上腕二頭筋（短頭）
5	**ダンベルハンマーカール** →P.62	腕橈骨筋、上腕筋

※各種目の負荷および回数は、基本的に8～10回の反復が限界となる負荷に設定。種目数が多いため、セット数は各種目3セットを目安にする。

週2回行なう場合は、2回のうち1回を種目数の少ないショートプログラムにしても良い。

ショートプログラム

忙しくて時間がない人や少ない種目数からはじめたい人に最適なメインプログラムの短縮版。ダンベルカールとダンベルハンマーカールは動きも主働筋も異なるため、それぞれの種目でしっかりオールアウトする。

	種目	ターゲット
1	**ダンベルカール** →P.72	上腕二頭筋（全体）
2	**ダンベルハンマーカール** →P.62	腕橈骨筋、上腕筋

※各種目の負荷および回数は、基本的に8～10回の反復が限界となる負荷に設定。種目数が少ないため、セット数は各種目4～5セットを目安に。

上腕前面トレ8
ジム&自宅種目

ダンベルカール

上腕二頭筋を潰すように収縮

Target

上腕二頭筋
（全体）

手の平を上に向けた前腕の回外位で肘を曲げる種目。基本的な動きはバーベルカールと同じになるが、手首の動きが制限されないため、上腕二頭筋を潰《つぶ》すように強く収縮させることができる。

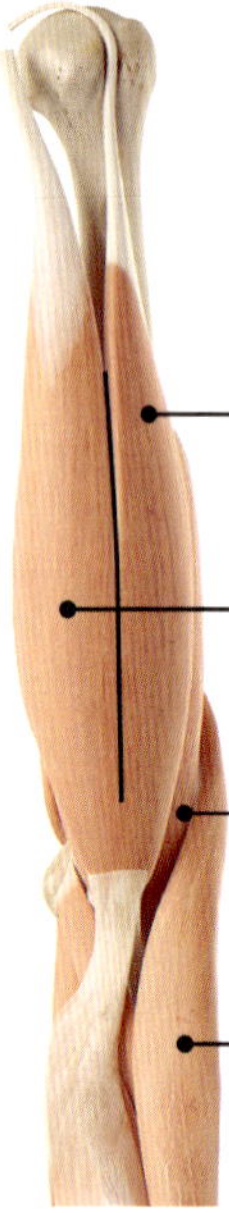

上腕（左）
前面
上腕二頭筋
（長頭）
上腕二頭筋
（短頭）
上腕筋
腕橈骨筋

バーベルと違ってダンベルは手首を自由に動かせるため、手首を返したり、前腕を微妙にひねったりすることで上腕二頭筋をより強く収縮させることが可能。

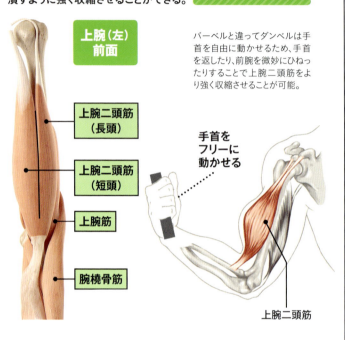

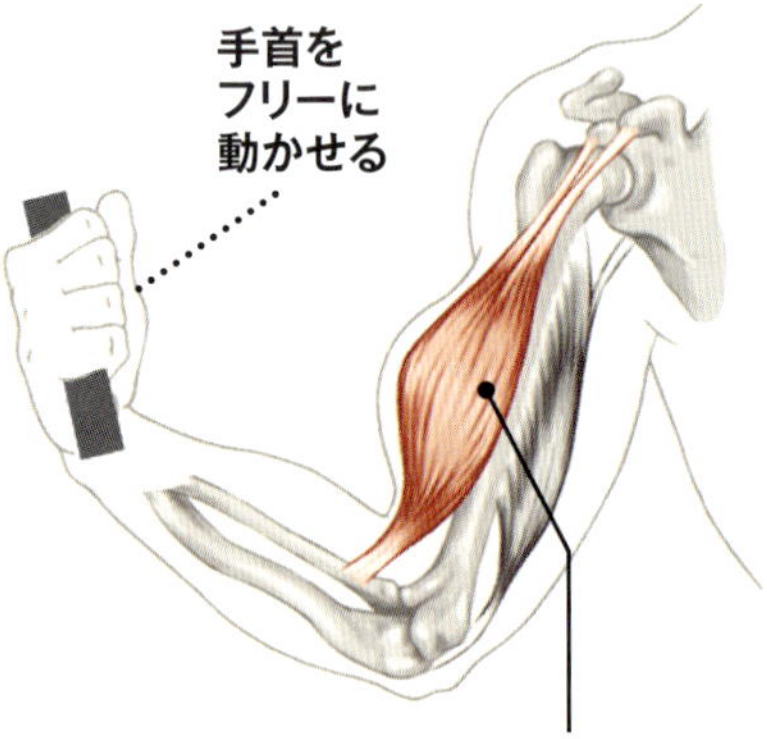

手首を
フリーに
動かせる
上腕二頭筋

ダンベルカールの特長

手首を返して巻き上げることで上腕二頭筋が強く収縮する

ダンベルカールは、ダンベルさえあればどこでも実践できるため、自宅で上腕二頭筋を鍛えるには最適な種目。肘を曲げながら手首や前腕を動かすことで、上腕二頭筋の起始部と停止部を最短距離に近づけられるため、筋肉が強く収縮する。上腕筋もしっかり収縮できる。

手首を返しながら肘を曲げて
筋肉を潰す感覚で収縮させる

ダンベルカール 基本フォーム❶ 斜め前

動作中は真っすぐに上体を固定
肘の位置を動かさずにダンベルを持ち上げる
肘を伸びきる直前まで伸ばす
手の平を上に向けてダンベルを持つ
ダンベルは体につけない

1 手の平を上に向けてダンベルを持つ。そこから軽く肘を曲げ、上腕二頭筋を伸ばした状態で力を入れる。

2 肘の位置を引かずに固定したまま肘を曲げる。両腕に力を入れたまま左右交互にダンベルを持ち上げる。

POINT 肘が伸びきる直前までダンベルを下ろす

ダンベルを下ろす時は肘が伸びきる直前まで伸ばし、力を入れたまま上腕二頭筋を伸ばしていく。下ろす動きが小さくなると筋肥大効果は低くなる。

ダンベルカール 基本フォーム❷ 横

肘が伸びきる
直前まで伸展
肘を引かずに
固定したまま
肘を曲げる
前腕が水平に
なるぐらいで
手首を返し
はじめる

1

手の平を上に向けてダンベルを持ち、腕を下ろした位置で肘を軽く曲げ、上腕二頭筋に力を入れる。

2

上腕部が垂直になる位置で肘を固定したまま片肘を曲げる。この時に肘を引かないように注意する。

3

前腕部が水平になるぐらいまできたら、肘を曲げるとともに手首も返してダンベルを巻き上げる。

NG 肘を後方に引いてダンベルを挙げる

肘を曲げる時に肘を後方へ引くと、肘を曲げる動きより腕を後方に振る肩関節伸展の動きが中心となり、上腕二頭筋への負荷が下がる。

ダンベルカールのフォームも肘を引かずに固定したまま肘を曲げることが最も重要なポイントとなる。横から見たフォームで肘の位置を確認しよう。

巻き上げる時、
肘が少し前に
動いてもOK

4

さらに肘先を巻き上げてダンベルを上げる。この時に肘が少し前方へ動くのは上腕二頭筋の収縮が強くなるのでOK。

手首を返して
ダンベルを
しっかり
巻き上げる

5

負荷が下がる角度までダンベルを持ち上げたら、そこからさらに上腕二頭筋を潰すようなイメージで肘先を巻き上げていく。

上腕二頭筋が
潰れるように
強く収縮する

6

ダンベルを巻き上げ、上腕二頭筋が潰されるような収縮を感じたら、そのまま力を抜かずにダンベルを下ろして1へ戻る。

POINT

肘を曲げるほうの腕側に少し上体を傾ける

曲げる腕側に少し上体を傾け、上腕部を垂直にすると肘を曲げる動きに集中できる。上体を傾けすぎると上体の力で持ち上げる動きになるので注意。

上腕前面トレ 9

ジム種目

アンダーグリップチンニング

肘先を固定した状態で肘を曲げる

腕を頭上へ伸ばした肩関節の屈曲位から肘を曲げる懸垂《けんすい》種目。上腕二頭筋が伸ばされる肩関節伸展の動きをともなうため、上腕二頭筋の収縮は少し弱くなるが自重で強い負荷をかけられる。

Target

上腕二頭筋
上腕筋
腕橈骨筋

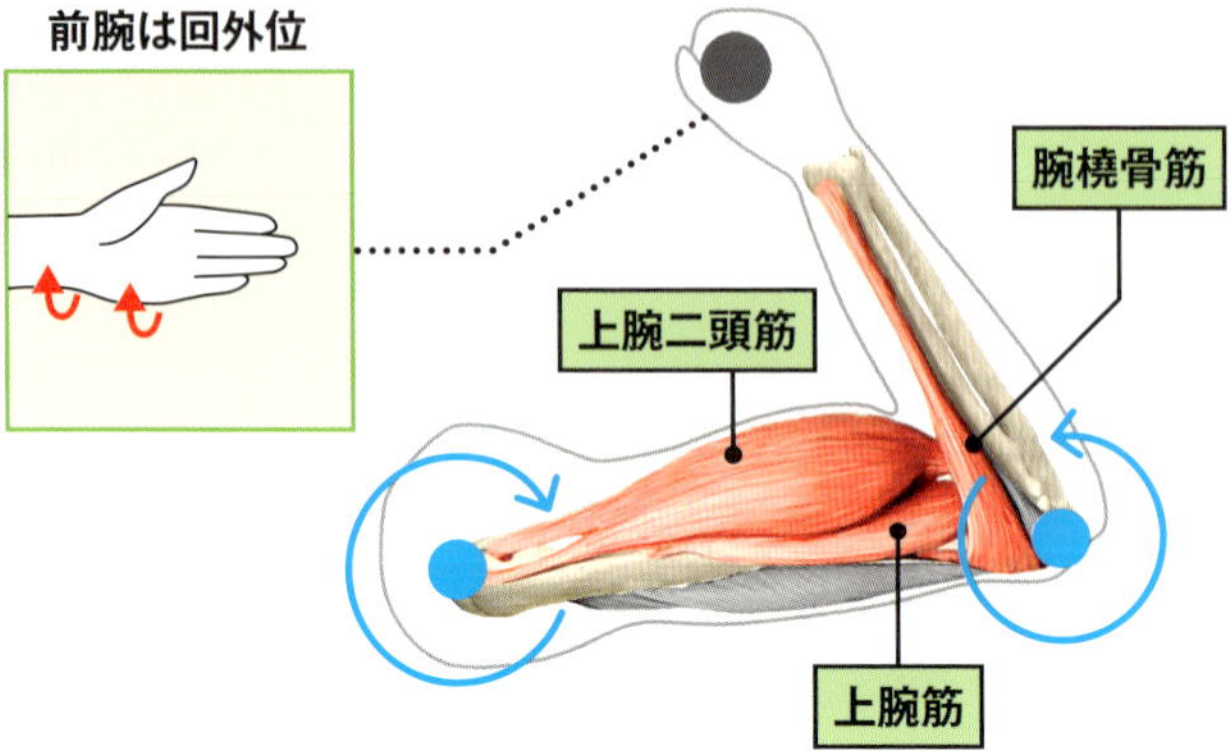
前腕は回外位
腕橈骨筋
上腕二頭筋
上腕筋

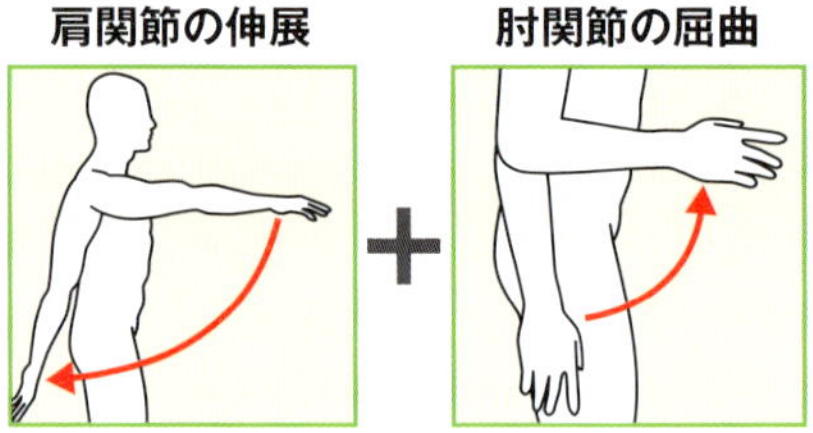
肩関節の伸展
+
肘関節の屈曲

腕を後方に振る肩関節伸展の動きと、肘を曲げる肘関節屈曲の動きで上体を引き上げる。バーベルカールとは肩関節の動きが逆。肩関節屈曲に働く上腕二頭筋の収縮は少し弱まる。

アンダーグリップチンニングの特長

自重による高負荷が肘を曲げても持続

バーベルカールと同様に前腕の回外位で肘を曲げる動き。肩関節が伸展するため、上腕二頭筋の収縮は強くないものの負荷が高く、バーベルカールより上腕筋、腕橈骨筋の貢献度が高まる。懸垂種目は自重で高い負荷がかけられ、肘を曲げても負荷が抜けないという長所がある。

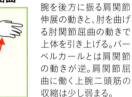

アンダーグリップチンニング 基本フォーム

手の平を
手前に向け
バーを握る
肘を軽く曲げて
上腕二頭筋や
上腕筋に
力を入れる
腕が頭上に
振られて
肩関節は
大きく屈曲
している状態
肘を曲げながら
肩関節を伸展して
体を引き上げる
背すじは
反らさず
丸める

1 頭上のバーを逆手で握ってぶら下がり、肘を軽く曲げて力を入れる。両手の幅は肩幅よりやや狭い程度。

2 肘を曲げて上体を引き上げる。肘を曲げると肩関節は伸展する。そこから力を抜かずに1の体勢へと戻る。

バリエーション

公園に高い鉄棒があればジムに行かなくてもできる

近所の公園でも鉄棒があれば実施可能。肘先を固定して肘を曲げる動きなので、バーベル種目とは異なる刺激が入る。

バリエーション　アンダーグリップチンニング（広背筋メイン）

背中の広背筋をターゲットにしたアンダーグリップチンニングのバリエーション。
のけぞりながら背中を反らせて肘を曲げることにより広背筋に負荷が集まる。

肘を軽く曲げ
上腕二頭筋や
上腕筋に
力を入れる
狭い手幅で
バーを握る
肘を曲げた時に
上体と重なるまで
肘を後方に引く
肘を曲げながら
背中を反らせて
頭から上体を
のけぞらせる

1 バーを逆手で握ってぶら下がり、肘を軽く曲げて力を入れる。両手の幅は狭めて腰幅より狭く。

2 のけぞりながら肘を曲げて上体を引き上げる。背中を反らせた状態で肘を後方に引くことで広背筋への負荷が大きくなる。

POINT 上腕二頭筋、上腕筋と広背筋を一緒に鍛える

背中を反らせた状態で肩関節を伸展すると、肩関節伸展動作の主働筋である広背筋が収縮する。肘を曲げる動きがともなうため、上腕二頭筋や上腕筋も負荷は下がるものの鍛えられる。

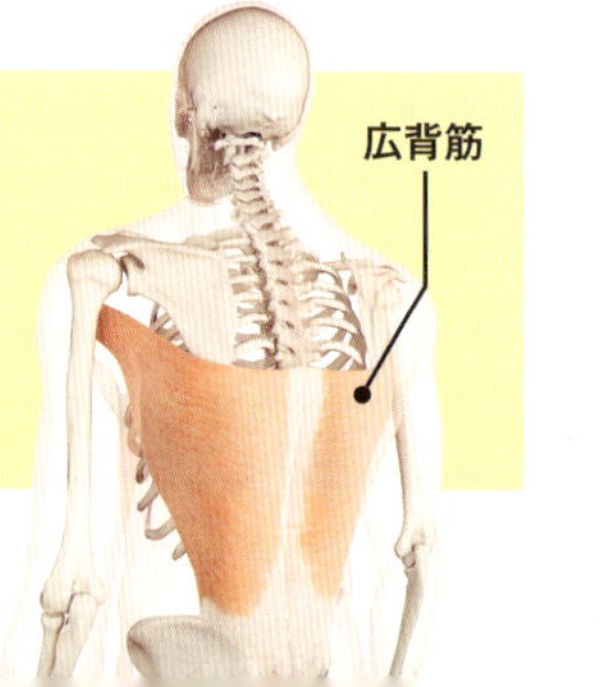
広背筋

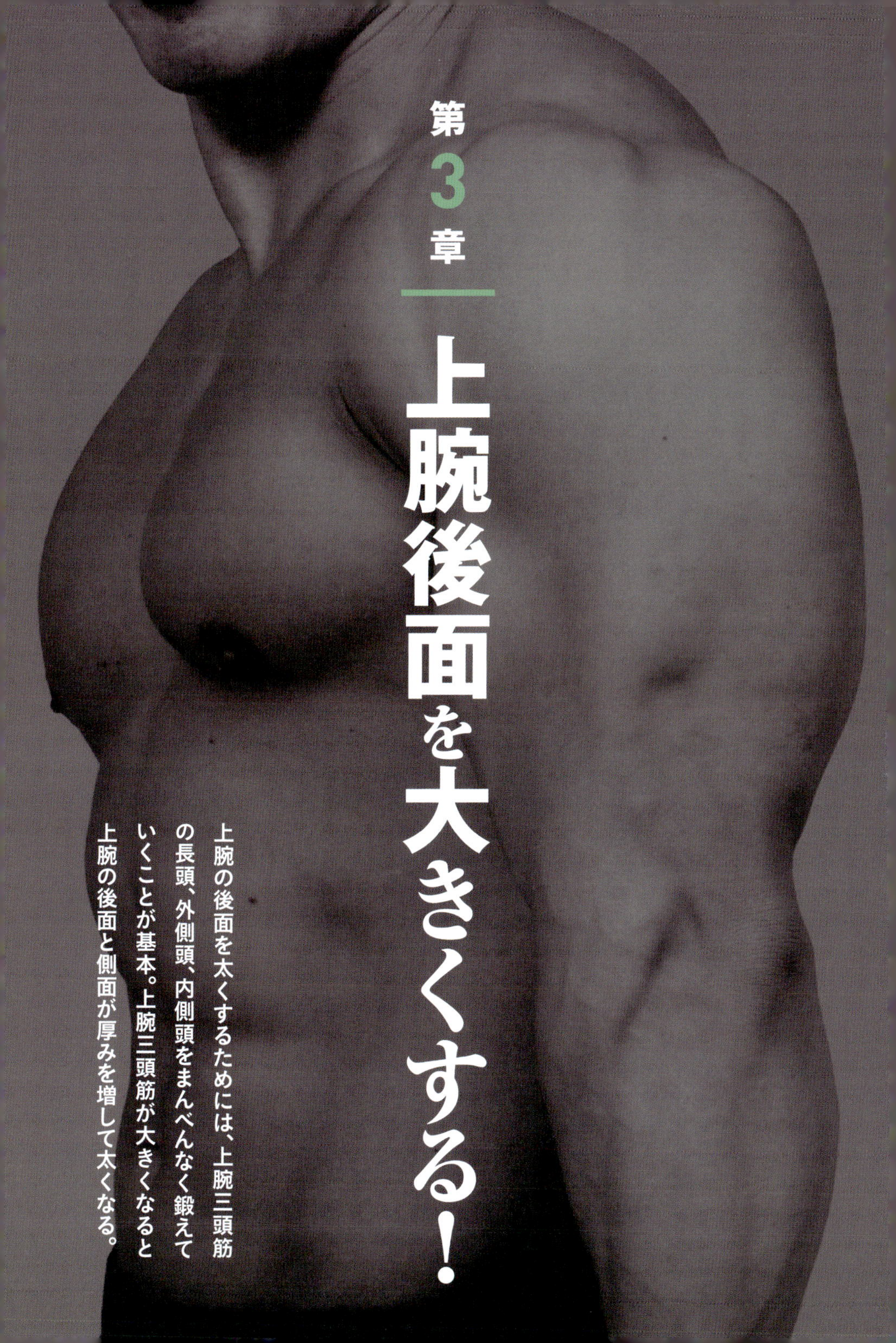

第3章

上腕後面を大きくする！

上腕の後面を太くするためには、上腕三頭筋の長頭、外側頭、内側頭をまんべんなく鍛えていくことが基本。上腕三頭筋が大きくなると上腕の後面と側面が厚みを増して太くなる。

上腕後面を鍛えるポイント

上腕三頭筋（肘関節伸展筋）

肩関節の内転位・外転位

肩関節の内転

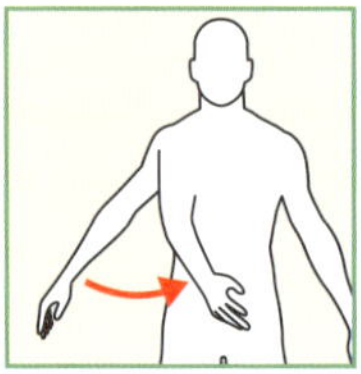

肩関節の外転

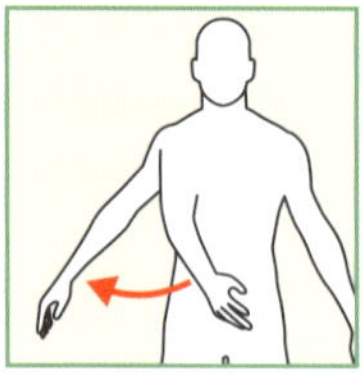

上腕後面の上腕三頭筋は肘を伸ばす動き（肘関節の伸展）で鍛える。肘を伸ばす時、肩関節の内転位・外転位（腕を内側・外側へ振ったポジション）で三頭（長頭・外側頭・内側頭）の貢献度が変わる。

脇を締めた内転位は上腕三頭筋全体に効かせられる

腕を内側に振って脇を締めたポジション（肩関節の内転位）で肘を曲ばすと、肩関節の内転に働く長頭を短く縮めた状態から強く収縮できる。さらに脇を締めることによって肘を伸ばす動きに負荷が集まるため、肘関節の動きにのみ働く外側頭・内側頭にも効く。

脇を開いた外転位は上腕三頭筋の外側頭に効かせられる

脇を開いたポジション（肩関節の外転位）で肘を曲ばすと、肩関節の内転に働く長頭が伸ばされて収縮が弱まるものの、上腕三頭筋の外側部分で肘関節のみをまたぐ外側頭の貢献度は高くなる。

肩関節の屈曲位・伸展位

肩関節の屈曲　肩関節の伸展

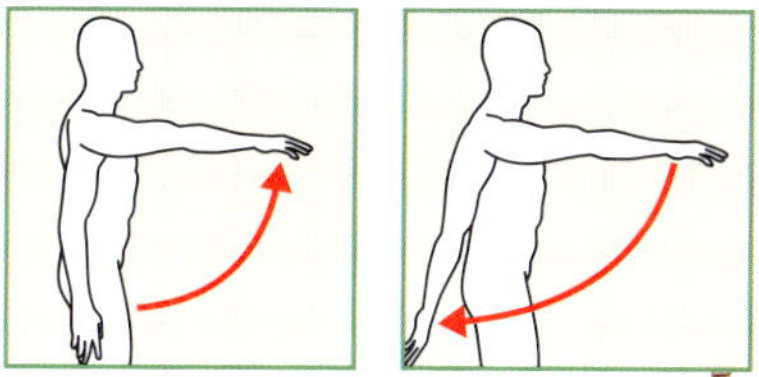

上腕三頭筋は、肘関節と肩関節をまたぐ二関節筋の長頭と、肘関節のみをまたぐ単関節筋の外側頭・内側頭の三頭からなる。肩関節の動きにも働く長頭は、肩関節の屈曲位・伸展位(腕を前方・後方に振ったポジション)によって肘を曲げる動きへの貢献度が変わる。

肩関節もまたいでいる上腕三頭筋の長頭

上腕三頭筋の長頭は、肩甲骨から起始して肩関節をまたぐため、腕を前後に振る動き(肩関節の屈曲・伸展)、腕を内外に振る動き(肩関節の外転・内転)によって筋肉が伸び縮みする。腕を前方に振ると伸展し、後方に振ると収縮する。

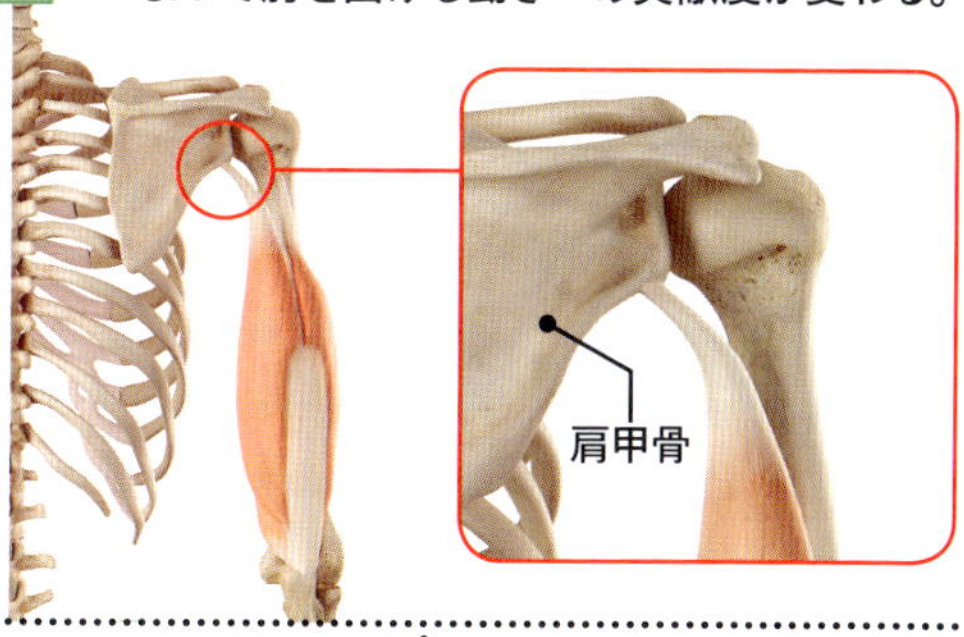

肩関節の伸展位

腕を後方に振った肩関節の伸展位では、上腕三頭筋の長頭が収縮する。ここから肘を曲げると長頭をより強く収縮できる。

肩関節の中間位

腕を下ろした肩関節の中間位では、上腕三頭筋の長頭も自然な長さの状態。ここから脇を締めると長頭は少し収縮する。

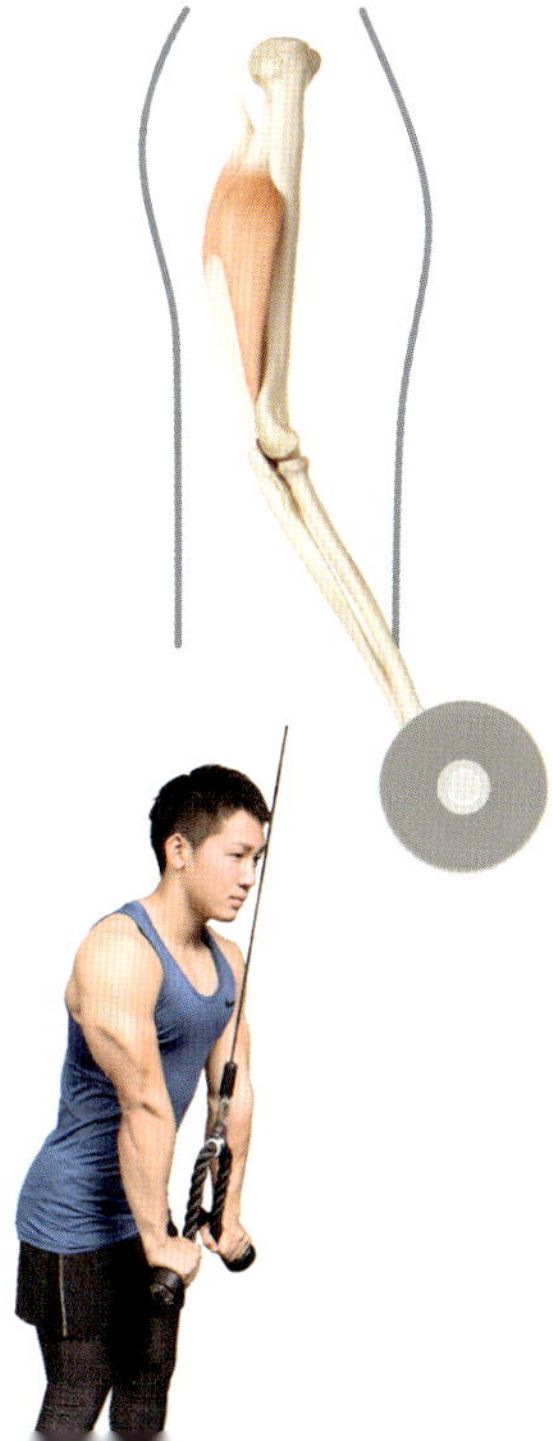

肩関節の屈曲位

腕を前方に振った肩関節の屈曲位では、上腕三頭筋の長頭が伸ばされる。ここから肘を曲げると長頭を伸ばした状態で刺激できる。

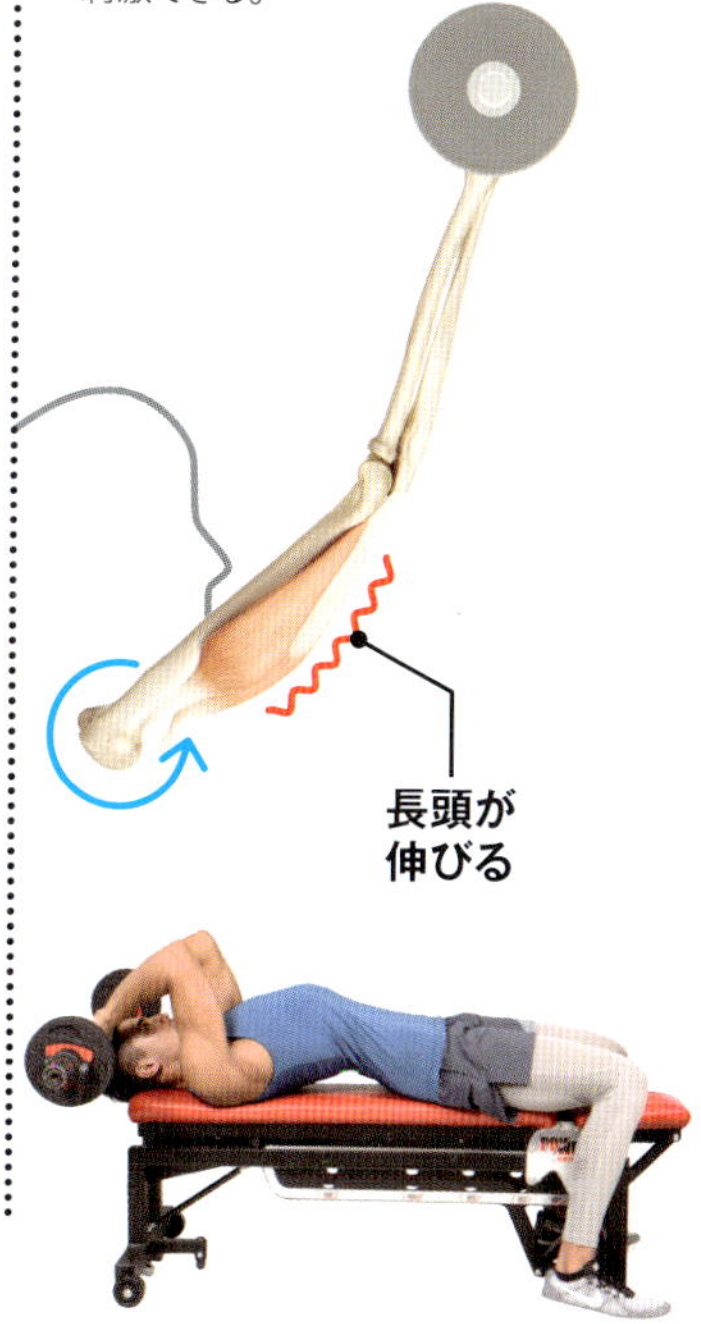

上腕後面プログラム ジム編

上腕三頭筋の長頭、外側頭、内側頭を鍛え分ける

ジム編のプログラムは、バーベルやEZバー、ダンベル、ケーブルマシンを使い分ける。

肩関節のポジションを種目ごとに内転位・外転位、屈曲位・伸展位と変えながら、上腕三頭筋の長頭、外側頭、内側頭をそれぞれ狙って鍛えていく。

週1回実施する場合は、メインプログラムで上腕三頭筋全体を限界まで追い込む。上腕前面のプログラムとは別日に行なったほうが集中して追い込める。

メインプログラム

肩関節のポジションが異なる肘関節伸展種目で上腕三頭筋の三頭を鍛え分ける。最も高重量で追い込めるナローベンチプレスは必須種目。ライイングトライセプスエクステンションでは長頭をストレッチした状態から収縮。トライセプスキックバックでは逆に長頭を縮めた状態から強く収縮させていく。ローププレスダウンは内側頭を狙って刺激。

	種目	ターゲット
1	**ナローベンチプレス** ➡P.84	上腕三頭筋（全体）※大胸筋にも効く
2	**ライイングトライセプスエクステンション（肩稼働）** ➡P.94	上腕三頭筋（長頭）
3	**トライセプスキックバック（肩稼働）** ➡P.109	上腕三頭筋（長頭）
4	**ローププレスダウン** ➡P.96	上腕三頭筋（内側頭）
5	**EZバーナローベンチプレス** ➡P.88	上腕三頭筋（外側頭）※大胸筋にも効く

※各種目の負荷および回数は、基本的に8〜10回の反復が限界となる負荷に設定。種目数が多いため、セット数は各種目3セットを目安に。このプログラムの刺激に慣れを感じてきたら、種目順を変えることで上腕三頭筋への刺激を変えることができる。

週2回実施する場合は、1回をサブプログラムにして異なる刺激を与えるのも効果的。

サブプログラム

メインプログラムからバーベルやEZバーをダンベルに変えて異なる刺激を与えるプログラム。さらにトライセプスキックバックとライイングトライセプスエクステンションでは肩関節を固定して肘を伸ばす動きに集中する。大胸筋種目でも上腕三頭筋は動員されるため、大胸筋プログラムも実施する人はメインプログラムを週1回行なうだけでも十分。

	種目	ターゲット
1	**トライセプスキックバック** ➡P.108	上腕三頭筋（長頭）
2	**ライイングトライセプスエクステンション** ➡P.92	上腕三頭筋（全体）
3	**ダンベルナロープレス（脇開き）** ➡P.91	上腕三頭筋（外側頭） ※大胸筋にも効く
4	**ダンベルナロープレス** ➡P.87	上腕三頭筋（全体） ※大胸筋にも効く

※各種目の負荷および回数は、基本的に8～10回の反復が限界となる負荷に設定。種目数が多いため、セット数は各種目3セットを目安に。最後のダンベルナロープレスは可能なら4～5セット実施してみよう。

ショートプログラム

ベンチに寝て行なう3種目に絞って時間短縮。いずれの種目も上腕三頭筋だけでなく、大胸筋もある程度一緒に動員されるため、上腕後面プログラムと大胸筋プログラムを兼ねたサブプログラムにしても良い。

	種目	ターゲット
1	**ナローベンチプレス** ➡P.84	上腕三頭筋（全体） ※大胸筋にも効く
2	**ライイングトライセプスエクステンション（肩可動）** ➡P.94	上腕三頭筋（長頭）
3	**EZバーナローベンチプレス** ➡P.88	上腕三頭筋（外側頭） ※大胸筋にも効く

※各種目の負荷および回数は、基本的に8～10回の反復が限界となる負荷に設定。セット数は各種目3セットを目安にする。3種目なのでできる人はナローベンチプレスを4セット実施してみよう。

上腕後面トレ①

ジム種目

ナローベンチプレス

脇を締めたまま高重量の負荷で肘を伸ばす

手幅を狭めて挙上するベンチプレス。上腕三頭筋の長頭が伸ばされる肩関節屈曲の動きをともなうため、長頭を強く収縮できないものの、高重量の負荷をかけて上腕三頭筋全体を追い込める。

Target

上腕三頭筋
（全体）

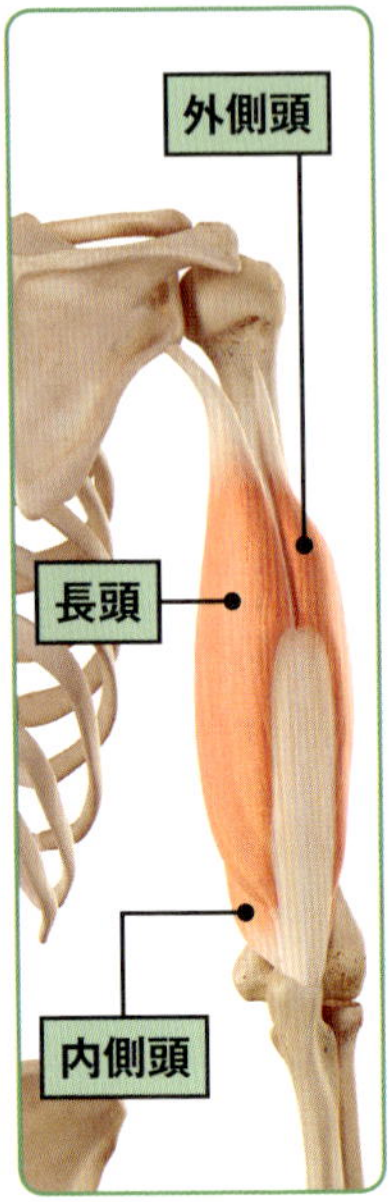

外側頭
長頭
内側頭

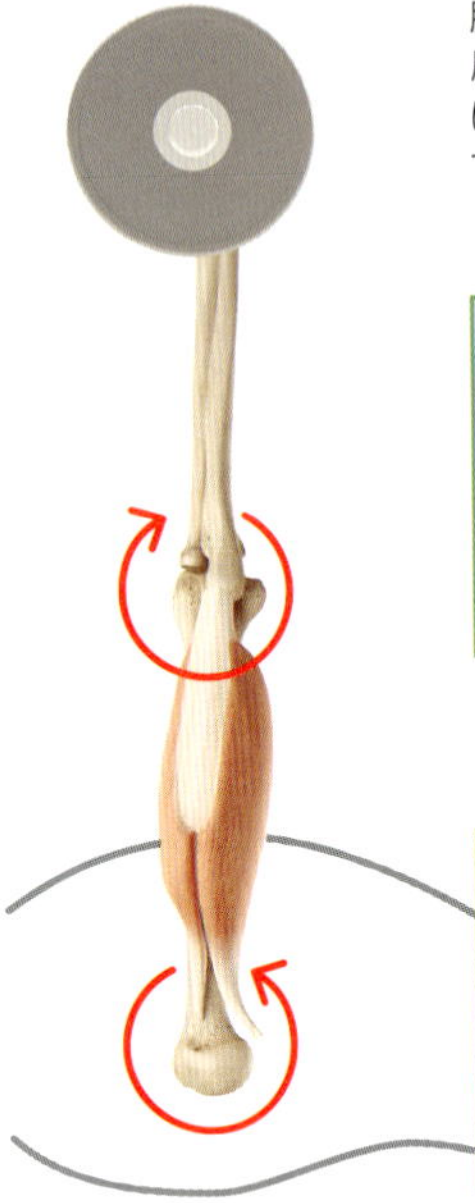

腕を前方に振る肩関節屈曲の動きと、肘を伸ばす肘関節伸展の動きでバーベルを挙げる。

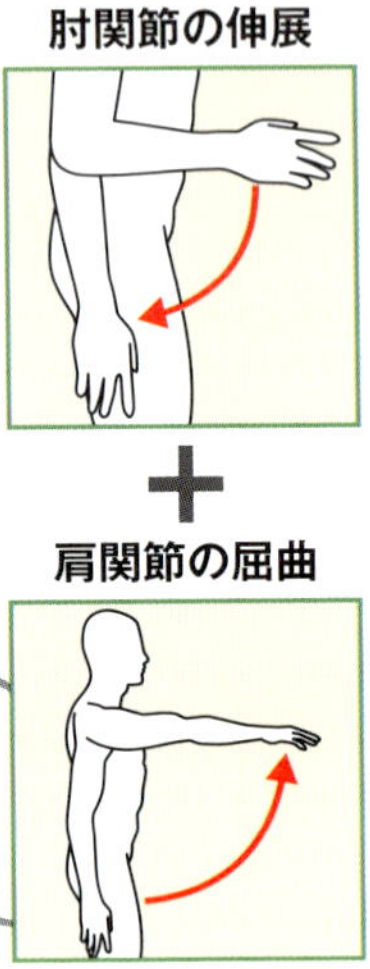

肘関節の伸展
＋
肩関節の屈曲

ナローベンチプレスの特長

手幅を狭めることで上腕三頭筋に効かせる

大胸筋を鍛える通常のベンチプレス（→P.118）より、手幅を狭めて脇を締めたままバーベルを挙上する。脇を締めることで上腕三頭筋の長頭が少し収縮するとともに、腕の軌道が安定し、肘を伸ばす動きに集中できる。上腕三頭筋を最も高重量で追い込める種目。

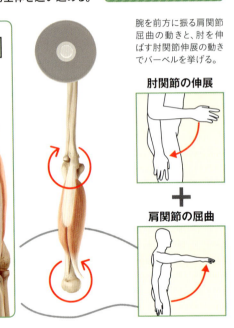

ナローベンチプレス 基本フォーム❶ 斜め横

1 スタートポジションからしっかり脇を締めたまま、肘を深く曲げてバーベルを下ろす。

乳頭付近に
バーを下ろす
肘を深く曲げ
上腕三頭筋を
伸ばしていく
脇を締めたまま
バーベルを下ろす

肘が伸びきる
直前まで伸ばす
脇を締めたまま
肘を伸ばす

スタートポジション
バーを肩幅の手幅で握る。そこから胸を張って脇を締め、バーをラックから持ち上げる。

&

2 しっかり脇を締めたまま、肘を伸ばしてバーベルを挙上する。力が抜けないように肘が伸びきる直前まで挙げる。

POINT 前腕部の延長線上でバーを握り手首をしっかり固める

バーベルの負荷が肘関節へ逃げずに伝わるようにバーは前腕部の延長線上で握る。手首が折れ曲がると負荷が手首にかかり、ケガにもつながるので手首は固める。

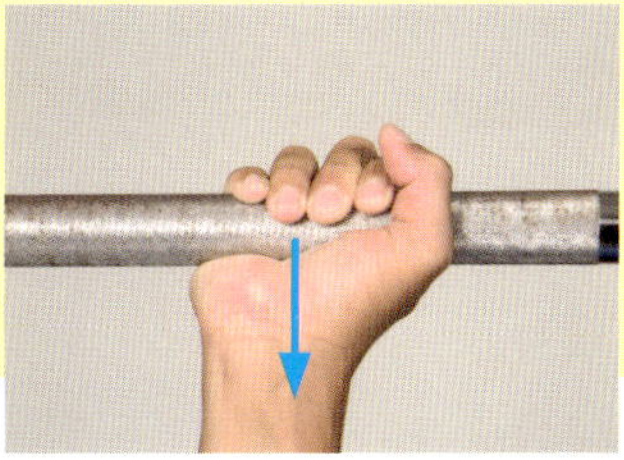

ナローベンチプレスのフォームで重要となるのは、脇を締めたまま肘を伸ばす動き。頭上から見たフォームで脇を締めたままバーベルを挙上する動きを確認しよう。

1 スタートポジションからしっかり脇を締めたまま、肘を深く曲げてバーベルを下ろす。肘を深く曲げることにより上腕三頭筋がストレッチされる。

前腕部を垂直にして
バーベルを下ろす
脇を締めたまま
肘を深く曲げる
KEISER

肘が伸びきる
直前まで伸ばす
脇を締めたまま
肘を伸ばしていく
KEISER

スタートポジション

バーを肩幅の手幅で握る。そこから胸を張って脇を締め、バーをラックから持ち上げる。

&

2 しっかり脇を締めたまま、肘を伸ばしてバーベルを挙上する。力が抜けないように肘が伸びきる直前まで挙げる。

POINT バーを乳頭付近に下ろし肘を深く曲げていく

バーベルを乳頭付近に下ろすと、肘を深く曲げて上腕三頭筋を伸ばせる。バーベルを下ろす位置が低いと肩を後方に振るだけで肘の曲がりは浅くなる。

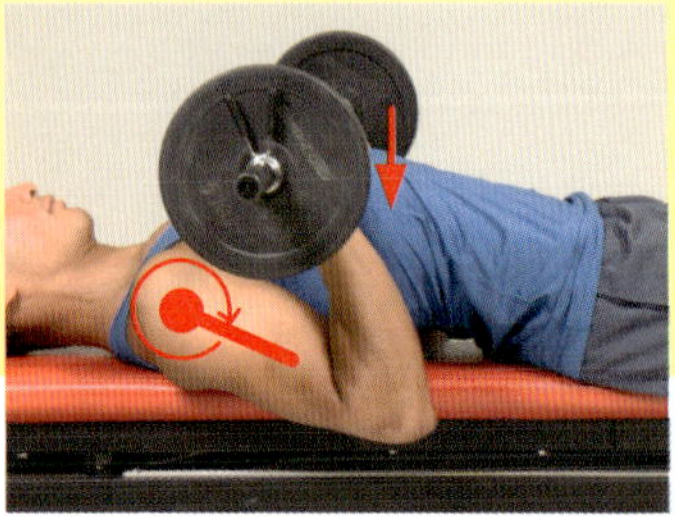

バリエーション ダンベルナロープレス

ナローベンチプレスのダンベルバージョン。挙上できる重量は下がるものの、ダンベルを縦に持つことで肘を深く曲げて上腕三頭筋をしっかり伸ばせる。

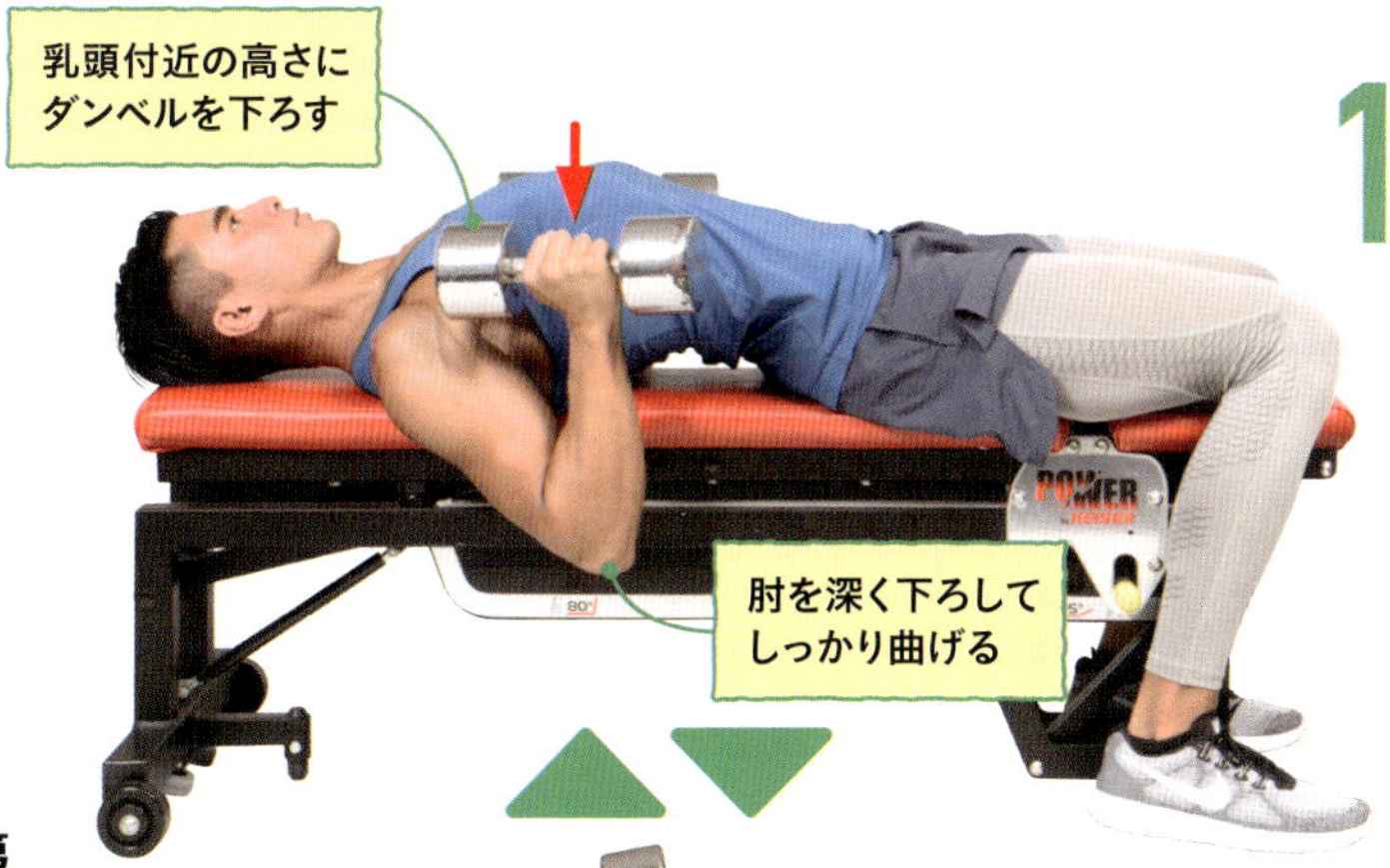
乳頭付近の高さに
ダンベルを下ろす
肘を深く下ろして
しっかり曲げる

1 スタートポジションからしっかり脇を締めたまま、肘を深く曲げてダンベルを下ろす。ダンベルはバーベルより深い位置まで下ろせる。

肘が伸びきる
直前まで伸ばす
ダンベルを
肩の上方に
持ち上げる

2 しっかり脇を締めたまま、肘を伸ばしてダンベルを挙上する。力が抜けないように肘が伸びきる直前まで挙げれば良い。

&

スタートポジション
胸を張って脇を締め、手の平を向き合わせてダンベルを持ち上げる。

自宅でTRY 肘の位置を固定してバーベルを挙げる

丸めた布団や座布団、クッションなどで自家製ベンチを作れば、自宅でダンベルナロープレスが実践できる。肘を深く下ろせる高さにすることがポイント。

丸めた布団など

EZバーナローベンチプレス

脇を開いた肩関節の外転位で肘を伸ばす

EZバーを使うナローベンチプレス。脇を開いた肩関節の外転位で肘を伸ばす。外転位では肩関節の内転に働く上腕三頭筋の長頭が伸ばされるため、外側頭を中心に挙上する動きになる。

Target

上腕三頭筋（外側頭）

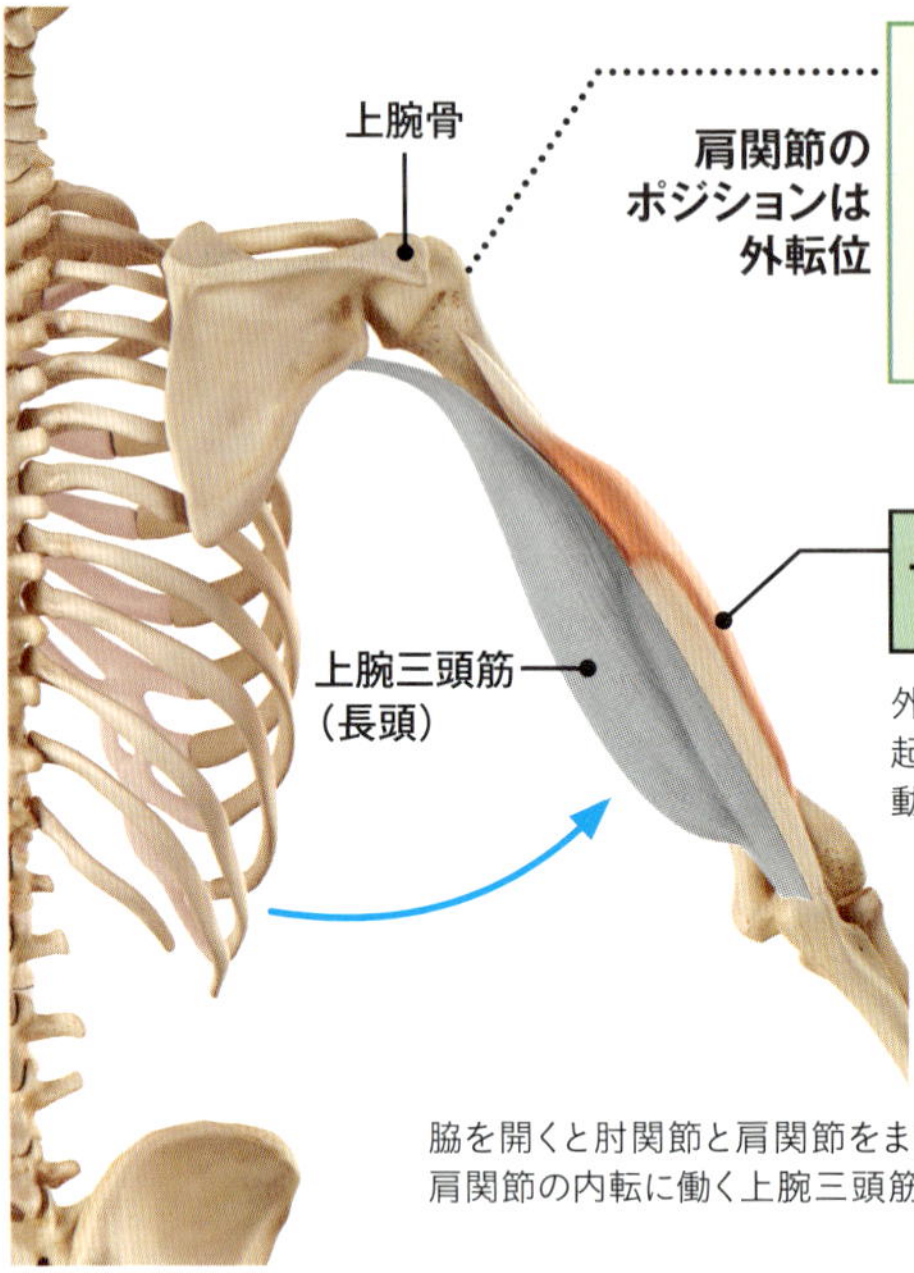
上腕骨
上腕三頭筋（長頭）
上腕三頭筋（外側頭）

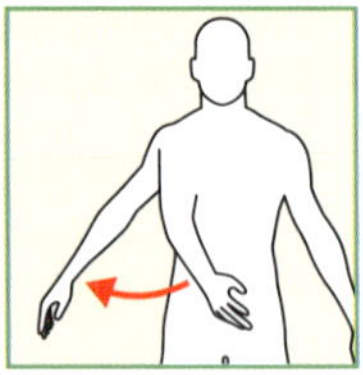
肩関節のポジションは外転位

外側頭は上腕骨から起始するため肩関節の動きには関与しない。

脇を開くと肘関節と肩関節をまたぐ二関節筋であり、肩関節の内転に働く上腕三頭筋の長頭が伸ばされる。

EZバーナローベンチプレスの特長

脇を外側に開いた状態で肘を伸ばす

EZバーの中心に近い狭い手幅のグリップを「ハの字」で握ると、バーを下ろした時に脇が開く。長頭が伸ばされた状態で肘を伸ばす動きになるため外側頭の貢献度が高くなる。

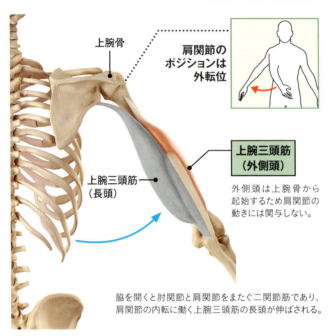

EZバーナローベンチプレス 基本フォーム❶ 斜め横

1 スタートポジションから外側へ脇を開きながら、肘を深く曲げてバーベルを下ろす。

乳頭付近に
バーを下ろす
脇を開いて
肘を外側に出す

肘が伸びきる
直前まで伸ばす
脇を開いたまま
肘を伸ばしていく

スタートポジション

EZバーを狭い手幅の「ハの字」で握り、胸を張ってバーを持ち上げる。

&

2 外側へ脇を開いたまま、肘を伸ばしてバーベルを挙上する。力が抜けないように肘が伸びきる直前まで挙げれば良い。

POINT **前腕を回内して「ハ」の字でバーを握る**

EZバーは手の甲を自分のほうに向けて「ハの字」で握る。前腕が内向きにひねられて肘が外側へ向くため、肘を曲げた時に脇が開きやすくなる。

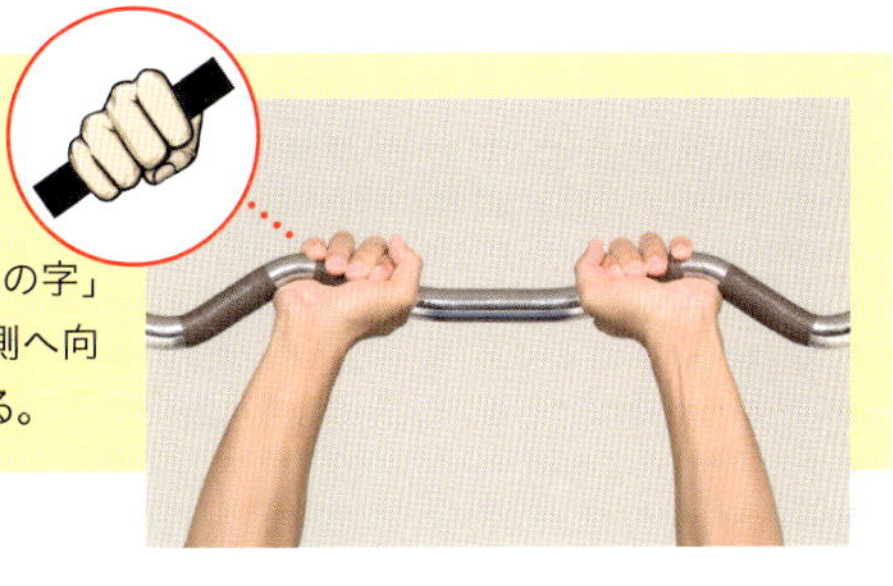

EZバーナローベンチプレス 基本フォーム❷ 横

EZバーナローベンチプレスは脇を開いて肘を曲げていくため、肘を後方に引く肩関節伸展の動きは小さくなる。横から見たフォームで肘の動きを確認しよう。

乳頭付近に
バーを下ろす
脇を外側に開いて
肘を深く曲げる

1 スタートポジションから外側へ脇を開きながら、肘を深く曲げてバーベルを下ろす。脇を開くため肘を曲げても肩関節を伸展する動きは小さくなる。

肘が伸びきる
直前まで伸ばす
脇を開いたまま
肘を伸ばしていく

2 外側へ脇を開いたまま、肘を伸ばしてEZバーを肩の上方に向けて挙上する。

&

スタートポジション

EZバーを狭い手幅の「ハの字」で握り、胸を張ってバーを挙げる。

NG バーベルを乳頭より低い位置に下ろして肘の曲がり浅くなる

EZバーをお腹のほうに下ろすと肘が深く曲がらず、上腕三頭筋のストレッチが弱くなる。バーは乳頭付近の位置に下ろして肘をしっかり曲げていく。

バリエーション

ダンベルナロープレス（脇開き）

EZバーナローベンチプレスのダンベルバージョン。縦に持ったダンベルを胸の上で揃えることによって、脇を開いた状態で肘を曲げ伸ばしできる。

1 スタートポジションから脇を開きながら、肘を深く曲げてダンベルを揃えたまま下ろす。ダンベルを下ろす時は手首を少し反らせる。

左右のダンベルはくっつけてOK
脇を開いて肘を曲げる
POWER KEISER

肘が伸びきる直前まで伸ばす
脇を開いたまま肘を伸ばしていく
POWER KEISER

スタートポジション
ダンベルを縦に揃えて持ち、肩の上方で挙上する。

&

2 外側へ脇を開いて、ダンベルを揃えたまま、肘を伸ばして肩の上方で持ち上げる。

自宅で TRY

座布団やクッションを敷き自宅で実践する

丸めた布団や座布団、クッションなどで自家製ベンチを作れば自宅でも実践できる。肘を深く下ろさないため、寝た時に肘がつかない高さがあれば良い。

座布団やクッションなど

ライイングトライセプスエクステンション

腕を前方に振った肩関節の屈曲位で肘を伸ばす

Target

上腕三頭筋（全体）

腕を前方に振った肩関節の屈曲位で肘を伸ばす種目。屈曲位で上腕三頭筋の長頭は強く収縮できないが、肘の位置を固定する動きと、肘を伸ばす動きによって上腕三頭筋全体が鍛えられる。

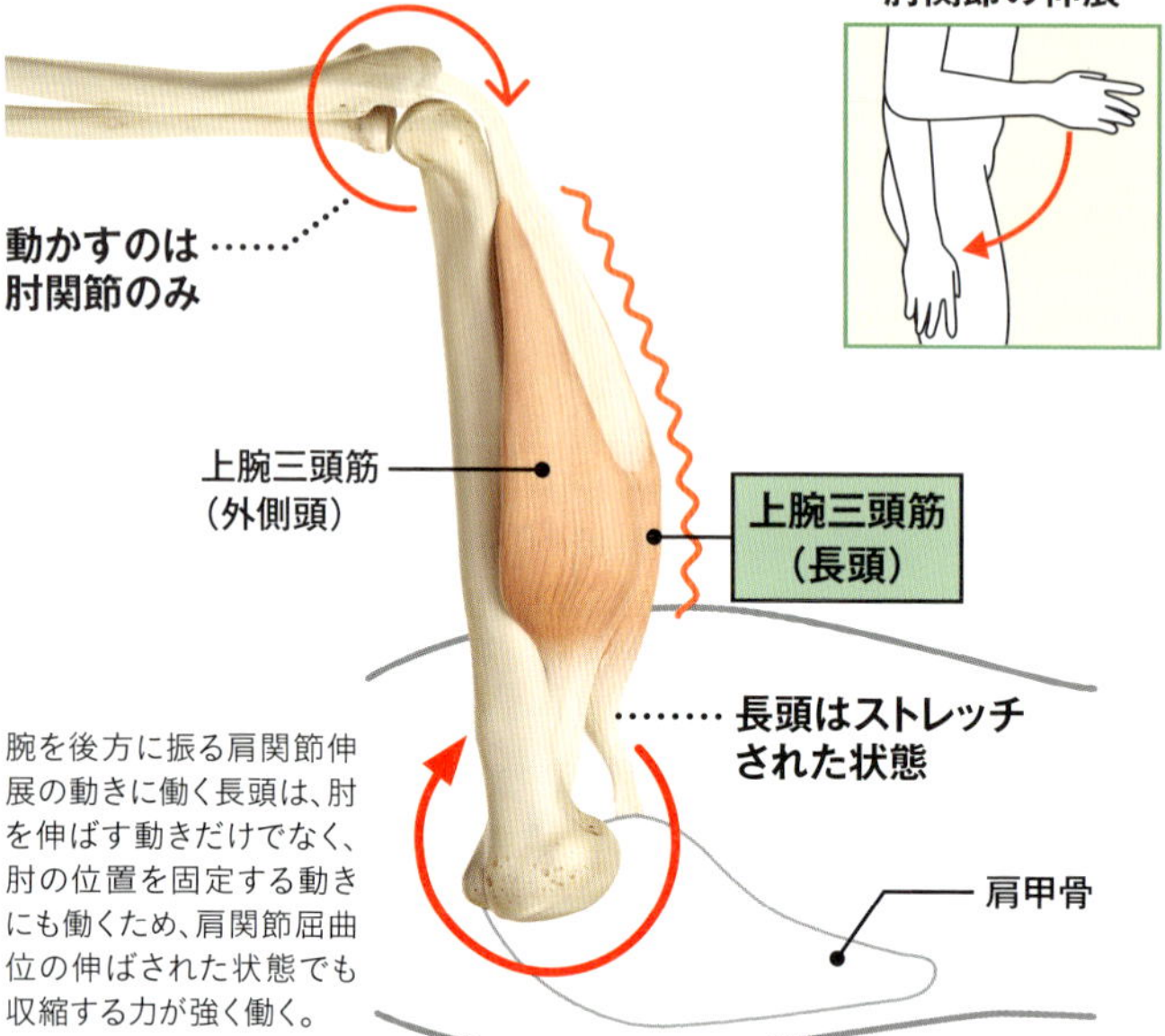
動かすのは
肘関節のみ
上腕三頭筋
（外側頭）
上腕三頭筋
（長頭）
長頭はストレッチ
された状態
肩甲骨

肘関節の伸展

腕を後方に振る肩関節伸展の動きに働く長頭は、肘を伸ばす動きだけでなく、肘の位置を固定する動きにも働くため、肩関節屈曲位の伸ばされた状態でも収縮する力が強く働く。

ライイングトライセプスエクステンションの特長

肩関節を動かさずに肘を曲げ伸ばしする

EZバーは手の甲を自分に向けて狭い手幅のグリップを「ハの字」で握る。EZバーはストレートバーより手首の回内位が緩むため肘を動かしやすい。上腕三頭筋は前腕のポジションに影響を受けない尺骨に停止するのでEZバーを使うと良い。

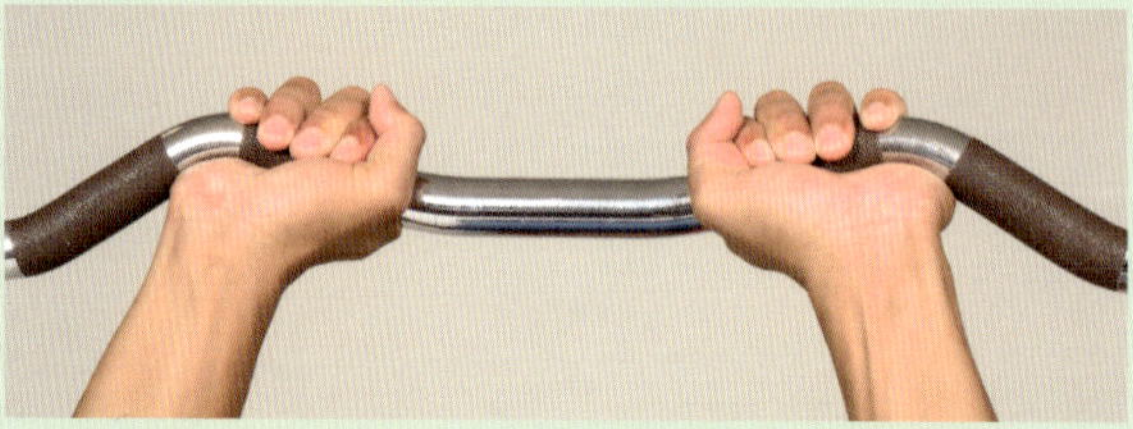

ライイングトライセプスエクステンション 基本フォーム

腕を垂直より
少し頭上側に
傾けてセット
軽く胸を張って
上体を安定させる
肘が外側へ
開かないように
脇を締める

1 EZバーを狭い手幅の「ハの字」で握る。そこから胸を張って脇を締め、バーを垂直より少し頭上寄りに傾けた位置で持ち上げる。

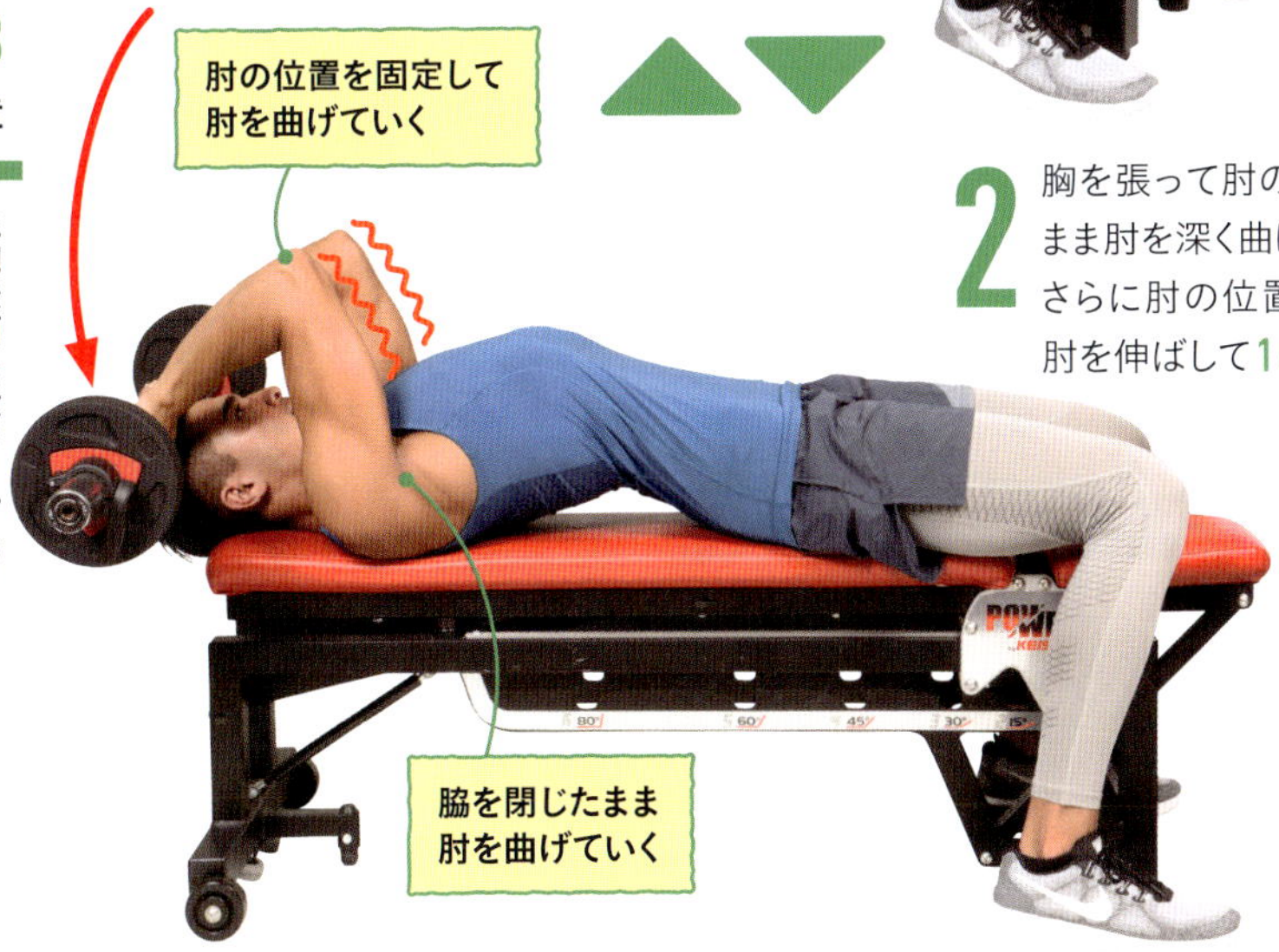
肘の位置を固定して
肘を曲げていく
脇を閉じたまま
肘を曲げていく

2 胸を張って肘の位置を固定したまま肘を深く曲げていく。そこからさらに肘の位置を固定したまま肘を伸ばして1の体勢へと戻す。

POINT 腕を垂直より少し頭上寄りに傾けた位置で肘を固定する

肘を固定するのは、EZバーの挙上時に腕を垂直より少し頭上寄りに傾けた位置。腕を垂直に上げた位置では肘関節にかかる負荷が抜けてしまう。

上腕後面トレ4

ジム種目

ライイングトライセプスエクステンション（肩稼働）

上腕三頭筋の長頭を強く伸ばした状態から収縮

肩関節を屈曲・伸展させるライイングトライセプスエクステンション。上腕三頭筋の長頭をストレッチした状態で刺激。腕を振り下ろしながら肘を伸ばす動きで長頭を両端から収縮させる。

Target

上腕三頭筋（長頭）

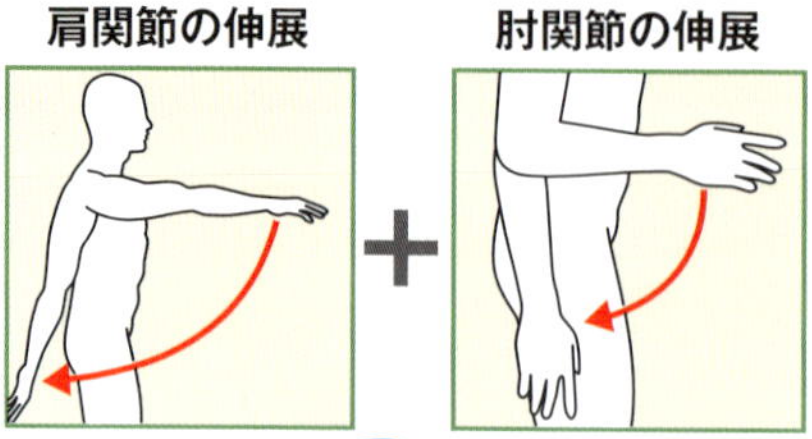

肩関節の伸展
肘関節の伸展

腕を後方（下方）に振る肩関節伸展の動きと、肘を伸ばす肘関節伸展の動きを連動させて、どちらの動きにも働く二関節筋の長頭を両端から収縮させる。

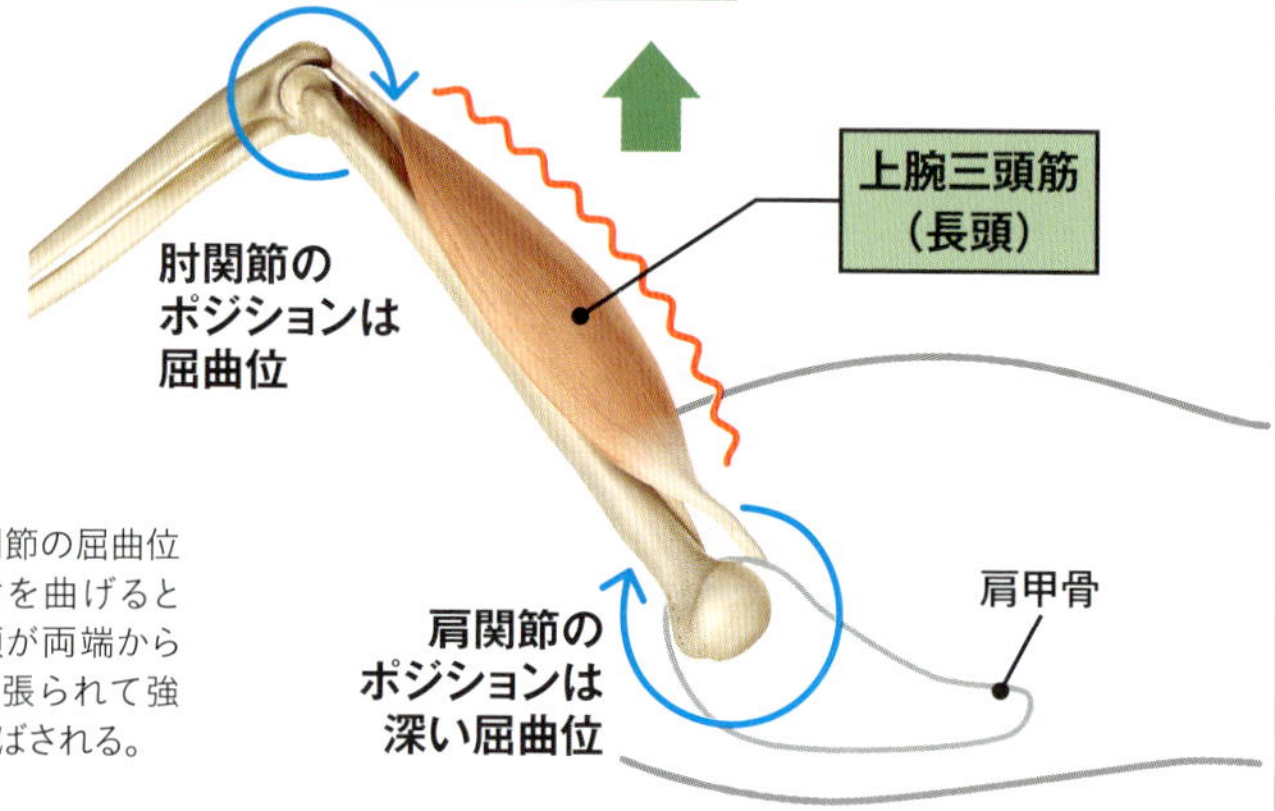

上腕三頭筋（長頭）
肘関節のポジションは屈曲位
肩甲骨
肩関節のポジションは深い屈曲位

肩関節の屈曲位で肘を曲げると長頭が両端から引っ張られて強く伸ばされる。

ライイングトライセプスエクステンション（肩稼働）の特長

上腕三頭筋の長頭をフルストレッチした状態から肘関節と肩関節を連動させた動きで収縮させる

長頭を強く伸ばした状態で刺激できるストレッチ種目。肘の位置を固定して行なうライイングトライセプスエクステンションとは異なり肩関節を伸展させるため、上腕三頭筋の中でも肩関節伸展に働く長頭の関与が強くなる。

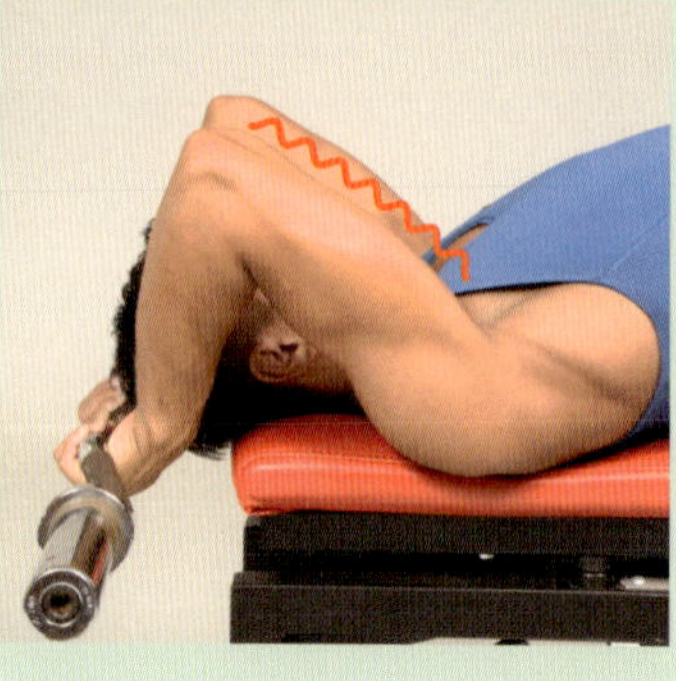

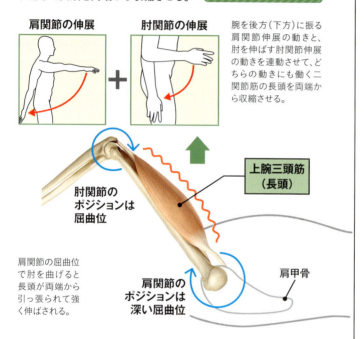

ライイングトライセプスエクステンション（肩稼働）

基本フォーム

1 EZバーを狭い手幅の「ハの字」で握る。そこから胸を張って脇を締め、バーを垂直より少し頭上寄りに傾けた位置で持ち上げる。

腕を垂直より
少し頭上側に
傾けてセット
胸を張って
上体を安定させる

2 腕を頭上へ振り上げながら、肘を曲げてバーを頭より低いところまで下ろす。そこから腕を足のほうへ振り下ろしながら、肘を伸ばして1の体勢に戻す。

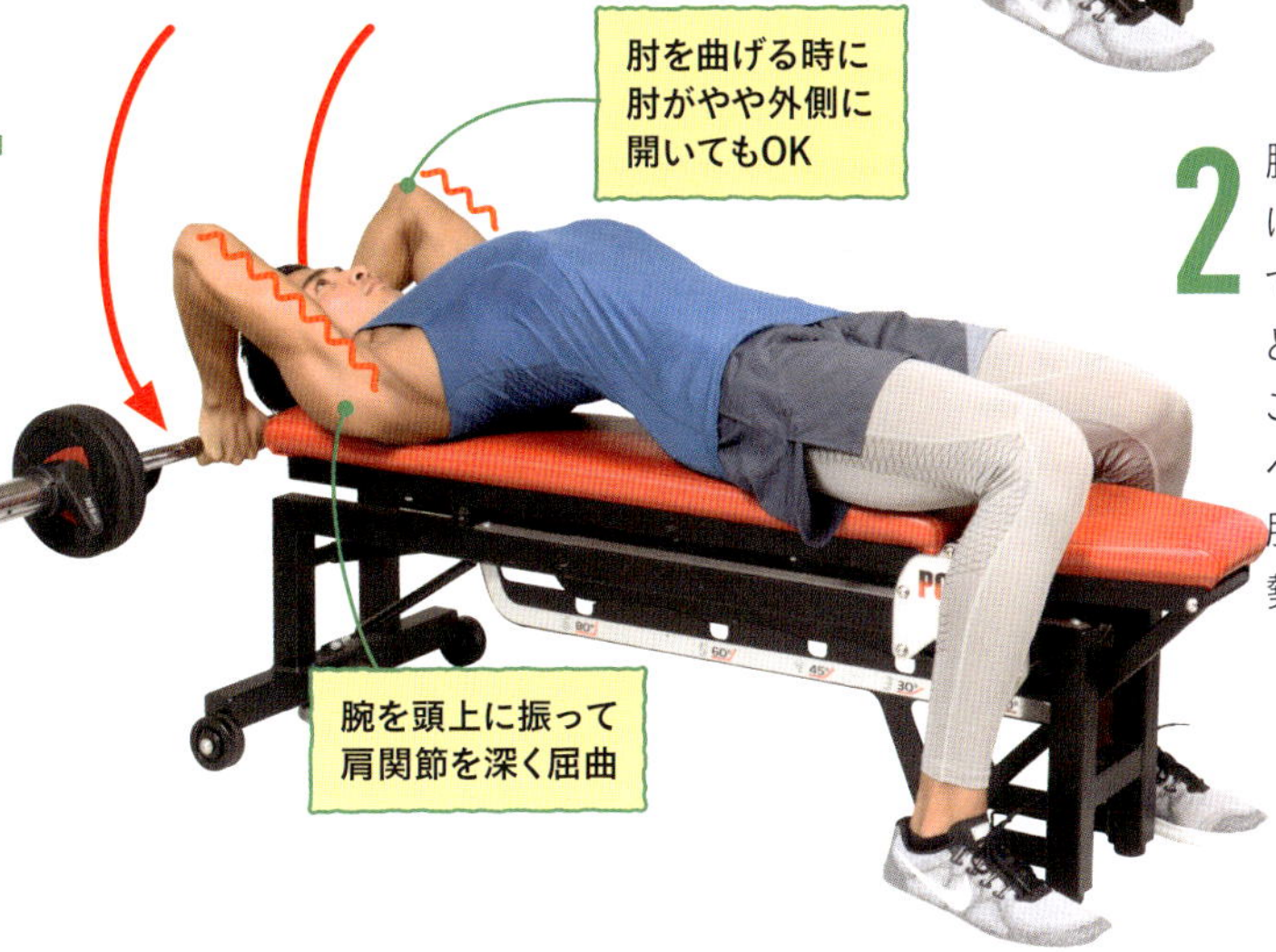
肘を曲げる時に
肘がやや外側に
開いてもOK
腕を頭上に振って
肩関節を深く屈曲

NG バーを下ろした時に手首が反り返ってしまう

EZバーを下ろした時に手首が反り返ると、肘を伸ばす動きに力が入りにくくなる。さらにバーを下ろす途中で顔に当ててしまう危険もあるのでNG。

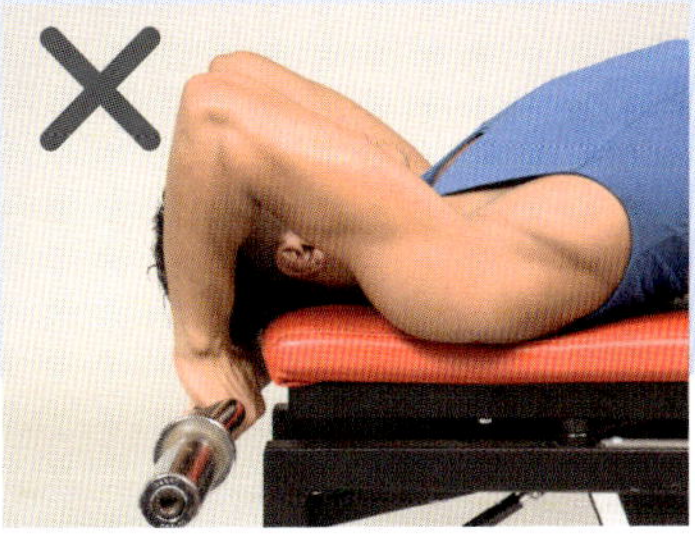

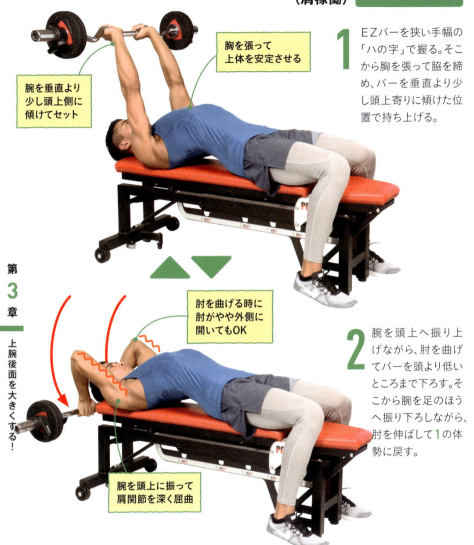

上腕後面トレ⑤ ジム種目

ロープレスダウン

上腕三頭筋の内側頭を狙って収縮

上腕三頭筋の中でも深部にある内側頭を狙って鍛えるケーブル種目。長頭、外側頭も一緒に鍛えられるが、手首や前腕が自由に動く二股ロープを押し下げる動きで内側頭を強く収縮させる。

Target

上腕三頭筋
（内側頭）

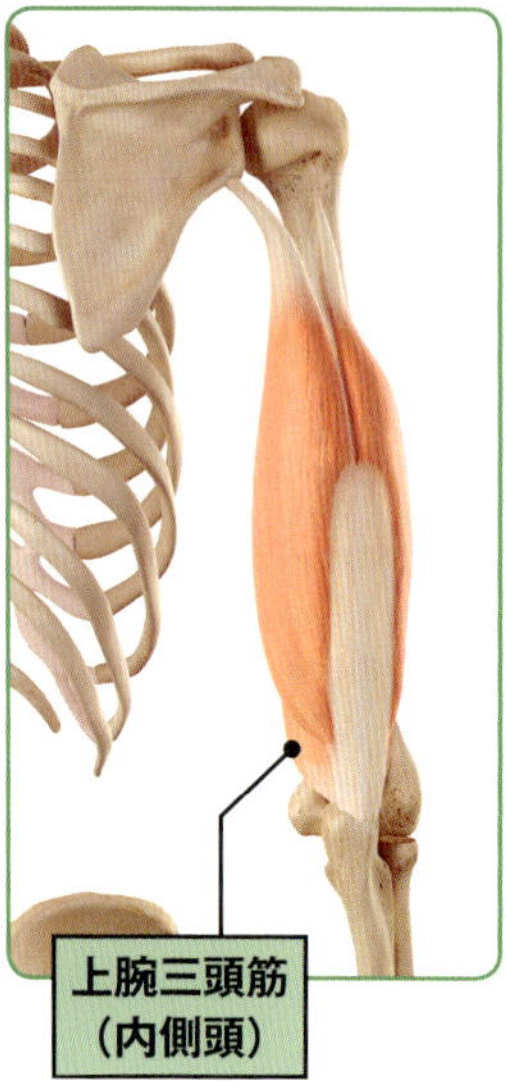

内側頭は大部分を長頭に覆われ、上腕骨の内側から起始している。

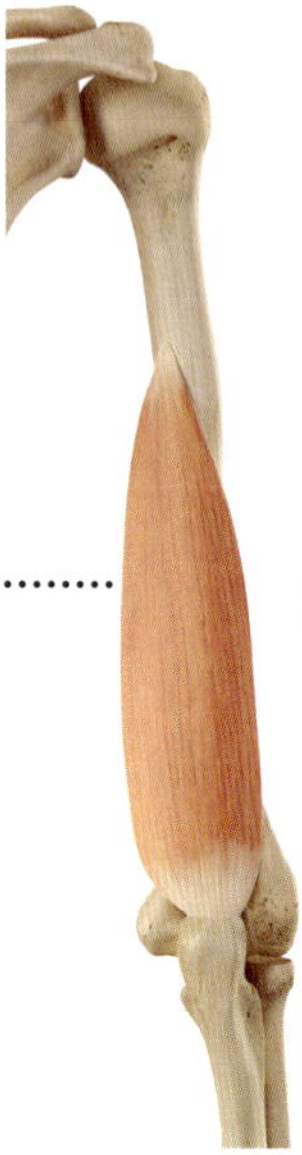

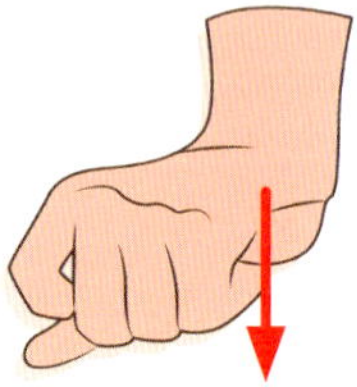

二股ロープを押し込む時に、手の平でも小指側の土手部分で押し込むと、それまで上腕三頭筋の長頭に集まっていた刺激が変わり、内側頭の収縮も強くなる。

ロープレスダウンの**特長**

手首や前腕の動きが制限されない二股ロープを引き下げて肘を伸ばす

プレスダウンはストレートバーやへの字型のバーを使うことが多いが、二股ロープを使うことで肘を伸ばしながら、押し込む力点を微調整できる。そのため内側頭を狙って収縮させることも可能に。最後まで負荷が抜けないケーブル種目だからこそできる動き。

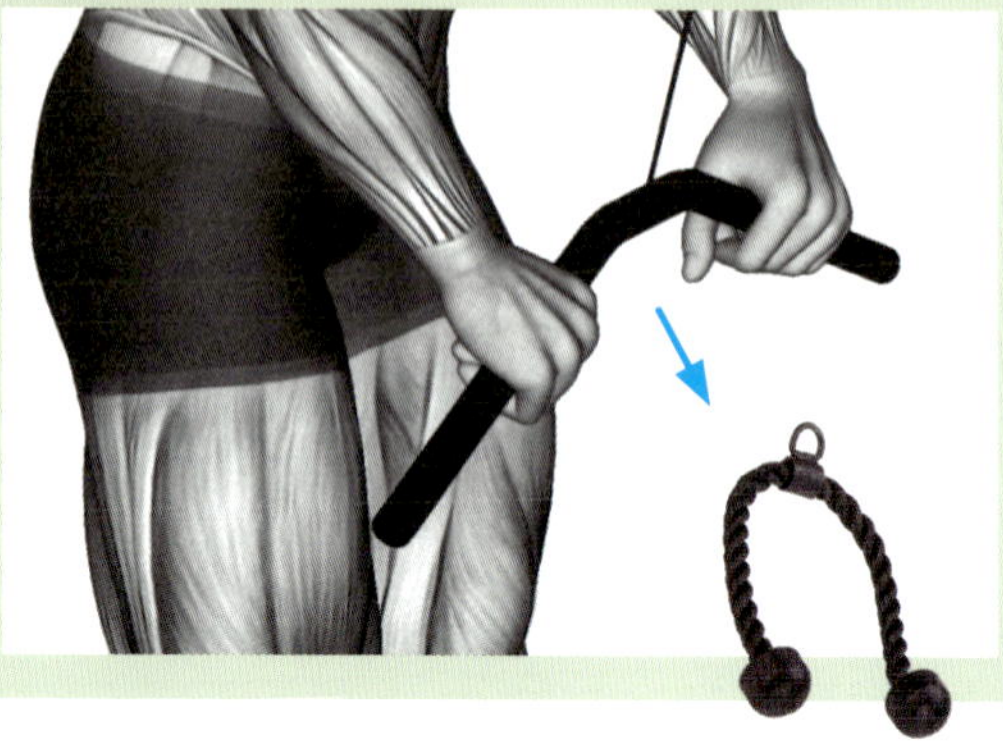

ローププレスダウン 基本フォーム❶ 斜め前

1 二股ロープを握って脇を締め、肘を曲げたまま上腕部が垂直になる位置まで肩の力でロープを引き下げる。

2 脇を締めて肘の位置を固定したまま、肘を伸ばして二股ロープを真下へ押し下げる。小指側の土手部分で押す。

上体をやや前傾させる
肩から肘のラインを垂直にする
グリップエンドが引っかかる位置でロープを握る

脇を締めて肘を伸ばす
ロープを真下へ押し下げる

NG 親指と人差し指側を中心に二股ロープを押し下げる

小指側ではなく、親指と人差し指側で二股ロープを押し込むと、短頭を狙って収縮させる動きではなくなる。ターゲットが長頭であればOK。

ロープレスダウン　基本フォーム❷　正面

脇を締めたまま
肘を伸ばしていく
肘の位置を
固定したまま
肘先だけを
動かしていく

背すじを伸ばし
脇を締める
肘が曲がる高さで
ロープをセット

2 脇を締めて肘の位置を固定したまま、肘を伸ばして二股ロープを真下へ引き下げる。腹筋にも力を入れる。

1 二股ロープを握って脇を締め、肘を曲げたまま上腕部が垂直になる位置まで肩の力でロープを引き下げる。

NG スタートの体勢ですでに肘が伸びている

スタートの段階ですでに肘が伸びていると、腕を後方に振る肩関節伸展の動きでロープを引くことになるため、ターゲットが肩や背中の筋肉に変わってしまう。

ロープブレスダウンは、ロープを引き下げる動きから押し下げる動きへと移行するのがポイント。正面から見たフォームで腕の動きを確認しよう。

腕を内側へ
絞るように
肘を伸ばす
ロープを
真下へ
押し込んで
下げていく

3 肘がある程度伸びてきたら、そこからさらに二股ロープを左右へ開きながら肘を伸ばして真下へ押し込む。

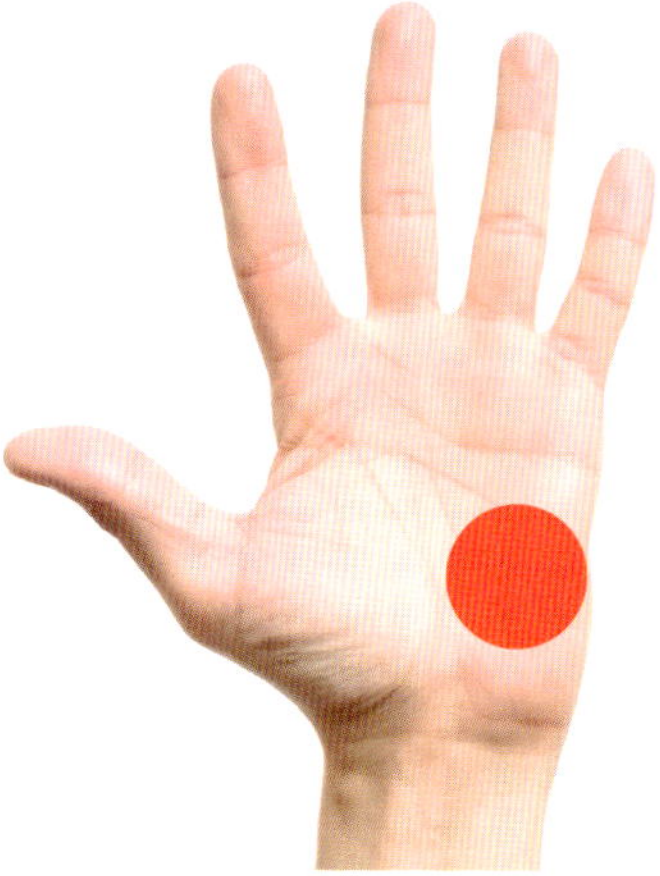

4 ロープを押し込む段階ではロープを左右に開きながら、手の平の小指側の土手部分で強く押し込んでいく。

バリエーション ロープから離れて立ち異なる刺激を与える

ロープから離れたところに立つと、体から少し離れた位置で二股ロープを引く動きになるため、真下へ押し下げる動きよりも上腕三頭筋の長頭の貢献度が高くなる。

上腕後面プログラム

自宅編

ダンベルと自重を使って上腕三頭筋全体を鍛える

自宅編のプログラムは、ダンベルと自重を使った肘関節伸展種目で上腕三頭筋の長頭・外側頭を中心に鍛えていく。自宅で内側頭を狙って鍛えるのは難しいため、上腕三頭筋全体をターゲットにした種目で鍛える。

プッシュアップ種目は、プッシュアップバーが必需品。床に手をついて行なうよりプッシュアップバーを使用したほうが、関節の稼働域が広がって筋肉をしっかり伸び縮みさせられる。

メインプログラム

自宅では丸めた布団や座布団、クッションなどをベンチ代わりにしてダンベルナロープレスを行なう。さらにフレンチプレスやトライセプスキックバック(肩可動)もイスをベンチ代わりにして実施する。上腕三頭筋をターゲットにしたナロープッシュアップは、自重を使うことによって自宅にいながら重いバーベルと同等の高負荷をかけてトレーニングできる。

	種目	ターゲット
1	**ナロープッシュアップ** ➡P.102	上腕三頭筋(全体)
2	**ダンベルナロープレス(自宅バージョン)** ➡P.87	上腕三頭筋(全体) ※大胸筋にも効く
3	**ダンベルナロープレス(脇開き)(自宅バージョン)** ➡P.91	上腕三頭筋(外側頭) ※大胸筋にも効く
4	**フレンチプレス** ➡P.110	上腕三頭筋(長頭)
5	**トライセプスキックバック(肩稼働)** ➡P.109	上腕三頭筋(長頭)

※各種目の負荷および回数は、基本的に8〜10回の反復が限界となる負荷に設定。種目数が多いため、セット数は各種目3セットを目安に。軽めのダンベルしかない場合は、最初のナロープッシュアップを4〜5セットに増やして追い込むと良い。

週2回実施する場合は、刺激が異なるダンベル種目と自重種目に分割する方法もある。

ダンベルプログラム

ダンベル種目はしっかりオールアウトできる重さのダンベルが必要。プレートの着脱で重さを調節できる可変式ダンベルが便利。肩関節を深く外転させたポジションで肘を伸ばしていくフレンチプレスは、上腕三頭筋の長頭をストレッチした状態で収縮させるストレッチ種目。

	種目	ターゲット
1	**トライセプスキックバック（肩稼働）** →P.109	上腕三頭筋（長頭）
2	**フレンチプレス** →P.110	上腕三頭筋（長頭）
3	**ダンベルナロープレス（脇開き）（自宅バージョン）** →P.91	上腕三頭筋（外側頭）※大胸筋にも効く
4	**ダンベルナロープレス（自宅バージョン）** →P.87	上腕三頭筋（全体）※大胸筋にも効く

※各種目の負荷および回数は、基本的に8～10回の反復が限界となる負荷に設定。種目数が多いため、セット数は各種目3セットを目安に。軽めのダンベルしかない場合は、高重量を扱うことができる種目を筋肉が疲労した状態で行なうと良い。

自宅に重いダンベルがない場合はフレンチプレスの代わりに片腕ずつトライセプスエクステンションを行なう。

自重プログラム

プッシュアップ種目はプッシュアップバーを使ったほうが効果的。リバースプッシュアップは、肩関節を伸展させたポジションで肘を伸ばし、上腕三頭筋の長頭を縮めた状態からさらに強く収縮させる収縮種目。

	種目	ターゲット
1	**リバースプッシュアップ（イス使用）** →P.106	上腕三頭筋（全体）
2	**ナロープッシュアップ** →P.102	上腕三頭筋（全体）
3	**ナロープッシュアップ（脇開き）** →P.105	上腕三頭筋（外側頭）

※各種目の負荷および回数は、基本的に8～10回の反復が限界となる負荷に設定。種目数が少ないため、セット数は可能であれば各種目4～5セットを目安にする。ナロープッシュアップだけでも4～5セット実施してみよう。

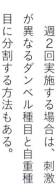

上腕後面トレ6

自宅種目

ナロープッシュアップ

脇を締めたまま自重の高負荷で肘を伸ばす

Target

上腕三頭筋（全体）

手幅を狭めて行なう腕立て伏せ。上腕三頭筋の長頭が伸ばされる肩関節屈曲の動きをともなうため、長頭を強く収縮できないものの、自重を使って上腕三頭筋全体を高負荷で鍛えられる。

肘関節の伸展 ＋ **肩関節の屈曲**

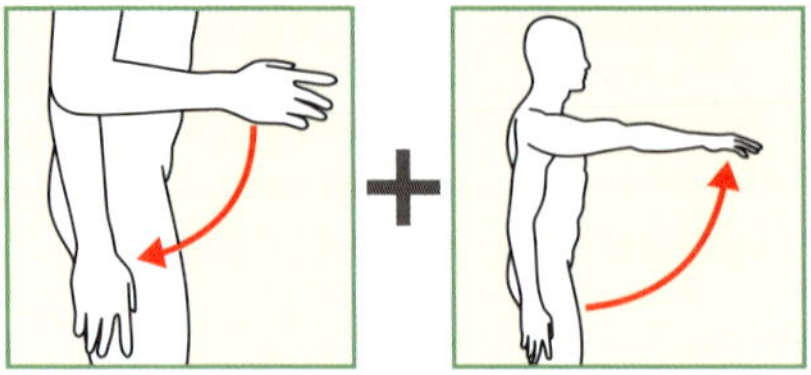

肘を伸ばす肘関節伸展の動きと、腕を前方に振る肩関節屈曲の動きで上体を持ち上げる。手幅を狭めて脇を締めることで肩のポジションが安定し、肘を伸ばす動きに負荷が集まる。

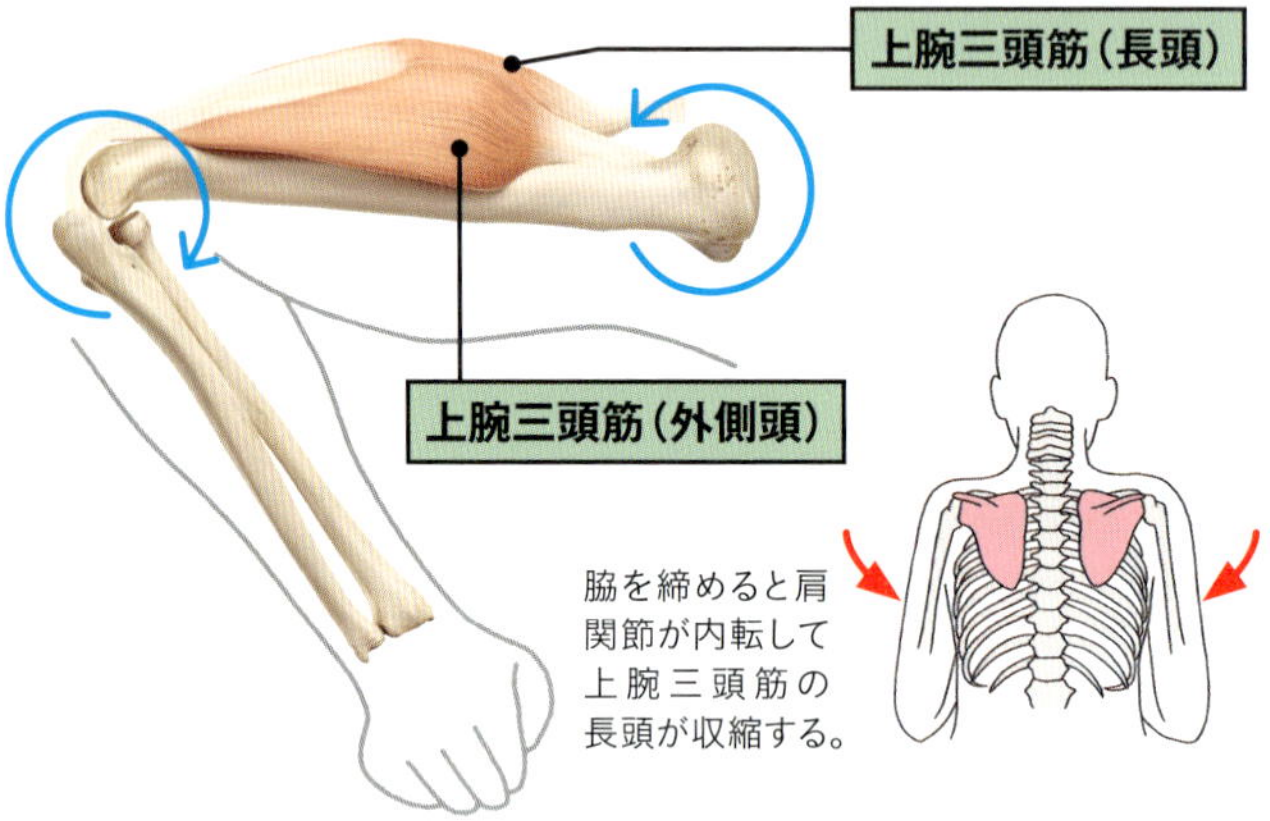

脇を締めると肩関節が内転して上腕三頭筋の長頭が収縮する。

ナロープッシュアップの特長

プッシュアップバーを使用する

プッシュアップバーを使うと上体をより深く下ろせるため、肘もしっかり曲がって上腕三頭筋が強くストレッチされる。左右のバーは狭い間隔で並行よりやや「ハの字」気味に置く。

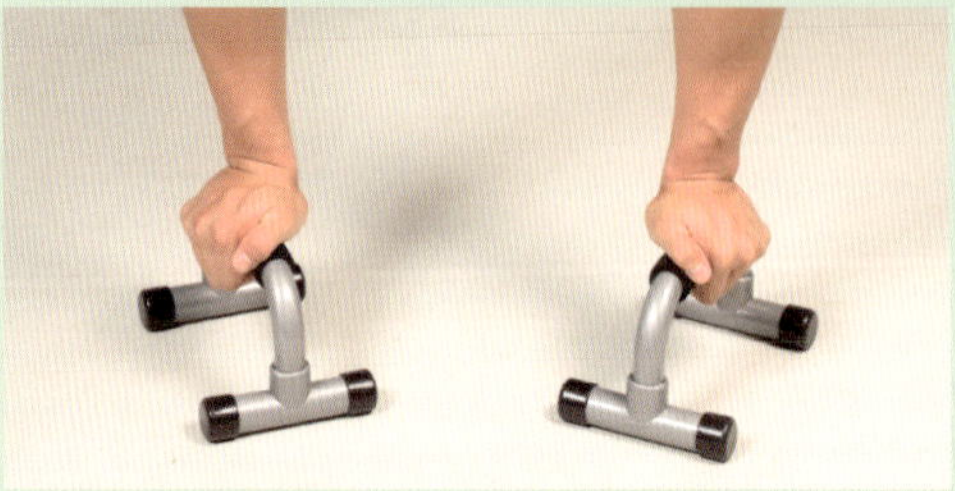

ナロープッシュアップ 基本フォーム❶ 斜め前

全身を棒のように
一直線にする
脇を締めて
上腕三頭筋の
収縮を高める
前腕部の延長線上の
部分をバーに乗せる

1

左右のバーを腰幅程度で並行に近い「ハの字」に置き、前腕部の延長線上となる部分をバーに乗せる。そこから脇を締めて全身を一直線にする。

お尻を下げずに
全身を一直線の
状態でキープ
脇を締めたまま
肘を深く曲げる

2

脇を締めたまま肘を深く曲げて上体を下ろす。そこから脇を締めて全身を一直線に固めたまま、肘を伸ばして上体を持ち上げ、1の体勢へと戻る。この時にお尻が下がらないように注意する。

NG 上体を持ち上げる時にお尻が沈んでしまう

全身を一直線に固めたまま持ち上げないと、上体の重さが肘を伸ばす動きの負荷として伝わらないのでNG。

ナロープッシュアップ 基本フォーム❷ 頭上

ナロープッシュアップは、脇を締めたまま肘を曲げる動きがポイント。
頭上から見たフォームで脇を締めた動きを確認しよう。

全身を一直線の
状態でキープ
脇を締めたまま
肘を深く曲げる

全身を棒のように
一直線にする
脇を締めて
肩のポジションを
安定させる
プッシュアップバーは
並行に近い「ハの字」

2 脇を締めたまま肘を深く曲げて上体を下ろす。そこから脇を締めて全身を一直線に固めたまま、肘を伸ばして上体を持ち上げ、1の体勢へと戻る。肘は伸びきる直前まで伸ばす。

1 左右のバーを腰幅程度で並行に近い「ハの字」で並べ、前腕部の延長線上となる部分をバーに乗せる。そこから脇を締めて全身を一直線にする。

NG 手首に体重がかかり自重の負荷が分散する

プッシュアップバーに手先を乗せると手首が反って手首に負荷がかかるのでNG。前腕部の延長線上となる手の平の下部分を乗せて上体の重さをバーに伝える。

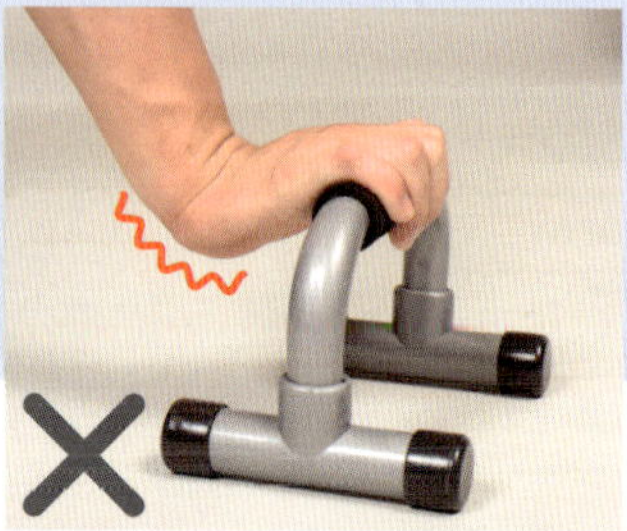

バリエーション

ナロープッシュアップ（脇開き）

脇を開いたフォームで行なうナロープッシュアップのバリエーション。
脇を開いたまま肘を曲げることで、上腕三頭筋の中でも外側頭に負荷がかかる。

全身を棒のように
一直線にする
脇は締めずに
開いている
プッシュアップバーは
横並びに近い「ハの字」

1 左右のバーを腰幅程度で横並びに近い「ハの字」に置き、前腕部の延長線上となる部分をバーに乗せる。そこから脇を開いて全身を一直線に。

全身を一直線の
状態でキープ
脇を外側に開き
肘を深く曲げる

2 脇を開いたまま肘を深く曲げて上体を下ろす。そこから脇を開いて全身を一直線に固めたまま、肘を伸ばして上体を持ち上げ1の体勢に戻る。

バリエーション

プッシュアップバーの幅や角度を変えることで筋肉に異なる刺激を与える

左右のプッシュアップバーの間隔や置く角度を変えるだけで上腕三頭筋に異なる刺激を与えられる。

上腕後面トレ 7 自宅種目

リバースプッシュアップ（イス使用）

腕を後方に振った肩関節の伸展位で肘を伸ばす

腕を後方に振った肩関節の深い伸展位で肘を伸ばす種目。肩関節の伸展に働く上腕三頭筋の長頭を縮めた状態から強く収縮させる。自重による高負荷で外側頭・内側頭も一緒に鍛えられる。

Target

上腕三頭筋（全体）

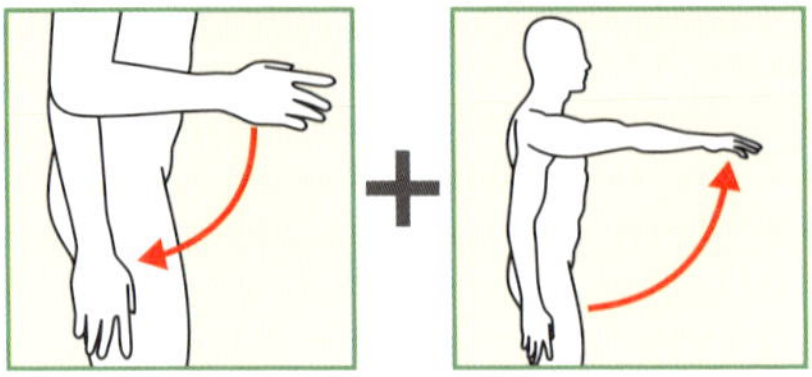

肘関節の伸展
肩関節の屈曲

肘を伸ばす肘関節伸展の動きと、腕を前方に振る肩関節屈曲の動きで上体を持ち上げるが、肩関節は屈曲してもポジションは伸展位であり長頭は収縮している。

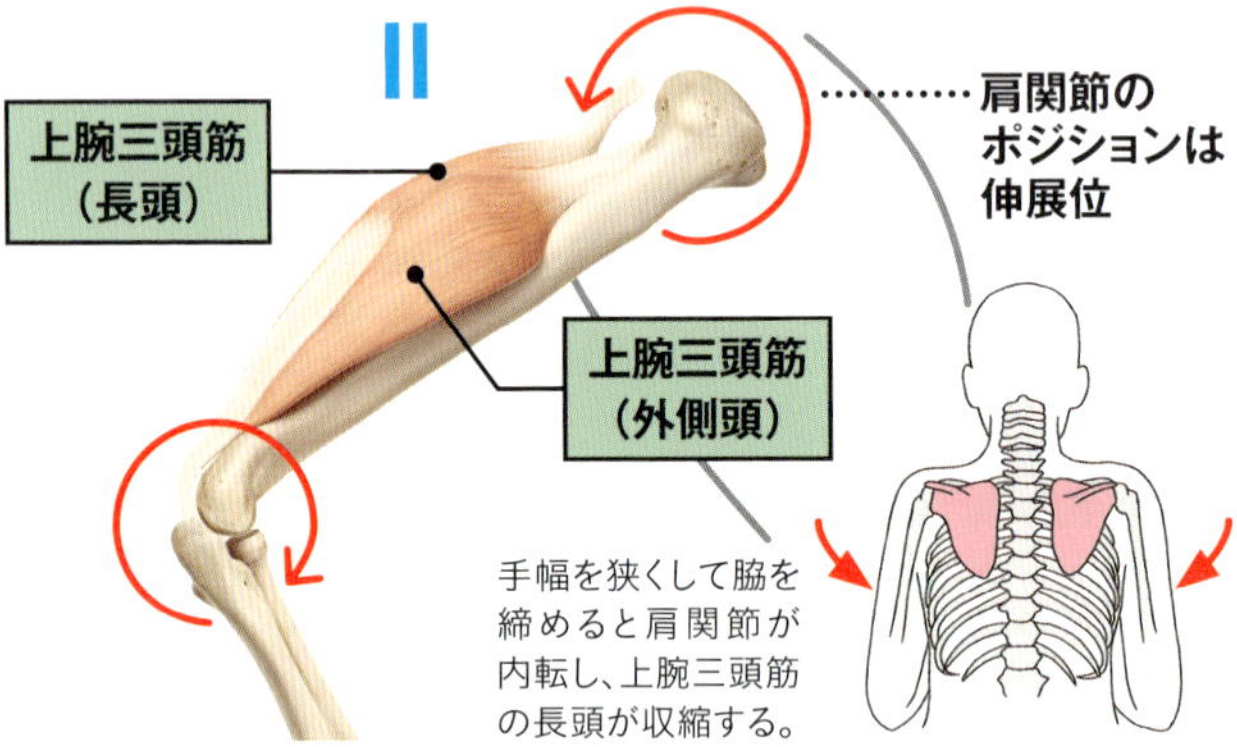

上腕三頭筋（長頭）
上腕三頭筋（外側頭）
肩関節のポジションは伸展位

手幅を狭くして脇を締めると肩関節が内転し、上腕三頭筋の長頭が収縮する。

リバースプッシュアップ（イス使用）の特長

腕を後方に振った肩関節の伸展位で上腕三頭筋に強い負荷をかけられる

挙上時はナローベンチプレスやナロープッシュアップと同じ関節動作となるが、肩関節を伸展したポジションのまま肘を伸ばすことで、上腕三頭筋に異なる刺激を与えることができる。

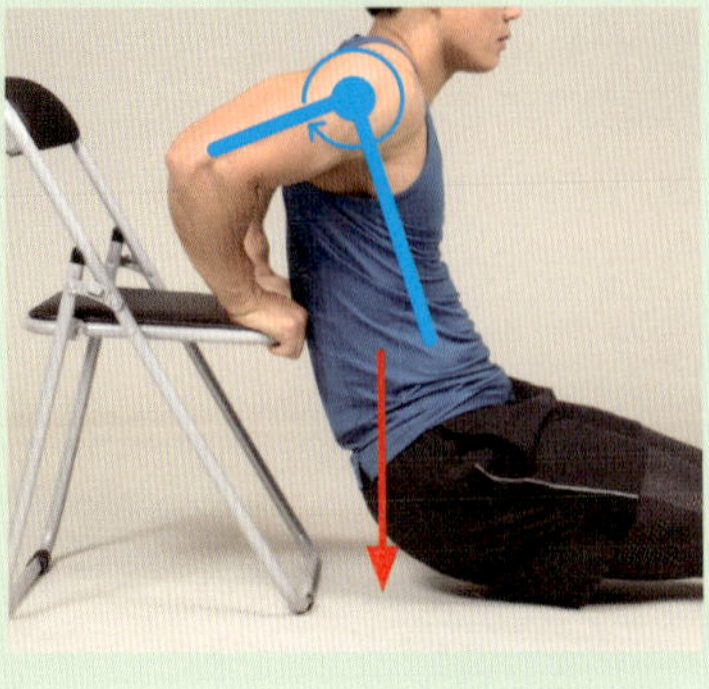

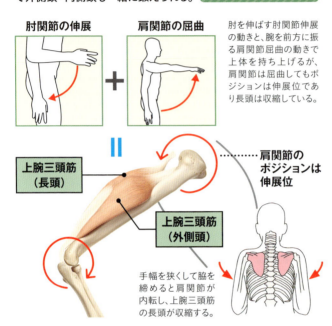

リバースプッシュアップ（イス使用） 基本フォーム

脇を締めて
上腕三頭筋の
収縮を高める
つま先を立てて
カカトをつく
座面の前縁を
両手でつかむ

1 イスに背中を向けて座面の前縁をつかみ、お尻を浮かして両脚を前方へ伸ばす。そこから胸を張って脇を締める。

肘は外側に開かず
脇を締めたまま
肘を曲げていく
足を遠くにつくほど
負荷が高くなる
お尻が床につく
ギリギリまで下げる

2 脇を締めたまま肘を曲げて上体を深く下ろす。そこから脇を締めて胸を張ったまま、肘を伸ばして上体を持ち上げ1の体勢へと戻る。

POINT 脇を締めたまま肘をしっかり伸ばす

脇を締めたまま肘を伸ばすことで上腕三頭筋の長頭が強く収縮する。二関節筋には2つの関節の連動で強く収縮させる刺激も効果的。

第3章 上腕後面を大きくする！

トライセプスキックバック

肘関節と肩関節の連動で上腕三頭筋の長頭を強く収縮

Target
上腕三頭筋（長頭）

上体を横にした肩関節の中間位で、肘を伸ばす肘関節屈曲の動きと、肘の位置が落ちないように固定する肩関節伸展の動きを連動させて、両方に働く上腕三頭筋の長頭を強く収縮させる種目。

肘関節の伸展

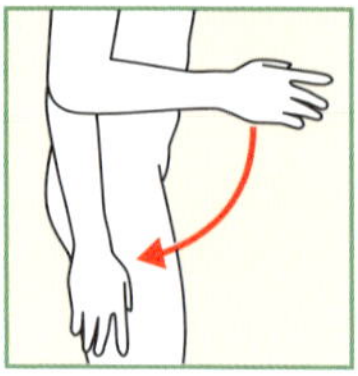

＋

肩関節の伸展

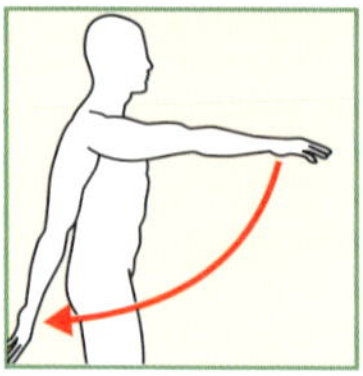

腕を後方に振る動きで肘が下がらないように支えながら、肘を伸ばしてダンベルを引き上げ、二関節筋の長頭を中心に強く収縮させる。

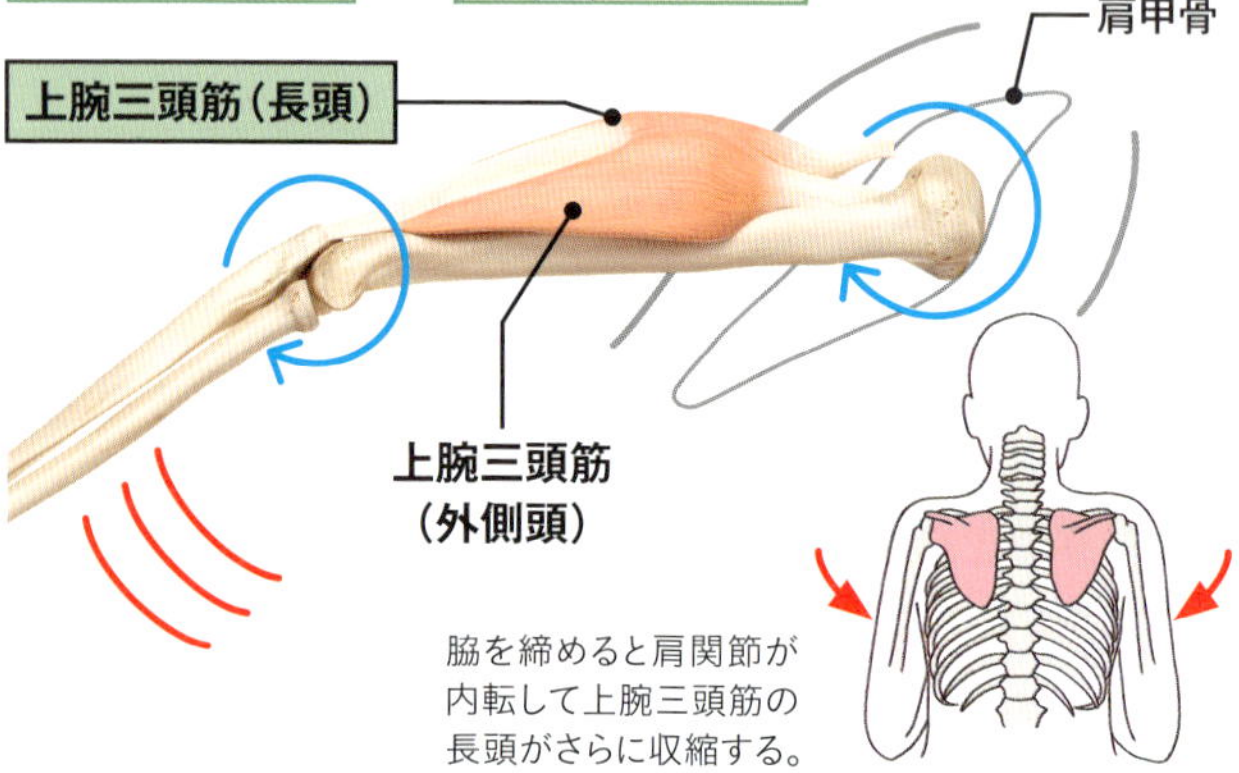

脇を締めると肩関節が内転して上腕三頭筋の長頭がさらに収縮する。

トライセプスキックバックの**特長**

上体を倒して横にすることで腕を固定する動きに負荷がかかる

腕は前方や後方へ持ち上げないと腕を支える動きの負荷は生まれないが、上体を倒して横にすることで、腕を下ろした肩関節の中間位でも腕や肘の位置を固定する動きに負荷がかかる。

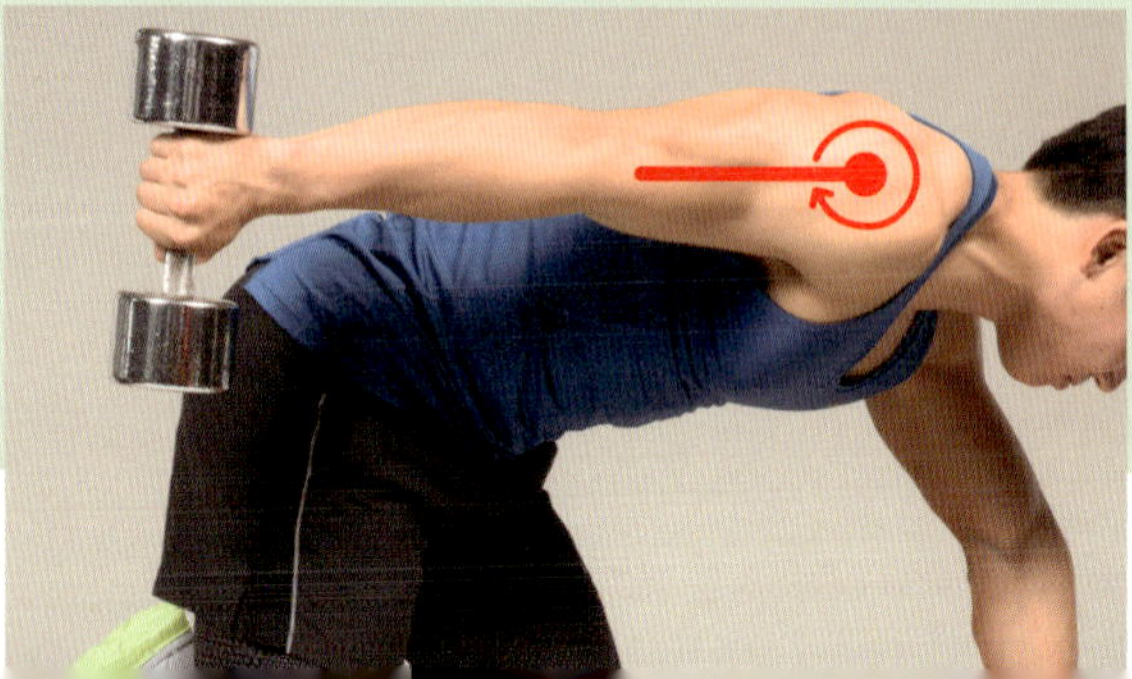

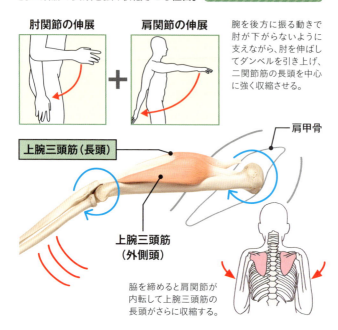

トライセプスキックバック 基本フォーム

肘を引き上げて
上腕部を水平に
両肩の高さを
左右同じにする
空いている手で
上体を安定させる
肘を90度に曲げ
前腕部を垂直にする

1 ベンチに片脚の膝下部分を乗せて上体を前傾する。そこからダンベルを持った腕側の脇を締め、上腕部が水平になる高さまで肘を引く。

肘の位置を固定して
肘を伸ばしていく
両肩の高さを
左右同じに保つ
脇を締めて
肘を伸ばす

2 脇を締めて肘の位置を固定したまま、肘を伸ばしてダンベルを後方へ引き上げる。そこから力を抜かずに肘を曲げて1の体勢に戻る。

バリエーション

トライセプスキックバックの肩稼働バージョン

肘を伸ばしながら、肩関節が伸展位になるまで腕を後方へ振ると上腕三頭筋の長頭が最も強く収縮する。高強度の収縮種目にするバリエーション。

上腕後面トレ9

ジム&自宅種目

フレンチプレス

上腕三頭筋の長頭を強く伸ばした状態で刺激

Target

上腕三頭筋（長頭）

両腕を頭上へ振り上げた肩関節の深い屈曲位で肘を伸ばす種目。二関節筋で肩関節伸展の動きと肘関節伸展の動きに働く上腕三頭筋の長頭を強く伸ばした状態で刺激するストレッチ種目。

肘関節の伸展

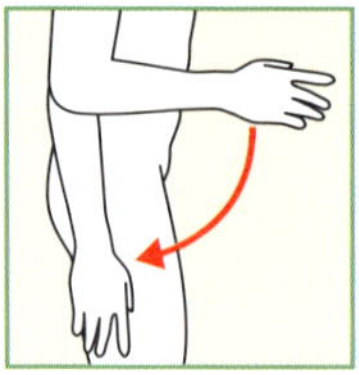

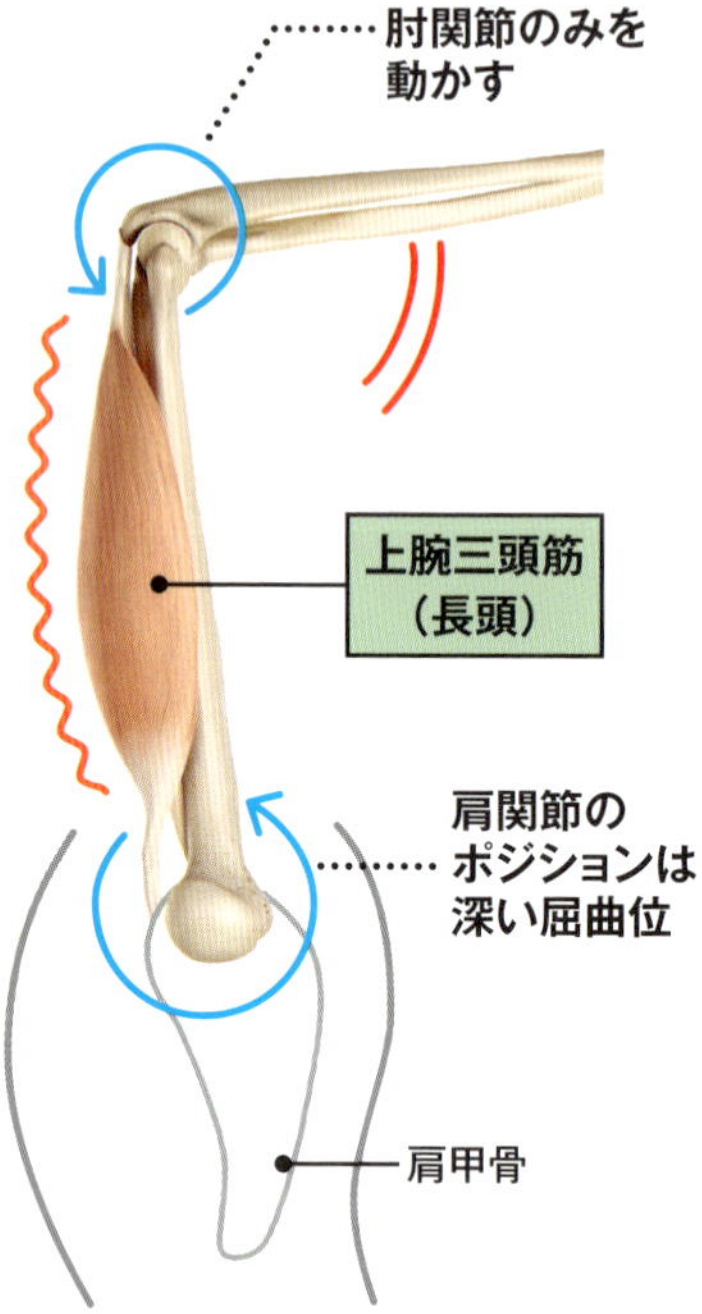
肘関節のみを動かす
上腕三頭筋（長頭）
肩関節のポジションは深い屈曲位
肩甲骨

両腕を頭上まで大きく振り上げた肩関節屈曲位から肘を深く曲げることで、肩関節伸展と肘関節伸展の動きに働く上腕三頭筋の長頭を両端から強くストレッチする。そこから肘を伸ばす動きだけでダンベルを高く持ち上げ、長頭を中心に収縮させていく。

フレンチプレスの特長

二関節筋である上腕三頭筋の長頭をフルストレッチの状態で刺激する

腕を大きく頭上へ振り上げた肩関節の深い屈曲位は、肩の力を使わずにダンベルの重さで体勢をキープする。ダンベルの重さによって腕が引き下げられ、肩関節と肘関節が同時に屈曲するため上腕三頭筋の長頭が伸ばされる。

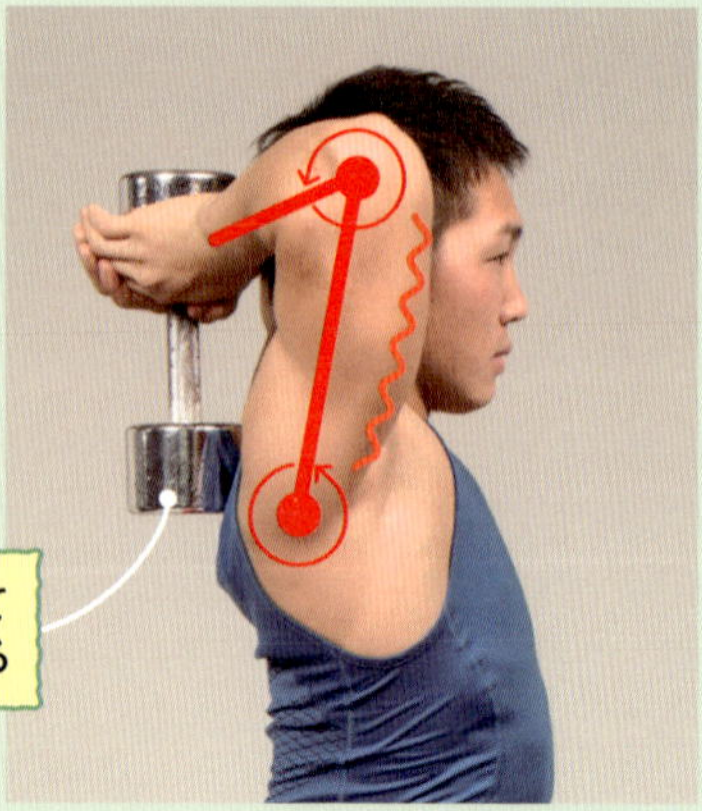

ダンベルの重さを使って肩関節を深く屈曲させる

ダンベルの
重さを利用して
肘を深く曲げる
肘の高さを
固定して
肘を動かす
肩から肘を
高く上げる
背すじを
伸ばす

2 背すじを伸ばしたまま肘を深く曲げてダンベルを下げる。そこから肘の位置を固定して肘を伸ばし1に戻る。

1 ベンチに座り、両手でダンベルを持って背すじを伸ばす。そこから腕を頭上で伸ばしダンベルを持ち上げる。

POINT
両手の人差し指と親指で輪を作ってダンベルを持つ

ダンベルは左右の手でグリップを挟み込むようにプレート部分の内側を持つ。左右の人差し指同士と親指同士を重ねて輪を作って挟む。

フレンチプレス　基本フォーム❷　横

フレンチプレスのフォームで重要となるのは、肘を高い位置で固定したまま肘の曲げ伸ばしを行なうこと。横から見たフォームで肘の高さを確認しよう。

肘を頭上へ
高く上げる
背すじを伸ばし
上体が後ろへ
倒れないように
安定させる
KEISER

肘を高い位置で
固定したまま
肘を深く曲げる
上腕三頭筋が
両端から強く
伸ばされる
KEISER

1 ベンチに座り、両手でダンベルを持って背すじを伸ばす。そこから腕を頭上で伸ばしダンベルを持ち上げる。

2 背すじを伸ばしたまま肘を深く曲げてダンベルを下げる。そこから肘を高い位置で固定したまま肘を伸ばす。

自宅でTRY　軽いダンベルしかなければ片手でトライセプスエクステンション

自宅で行なう場合、軽いダンベルしかなければ片手でダンベルを持って行なえば良い。負荷は下がるもののフレンチプレスより肘を深く曲げられるため、上腕三頭筋の長頭を強く伸ばせる。

第4章

胸板をぶ厚くする！

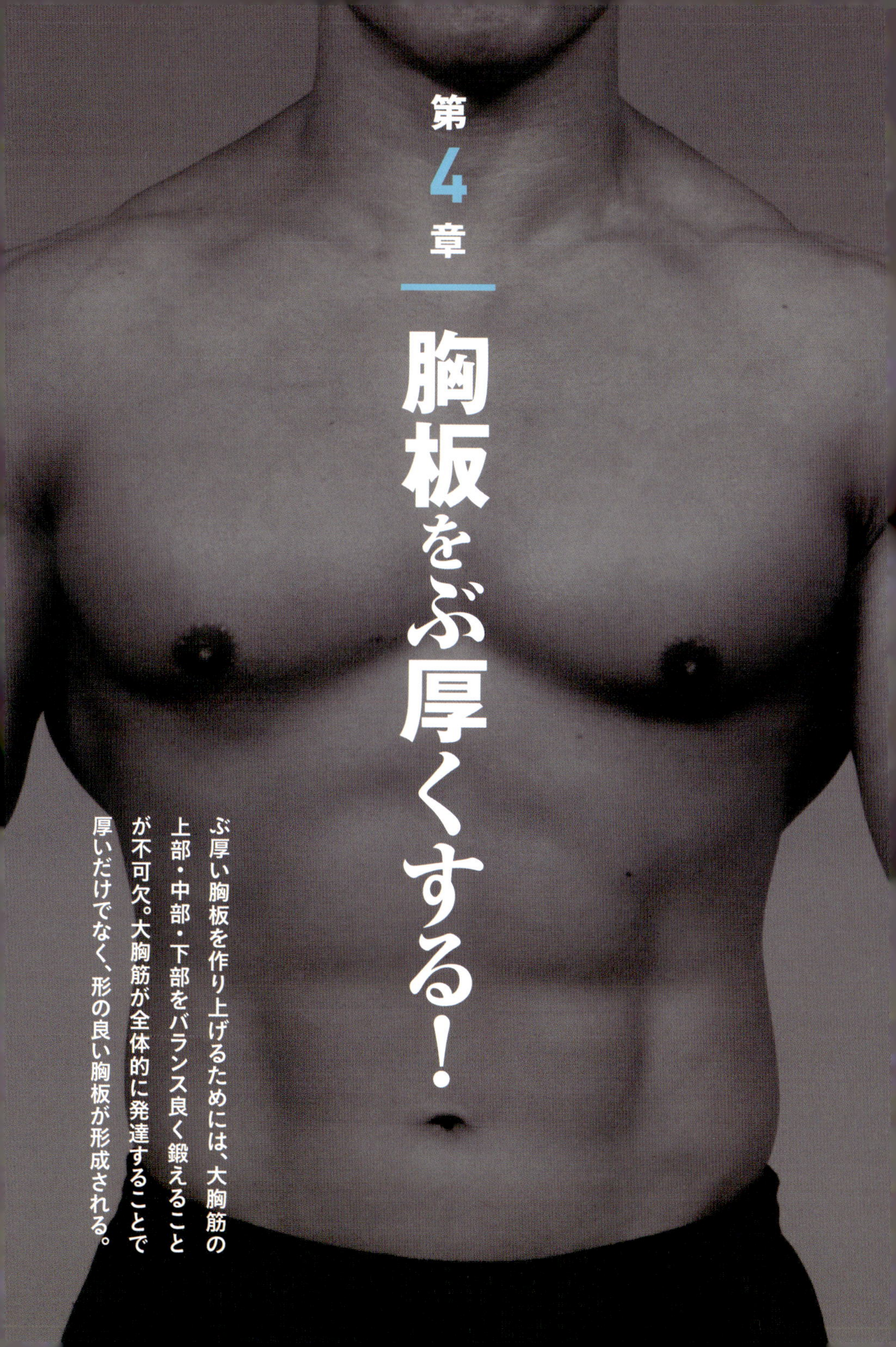

ぶ厚い胸板を作り上げるためには、大胸筋の上部・中部・下部をバランス良く鍛えることが不可欠。大胸筋が全体的に発達することで厚いだけでなく、形の良い胸板が形成される。

大胸筋中部

筋肉を左右に引き伸ばす

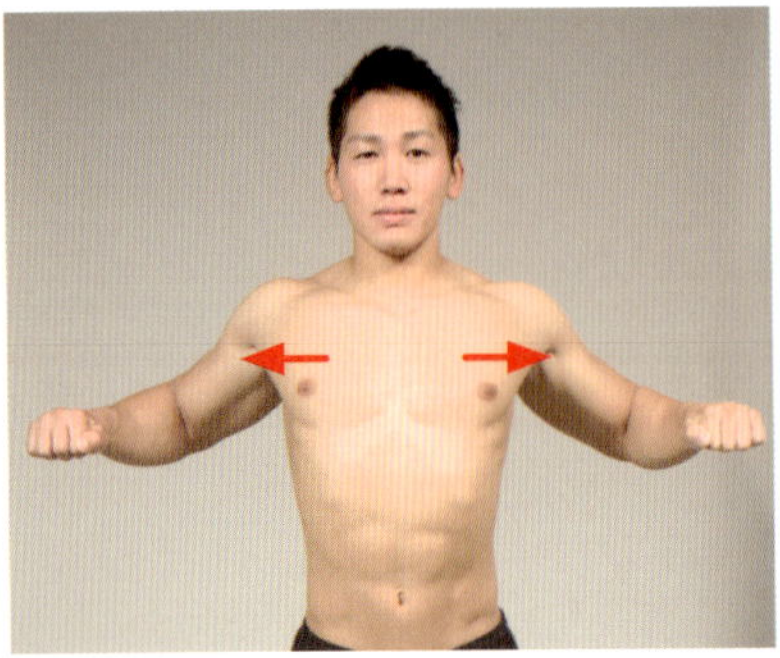

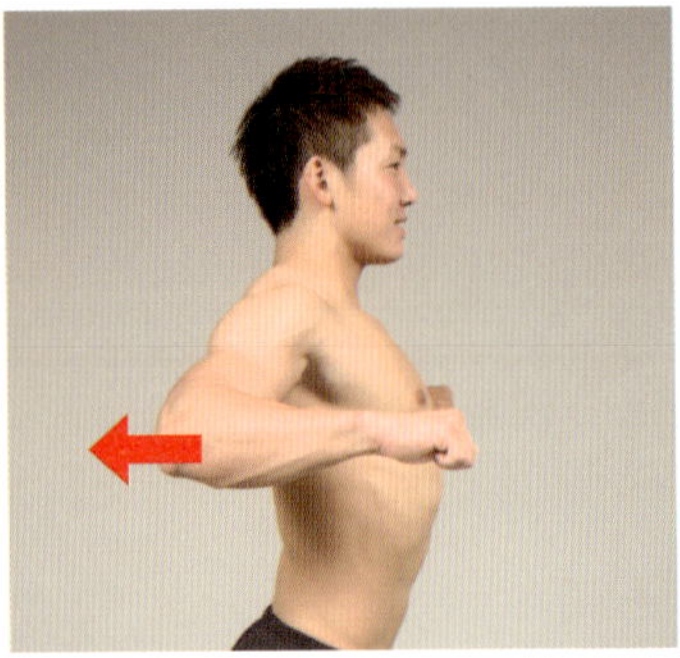

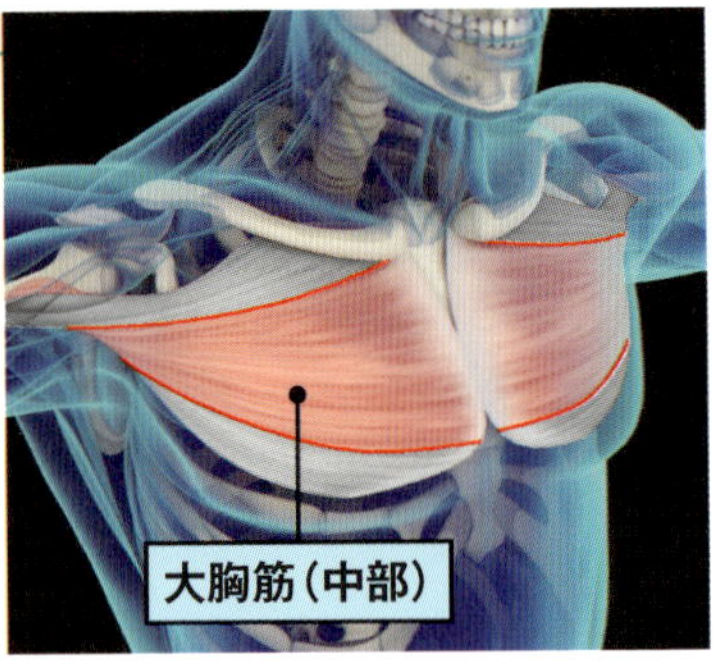

大胸筋は「上部」「中部」「下部」の線線維を異なる動きで伸展・収縮させる。大胸筋の中心である中部は、両肘を水平外転して後方へ引く動きで伸ばす。

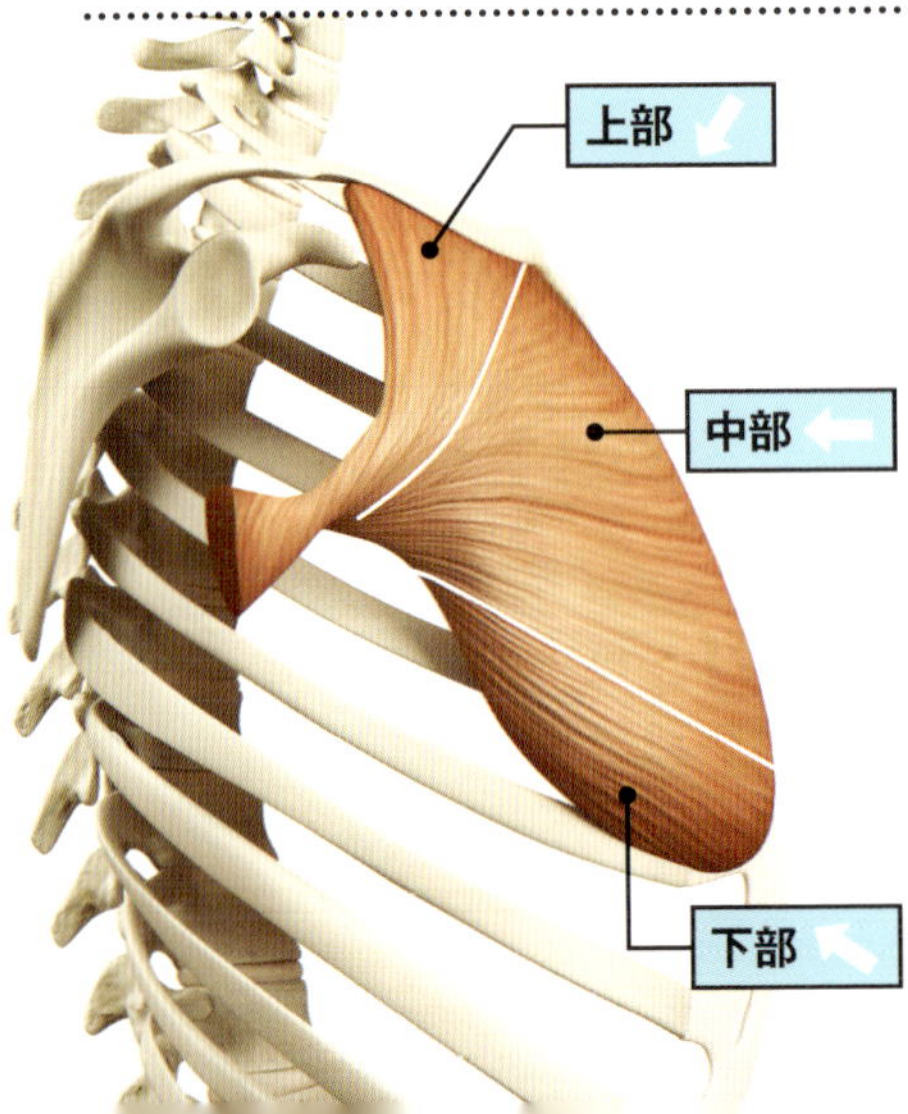

大胸筋の筋線維方向

上部	「上部」は斜め上方向への肩関節水平内転の主働筋。上部にボリュームがあると胸板全体に厚みが出る。
中部	「中部」は大胸筋の中心であり、腕を水平面で内側へ振る肩関節水平内転の主働筋。ここを中心に鍛える。
下部	「下部」は斜め下方向への肩関節水平内転の主働筋。最も厚くなる部分で中部と一緒にある程度鍛えられる。

大胸筋下部

斜め上方向に伸ばす

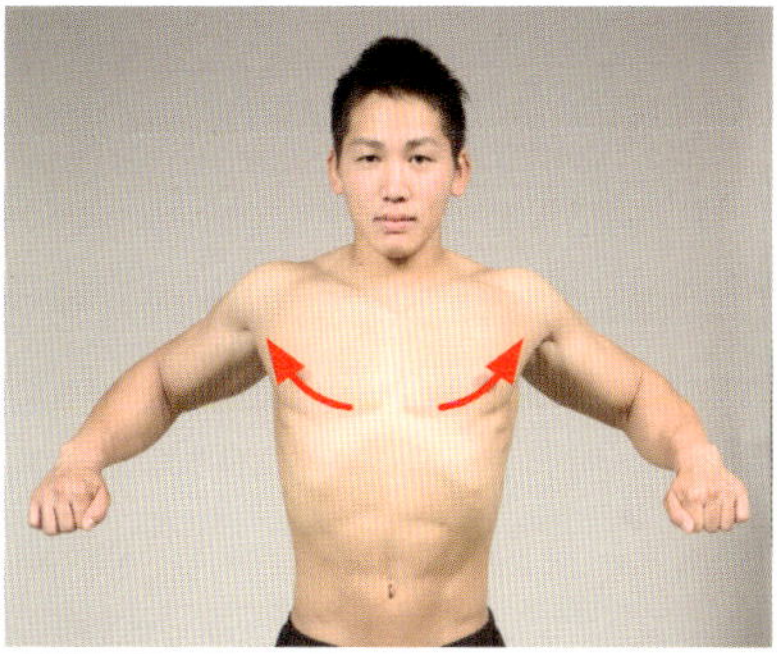

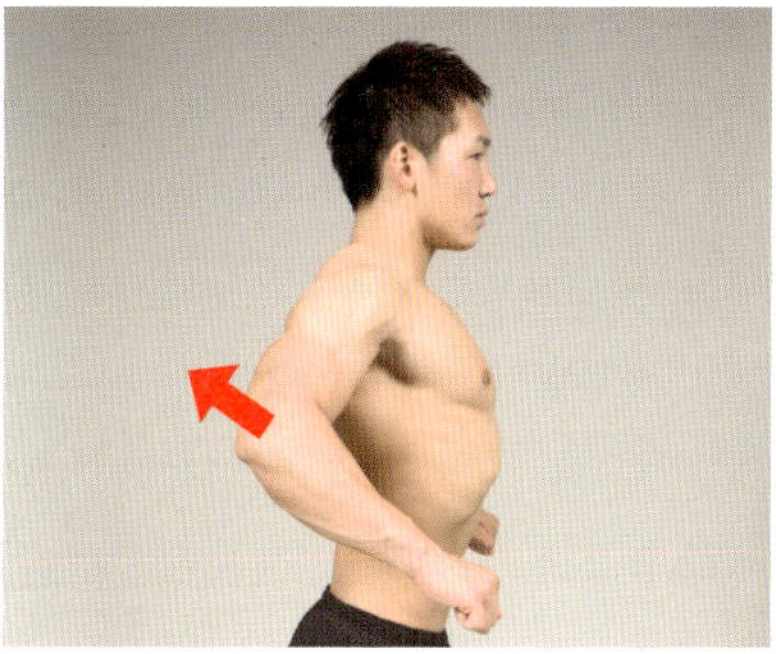

大胸筋の下部は、両肘を斜め上方向へ水平外転して引き上げる動きで伸ばす。

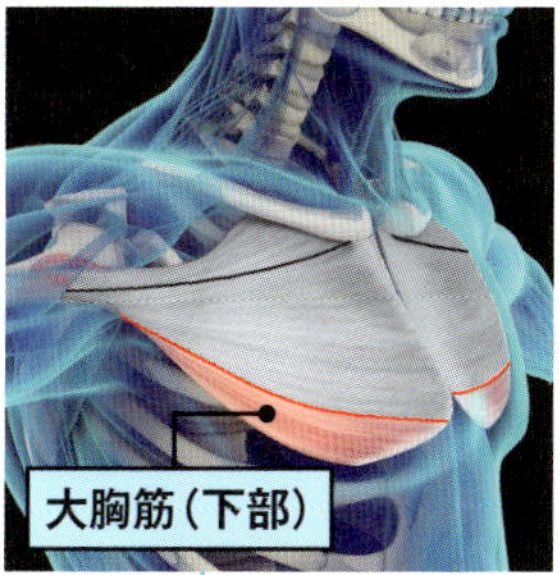

大胸筋上部

斜め下方向に伸ばす

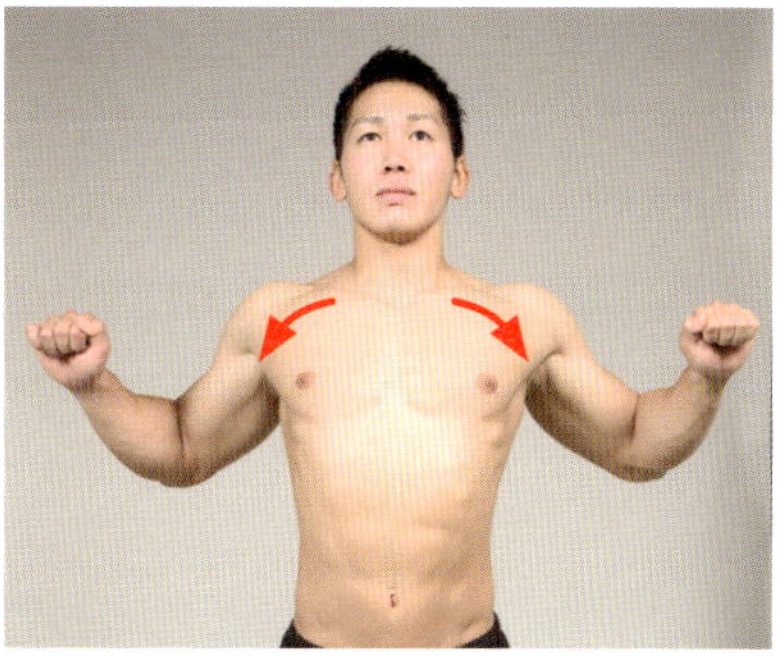

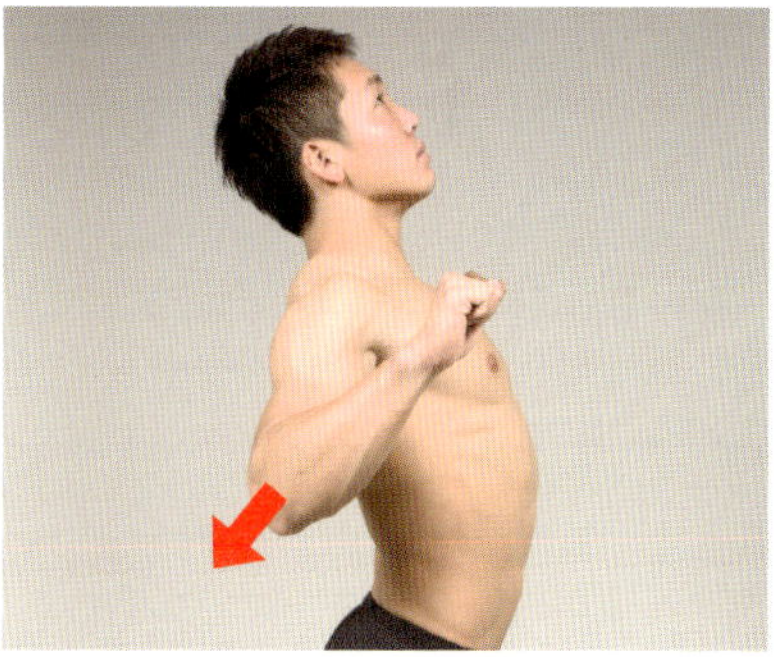

大胸筋の上部は、両肘を斜め下方向へ水平外転して引き下げる動きで伸ばす。

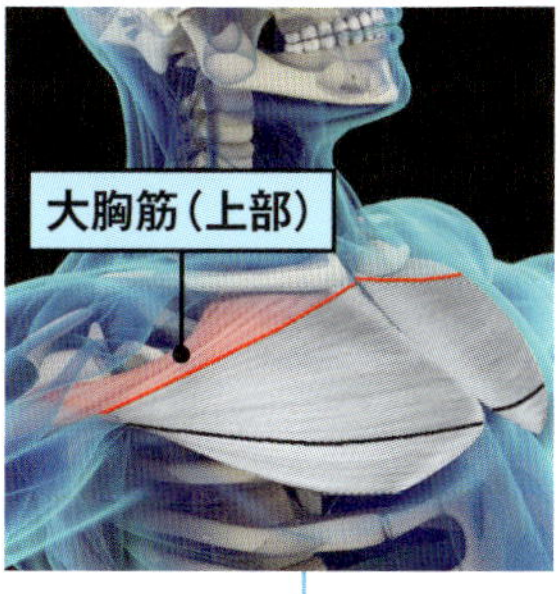

大胸筋プログラム ジム編

大胸筋の上部、中部、下部を鍛え分ける

ジム編のプログラムは、大胸筋トレーニングの代表種目であるベンチプレスに、ダンベル種目と自重種目をプラス。種目ごとに上体を前傾および後傾させることによって肩関節水平内転の軌道を変え、大胸筋の上部、中部、下部を鍛え分ける。

ベンチプレスで高重量を扱うため、大胸筋のトレーニングは疲労回復期間をしっかり取って週1回ペースで行なうのが一般的。週2回実施する場合は、メ

メインプログラム

ベンチプレスは大胸筋の中部だけでなく下部もある程度動員される種目であるため、可能であれば3セットではなく4〜5セット実施する。4〜5セット目をブリッジするフォームにして途中から大胸筋下部狙いに切り換える方法も有効。インクラインダンベルプレスはより高重量が扱えるスミスマシンを使ったインクラインベンチプレスに代えても良い。

	種目	ターゲット
1	**ベンチプレス** ➡P.118	大胸筋（中部）
2	**インクラインダンベルプレス** ➡P.122	大胸筋（上部）
3	**ダンベルフライ（大胸筋下部狙い）** ➡P.128	大胸筋（下部および外側）
4	**インクラインダンベルプレス** ➡P.122	大胸筋（上部）
5	**ディップス** ➡P.132	大胸筋（下部および外側）

※各種目の負荷および回数は、基本的に8〜10回の反復が限界となる負荷に設定。
セット数は各種目3セットを目安に（※ベンチプレスは可能なら4〜5セット）。

大胸筋(上部)プログラム

インクラインプレス系2種目の組み合わせ。このプログラムを実施する場合はメインプログラムからインクラインダンベルプレスを外して良い。インクラインベンチプレスは高重量を扱えるスミスマシンで行なう。

	種目	ターゲット
1	**インクラインベンチプレス** ➡P.125	大胸筋(上部)
2	**インクラインダンベルプレス** ➡P.122	大胸筋(上部)

※各種目の負荷および回数は、基本的に8〜10回の反復が限界となる負荷に設定。種目数が少ないため、セット数は各種目4〜5セットを目安に。

インプログラムから大胸筋上部のインクライン系種目を外し、別日に行なう方法もある。

大胸筋上部の種目を別日に行なう場合、メインプログラムのベンチプレスは4〜5セット実施しよう。

インクラインダンベルプレスはバーベルで行なう場合より大胸筋上部のストレッチが強くなる。

ショートプログラム

大胸筋の上部・中部・下部をそれぞれターゲットとする3種目のプログラム。インクラインダンベルプレスは好みやその日の気分によりスミスマシンで行なうインクラインベンチプレスに代えても良い。

	種目	ターゲット
1	**ベンチプレス** ➡P.118	大胸筋(中部)
2	**ダンベルフライ(大胸筋下部狙い)** ➡P.128	大胸筋(下部および外側)
3	**インクラインダンベルプレス** ➡P.122	大胸筋(上部)

※各種目の負荷および回数は、基本的に8〜10回の反復が限界となる負荷に設定。セット数は各種目3セットを目安に(※ベンチプレスは可能なら4〜5セット)。

スミスマシンを使うインクラインベンチプレスは安全に高重量を扱えるため筋トレ初心者にも最適といえる。

大胸筋トレ1 ジム種目

ベンチプレス

高重量で大胸筋の中部を追い込む

大胸筋強化の王道種目。肘を水平面で後方に引く肩関節水平外転の動きで大胸筋の中部を強烈にストレッチしてから筋肉を収縮させる。高重量を扱うことで下部もある程度一緒に鍛えられる。

Target

大胸筋（中部）

肩関節の水平内転

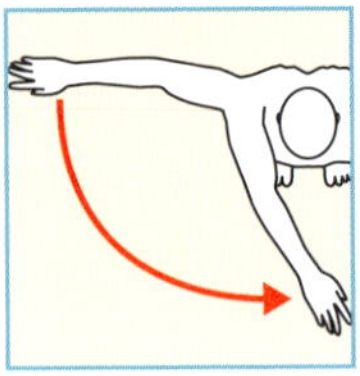

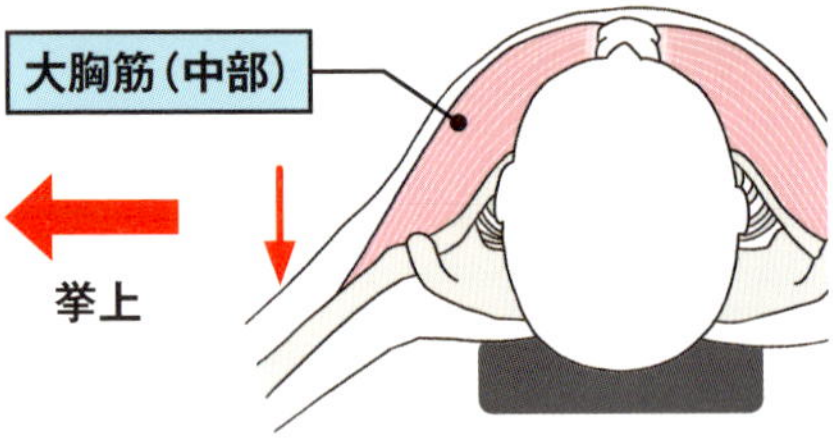

肘を水平面で後方に引いて大胸筋中部を強く伸ばした状態から、肩関節水平内転の動きでバーベルを挙上する。

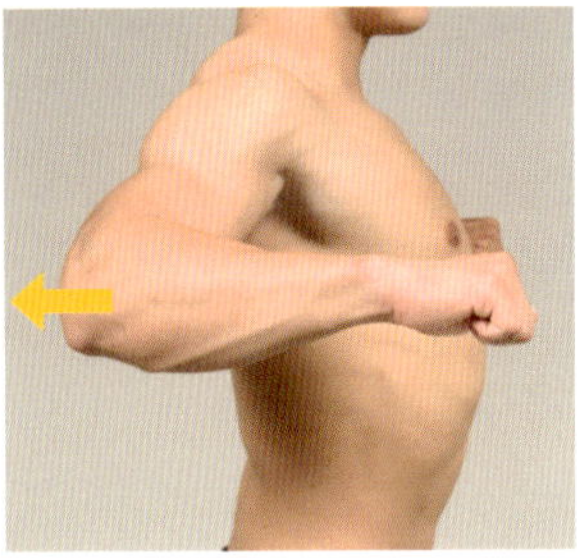

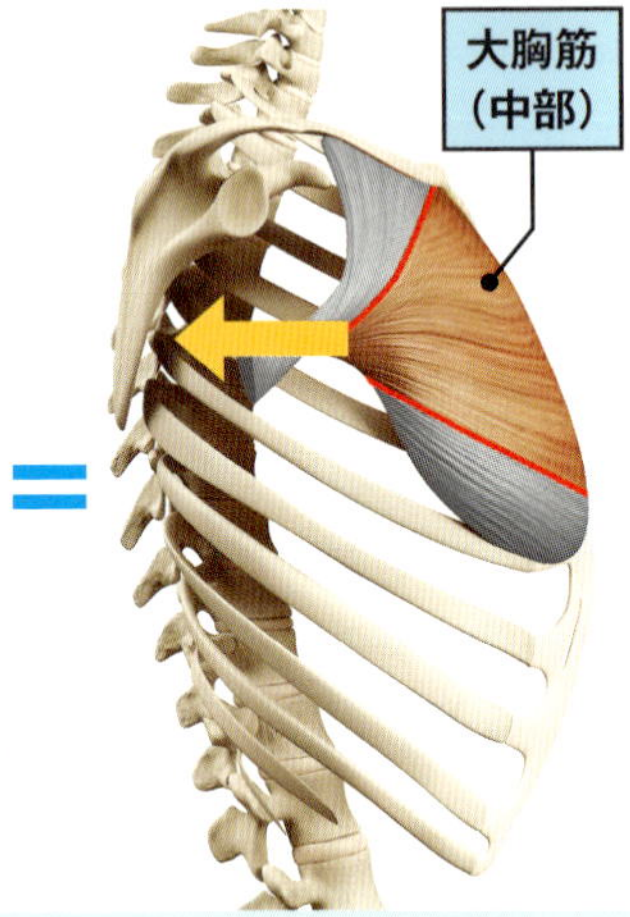

ベンチプレスの特長

乳頭付近にバーを下ろして大胸筋の中部をストレッチする

広い手幅で握ったバーを下ろすことにより、肘が肩関節水平外転の動きで後方に振られて大胸筋がストレッチされる。バーは乳頭付近に下ろすと大胸筋の中部が伸びる。ベンチプレスは大胸筋に力を入れたまま伸ばすことが最も重要となる。

ベンチプレス 基本フォーム❶ 斜め横

1

スタートポジションから肩甲骨を寄せて胸を張ったまま、肘を深く引いてバーベルを下ろす。体にバーが軽く触れるぐらいまで下ろしていく。

乳頭付近に
バーを下ろす
前腕部を垂直に
下ろしていく

肘が伸びきる
直前まで挙げる
肩甲骨を寄せて
胸を張ったまま
バーを挙上する

スタートポジション

広い手幅でバーを握る。肩甲骨を寄せて胸を張り、バーをラックから外して肩の上方へ持ち上げる。

&

2

肩甲骨を寄せて胸を張ったまま、腕を前方に振ってバーベルを挙上し、大胸筋中部を収縮させる。この時にお尻が浮かないように注意。

POINT 前腕部の延長線上にバーを乗せるように握る

バーベルのバーは、前腕部の延長線上となる部分にバーを乗せるようにして握る。握った時に手首が返っていると手首を痛めるので注意。

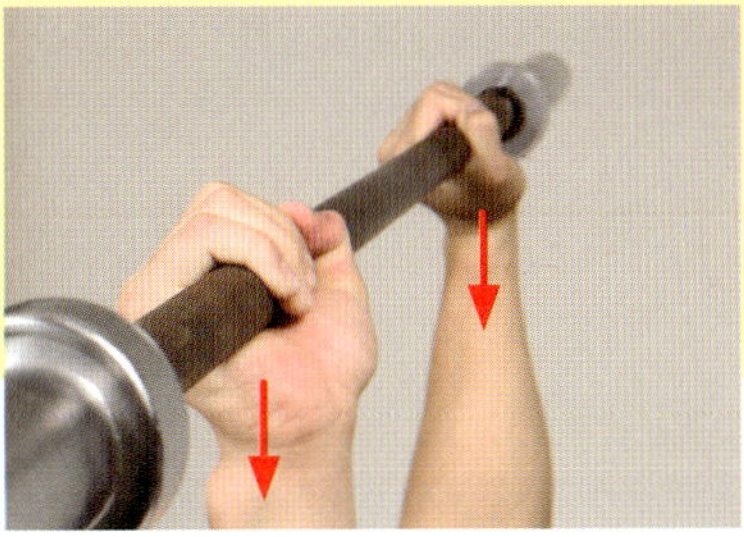

ベンチプレス 基本フォーム❷ 頭上

ベンチプレスで重要となるのは、肩甲骨を寄せてしっかり胸を張ったまま動作すること。頭上から見たフォームで胸を張ったままバーベルを挙上する動きを確認しよう。

前腕部が垂直になる
手幅でバーを握る
肩甲骨を寄せ
胸を張って
バーを下ろす
肘が伸びきる
直前まで挙げる
肩甲骨を寄せて
胸を張ったまま
バーを挙上する

1 スタートポジションから肩甲骨を寄せて胸を張ったまま、肘を深く引いてバーベルを下ろす。バーを握る手幅は肘を引いた時に前腕部が垂直となる手幅が目安。

スタートポジション
広い手幅でバーを握る。肩甲骨を寄せて胸を張り、バーをラックから外して持ち上げる。

&

2 肩甲骨を寄せてしっかり胸を張ったまま、腕を前方に振ってバーベルを挙上し、大胸筋中部を収縮させる。

NG 肩甲骨が開いて胸を張れていない

肩甲骨を寄せて胸を張らないと大胸筋に負荷がかからない。バーをラックから外す前に、必ず肩甲骨を寄せて胸を張った状態を作る。

ベンチプレス 基本フォーム❸ 横

大胸筋の中部に効かせるためには、バーを下ろす位置や挙げる軌道も重要。横から見たフォームでバーベルを挙上する時のバーの軌道を確認しよう。

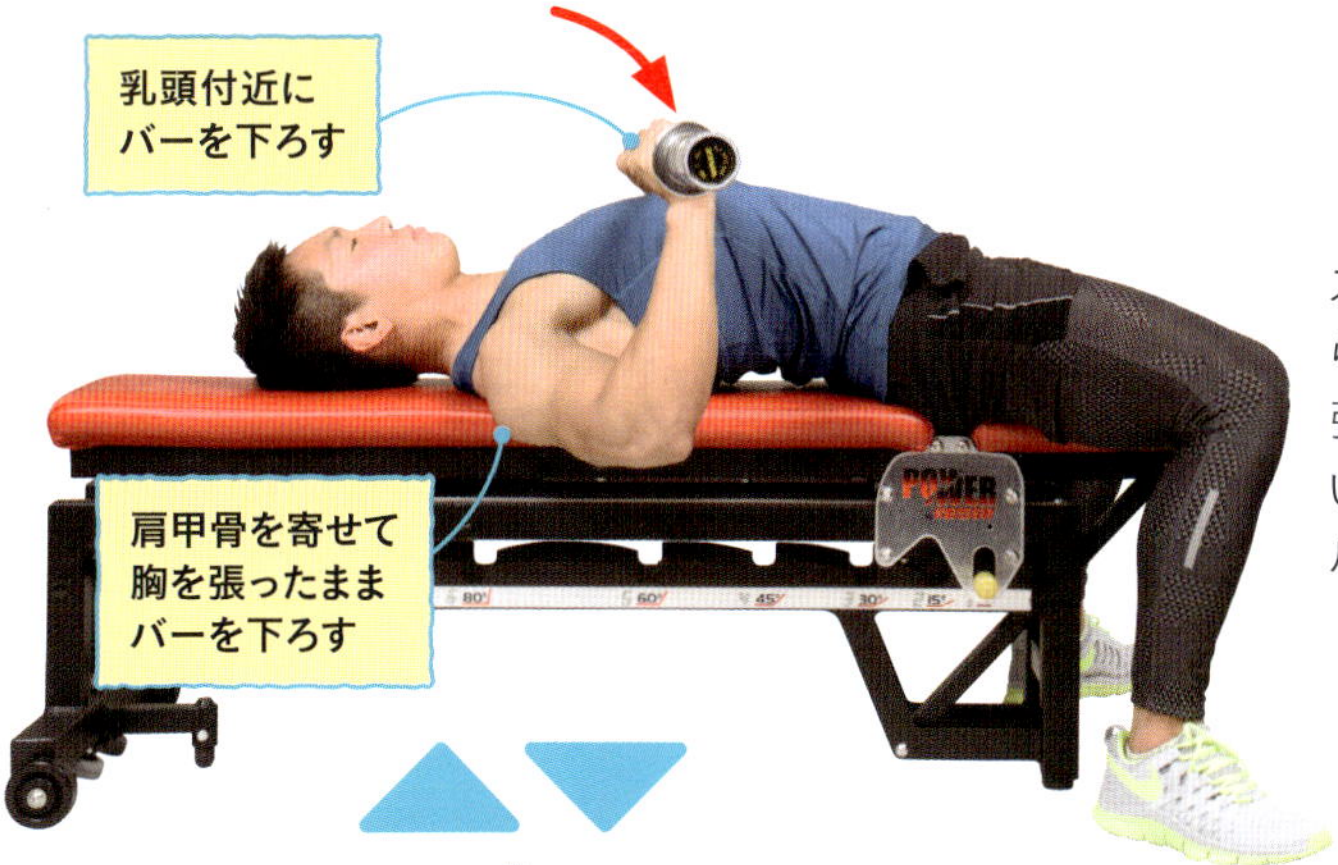
乳頭付近に
バーを下ろす
肩甲骨を寄せて
胸を張ったまま
バーを下ろす

1

スタートポジションから肩甲骨を寄せて胸を張ったまま、肘を深く引いて乳頭付近にバーベルを下ろしていく。

肩の上方に
バーを挙げる
肩甲骨を寄せて
胸を張ったまま
バーを挙上する
お尻を浮かさずに
バーを挙げていく

2

肩甲骨を寄せて胸を張ったまま、バーベルを両肩の上方へ挙上し、大胸筋中部をしっかり収縮させる。バーは真上ではなく少し頭上側へ上げる動きになる。

&

スタートポジション

広い手幅でバーを握る。そこから肩甲骨を寄せて胸を張り、バーをラックから外して持ち上げる。

NG 挙上時にお尻が浮いて大胸筋の中部に効かない

挙上時にお尻が浮くと大胸筋の中部ではなく、大胸筋の下部に効く動きになる。最後の力を絞り出す場合や下部を狙う場合はOK。

大胸筋トレ❷ ジム種目

インクラインダンベルプレス

上体を後傾させて大胸筋上部を強く伸ばす

Target

大胸筋（上部）

大胸筋の上部を鍛えるダンベルプレス。上体を後傾させることで斜め下方向へ肘を引く動きになるため、大胸筋の上部がストレッチされる。挙上動作も斜め上方向への肩関節水平内転になる。

肩関節の水平内転（斜め上方向）

上体を後傾させることによって、腕（肘）を水平面で後方に振る肩関節水平外転動作の方向を変える。大胸筋の上部は、肘を斜め下方向へ引く動きでストレッチされ、斜め上方向へ振る動きで収縮する。

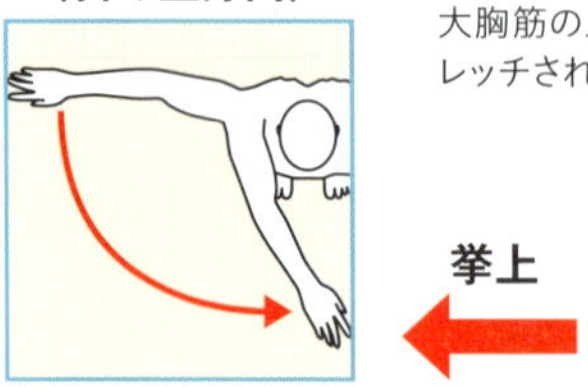

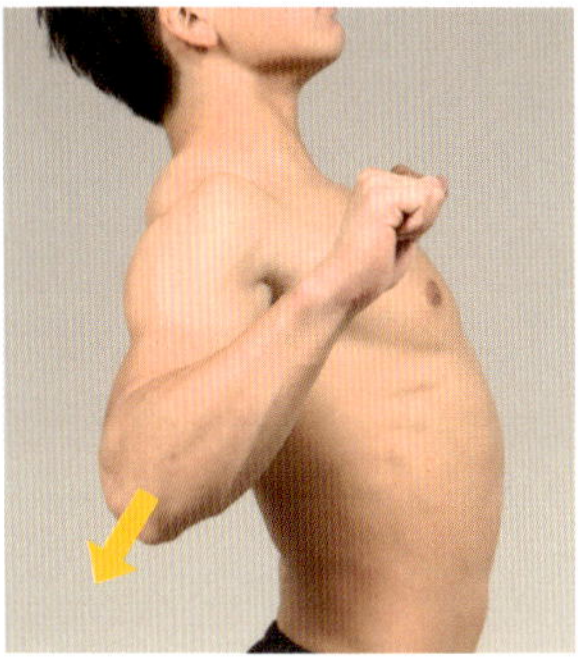

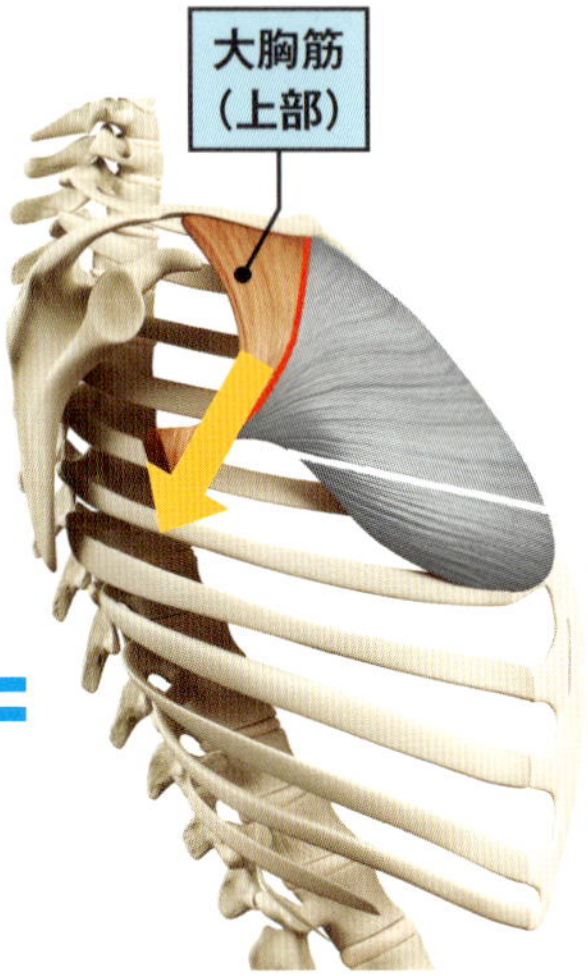

インクラインダンベルプレスの特長

上体を45度に後傾させて大胸筋上部を伸ばす

ベンチの背もたれを45度にセットして、上体を後傾させた体勢で固定する。上体を後傾させた状態で肘を引くと、斜め下方向へ肘を引く動きになるため、大胸筋の上部が伸びる。

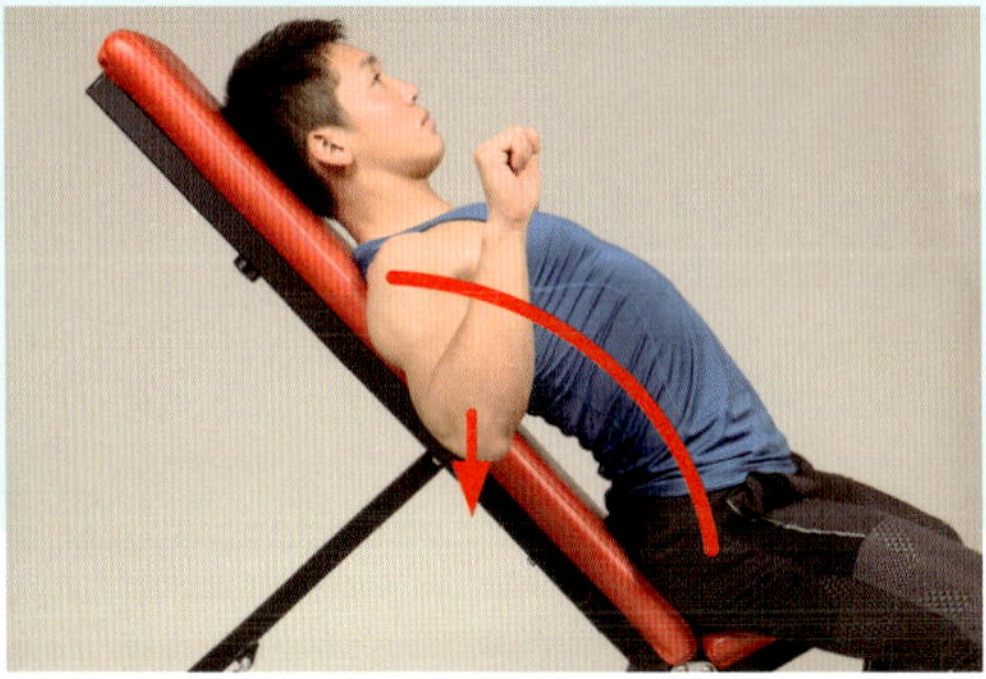

インクラインダンベルプレス　基本フォーム❶　正面

1 スタートポジションから肩甲骨を寄せて胸を張ったまま、弧を描くように肘を深く引いてダンベルを下ろす。

弧を描きながら
ダンベルを深く下ろす
ダンベルを
下ろす時に
肘を深く
曲げない
POWER LIFT
NSS

弧を描くように
ダンベルを挙上する
肘が伸びきる
直前まで挙上
肩甲骨を寄せて
胸を張ったまま
ダンベルを挙上
POWER LIFT
NSS

スタートポジション
手の平を前方に向けてしっかり胸を張りダンベルを両肩の上方へ持ち上げる。

&

2 肩甲骨を寄せて胸を張ったまま、弧を描いて左右のダンベルの間隔を狭めながら両肩の上方へダンベルを上げる。

NG 挙上時にお尻が浮き上がり大胸筋の上部に効かない

挙上する時にお尻が浮き上がると、上体が後傾した状態からフラットな状態となるため、大胸筋の上部ではなく中部が収縮する動きになる。

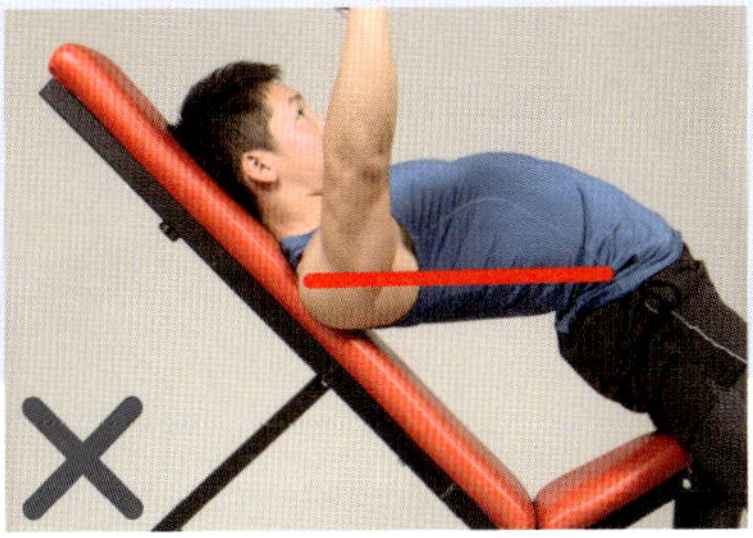

インクラインダンベルプレス 基本フォーム❷ 横

インクラインダンベルプレスは上体を後傾して行なうため、肘を真下に引けば大胸筋の上部が伸ばされる。横から見たフォームで肘の軌道を確認しよう。

1 スタートポジションから肩甲骨を寄せて胸を張ったまま、肘を真下に引いてダンベルを下ろす。横から見ると前腕部を垂直に上げ下げする動き。

肩甲骨を寄せて
胸を張ったまま
ダンベルを下ろす
肘を真下に引き
大胸筋の上部を
ストレッチする

ダンベルを肩の
上方に挙げる
肩甲骨を寄せて
胸を張ったまま
ダンベルを挙げる

スタートポジション

肩甲骨を寄せて胸を張り、手の平を前方に向けてダンベルを両肩の上方へ持ち上げる。

&

2 肩甲骨を寄せて胸を張ったまま、弧を描いて左右のダンベルの間隔を狭めながら両肩の上方へダンベルを持ち上げ、大胸筋の上部をしっかり収縮させる。

NG ダンベルを下ろす時に肘が曲がりすぎる

肘は曲げすぎないように注意。肘を下ろした時に前腕部が垂直かやや外側へ開いた状態にならないと大胸筋上部への負荷が下がる。

バリエーション インクラインベンチプレス

バーベルを使うバリエーション。大胸筋上部のストレッチは少し弱くなるものの高重量で追い込める。基本的には高重量を扱いやすいスミスマシンで行なう。

1 スタートポジションから肩甲骨を寄せて胸を張ったまま、肘を真下に引いてバーベルを胸の上部に下ろす。

乳頭より上の位置にバーを下ろしていく
前腕部が垂直になる手幅でバーを握る
肩甲骨を寄せて胸を張ったままバーを下ろす

バーベルを肩の上方に挙げる
肘が伸びきる直前まで挙げる
肩甲骨を寄せて胸を張ったままバーを挙上する

2 肩甲骨を寄せて胸を張ったまま、腕を真上に振り上げてバーベルを両肩の上方へ挙上し、大胸筋上部をしっかり収縮させる。

&

スタートポジション

広い手幅でバーを握る。肩甲骨を寄せて胸を張り、バーをラックから外して持ち上げる。

POINT 乳頭より5cm程度上の位置にバーを下ろす

乳頭より5cm程度上にバーを下ろすのが目安。ただし個人差があるので乳頭上部から鎖骨の間で大胸筋上部の伸びを感じる位置を見つけよう。

大胸筋トレ③ ジム種目

デクラインベンチプレス

腰の位置を高くして大胸筋下部を強く伸ばす

Target

大胸筋（下部）

大胸筋の下部を鍛えるベンチプレス。腰の位置を高くすることで斜め上方向へ肘を引く動きになるため、大胸筋の下部がストレッチされる。挙上動作も斜め下方向への肩関節水平内転になる。

肩関節の水平内転（斜め下方向）

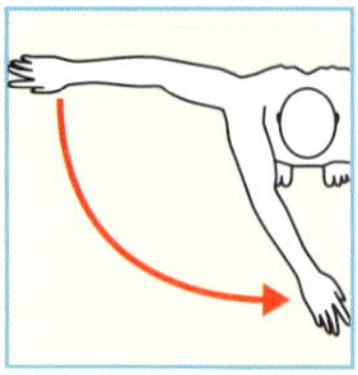

頭より腰の位置を高くすることで、腕（肘）を水平面で後方に振る肩関節水平外転動作の方向を変える。大胸筋の下部は、肘を斜め上方向へ引く動きでストレッチされ、斜め下方向へ振る動きで収縮する。

挙上

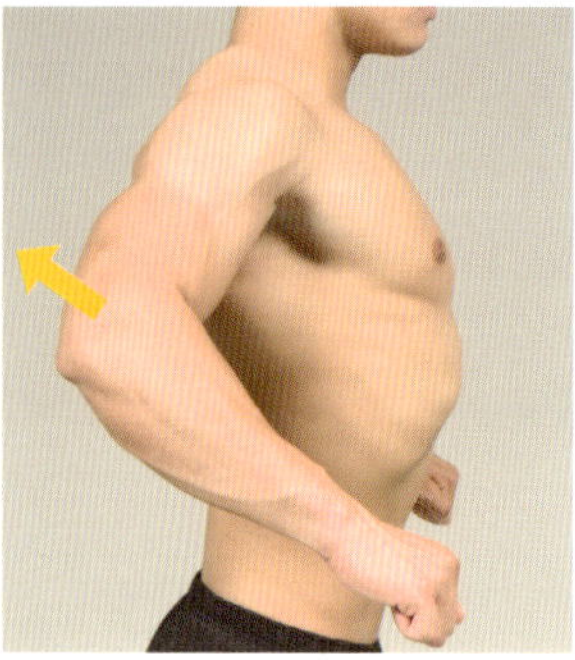

＝

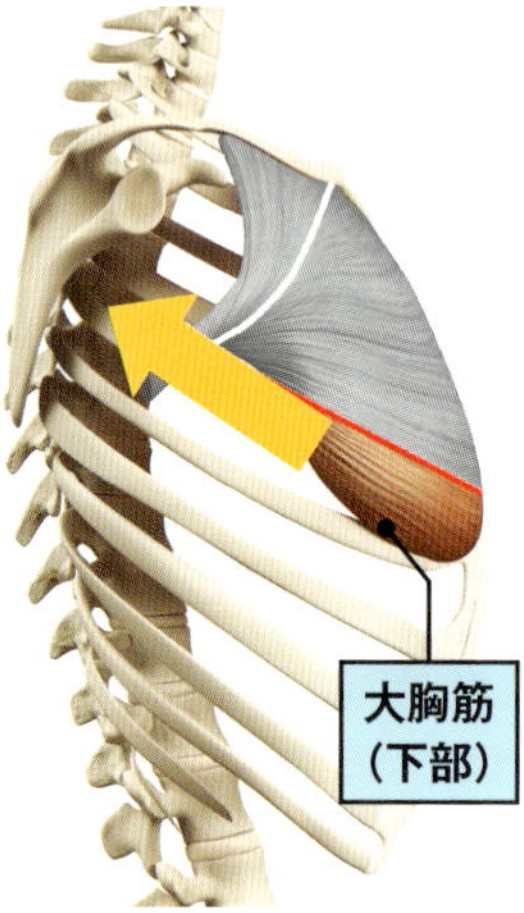

デクラインベンチプレスの特長

体を反らせて斜め下方向の水平内転にする

ブリッジしてベンチからお尻を浮かせると、上体が後傾して頭より腰の位置が高くなるため、斜め上方向へ肘を引く動きが可能となり、大胸筋の下部を狙ってストレッチできる。

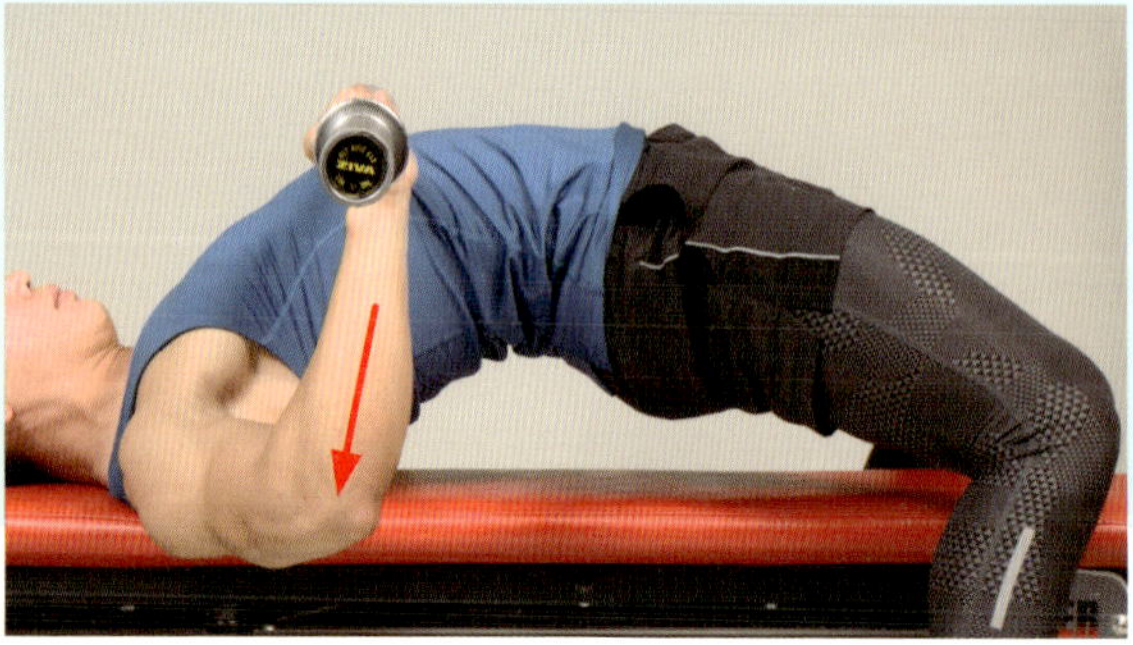

デクラインベンチプレス 基本フォーム

乳頭より下の位置に
バーを下ろしていく
お尻を浮かせて
ブリッジしたまま
バーを下ろす

1 スタートポジションから肩甲骨を寄せて胸を張ったまま、斜め上方向へ肘を引き下げてバーベルを下ろす。

肩の上方に
バーを挙げる
肩甲骨を寄せて
胸を張ったまま
バーベルを挙上
お尻を浮かせて
ブリッジしたまま
バーを挙げていく

2 肩甲骨を寄せて胸を張ったままバーベルを挙上する。上体が後傾しているため、通常のベンチプレスと同じようにバーを挙上すれば大胸筋の下部が収縮する。

&

スタートポジション

通常のベンチプレスと同じ手幅でバーを握る。肩甲骨を寄せて胸を張り、バーをラックから外して持ち上げる。

バリエーション

ベンチに両足を乗せて お尻の位置を高くする

ブリッジではなく、ベンチに両足を乗せて腰の位置を高くするバリエーション。腰の位置をより高く上げられる。

大胸筋トレ4

ジム&自宅種目

ダンベルフライ（大胸筋下部狙い）

脇を開きながら肘を引く動きで大胸筋の下部および外側を伸ばす

脇を45度前後まで開きながら肘を引く動きで大胸筋の下部と外側を伸ばすダンベルフライ。挙上動作はダンベルの軌道ではなく、肘の軌道が斜め下方向への肩関節水平内転の動きになる。

Target

大胸筋（下部および外側）

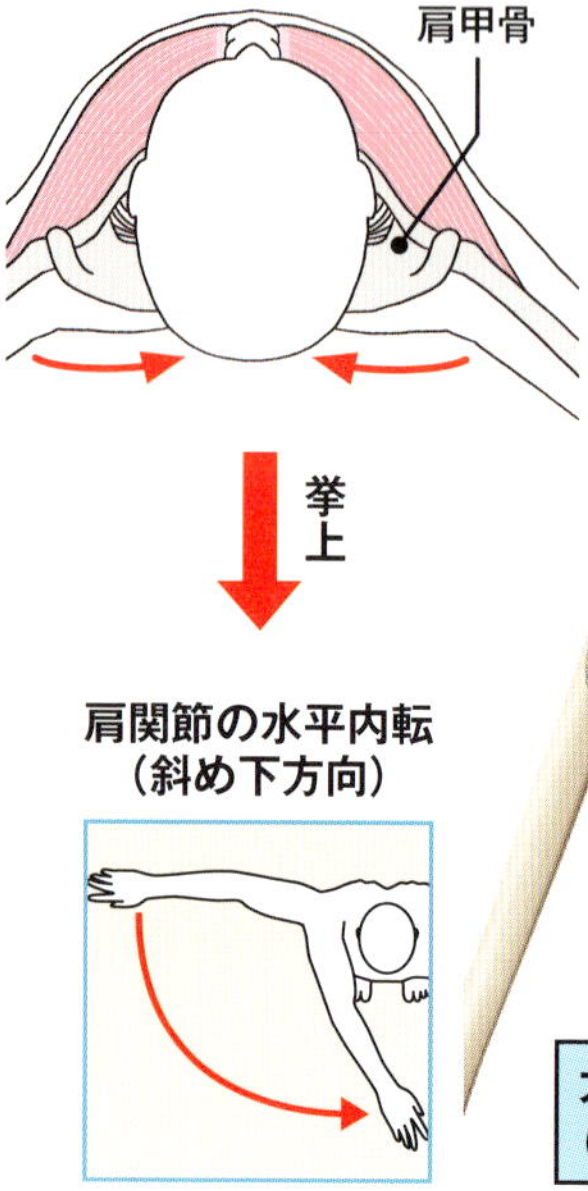

肩甲骨
挙上
肩関節の水平内転
（斜め下方向）

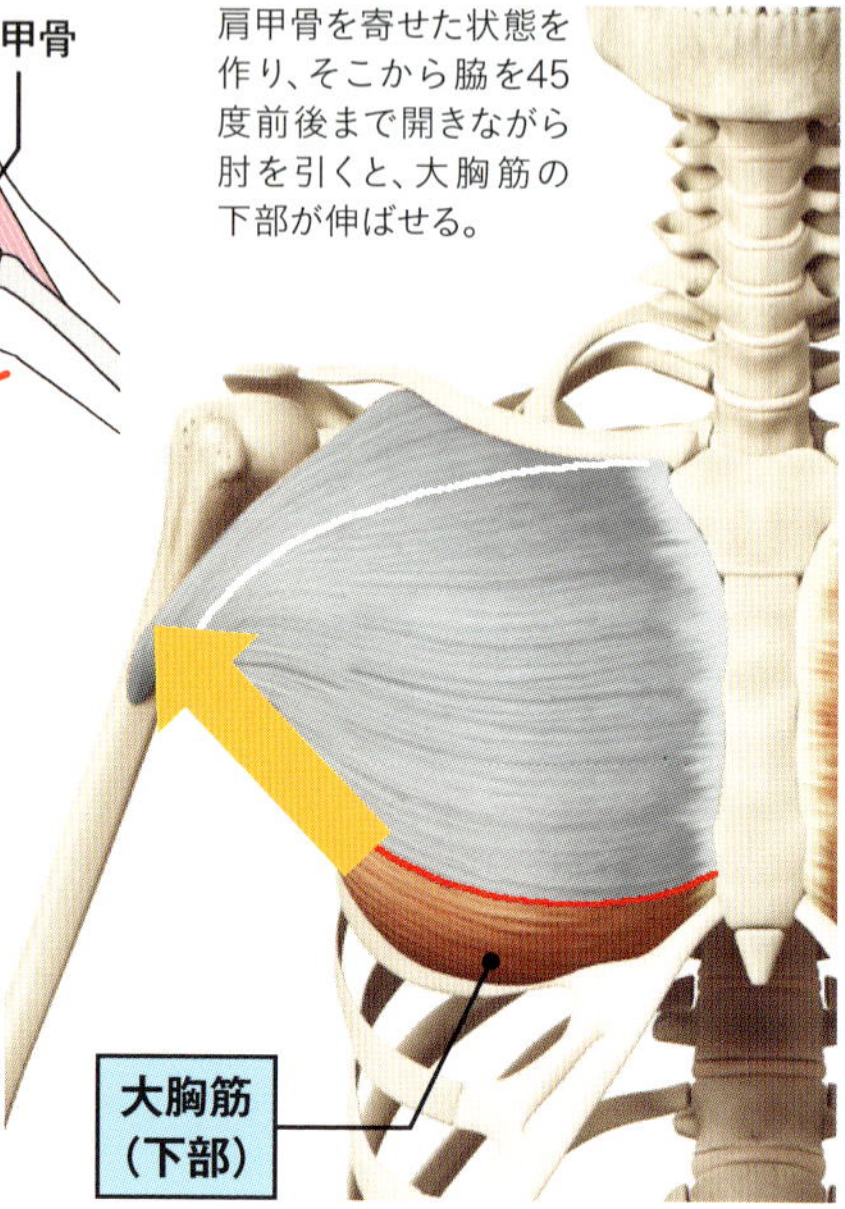

肩甲骨を寄せた状態を作り、そこから脇を45度前後まで開きながら肘を引くと、大胸筋の下部が伸ばせる。
大胸筋
（下部）

ダンベルフライ（大胸筋下部）の特長

脇を開きながら肘を引いて大胸筋の下部を伸ばす

肘を曲げたまま、脇を45度前後まで開きながら肘を引いて大胸筋の下部および外側を伸ばす。脇を開きすぎると大胸筋の中部を伸ばす動きになるので注意する。胸を張る際、息を大きく吸い込み、胸郭を広げた状態にしてから肘を引くと、大胸筋下部がより強くストレッチされる。

ダンベルフライ（大胸筋下部狙い）　基本フォーム❶　前面

1 ベンチに寝た体勢で肩甲骨を寄せて胸を張り、ダンベルを少し「ハの字」にして胸の上方へ持ち上げる。胸を張る際は息を大きく吸い込んで胸郭を広げた状態にする。

ダンベルは
「ハの字」
気味にして
持ち上げる
肩甲骨を寄せて
胸を張ったまま
腕を前方に振る

ダンベルを
「ハの字」にして
下ろしていく
脇を開きながら
肘を後方に引く

2 肩甲骨を寄せてしっかり胸を張ったまま、脇を45度前後まで開きながら肘を引いて大胸筋下部を伸ばす。そこから弧を描く軌道でダンベルを持ち上げ1に戻る。

POINT　脇を開く角度を調節して大胸筋の下部を伸ばす

脇を開く角度は45度前後が目安となるが、肘を引きながら大胸筋の下部が最も伸びる角度を自分で感じて見つけることがポイントとなる。

ダンベルフライ（大胸筋下部狙い） 基本フォーム❷ 横

大胸筋の下部をターゲットにするダンベルフライは、脇を開きながら肘を引く動きが基本。横から見たフォームで肘の軌道を確認しよう。

1 肩甲骨を寄せてしっかり胸を張り、ダンベルを肩の上方へ持ち上げる。ダンベルは少し「ハの字」にする。胸を張る際は息を大きく吸い込んで胸郭を広げた状態にする。

肩の上方に
ダンベルを
持ち上げる
肩甲骨を寄せて
胸を張ったまま
腕を前方に振る

胸を張ったまま
ダンベルを下ろす
肘は直下ではなく
後方へ引きながら
頭のほうへ振る

2 肩甲骨を寄せてしっかり胸を張ったまま、脇を45度前後まで開きながら肘を引いて大胸筋下部を伸ばす。そこから弧を描く軌道でダンベルを近づけるように持ち上げ、1の体勢に戻す。

POINT ダンベルを「ハの字」にして肘を後方に引いていく

ダンベルを下ろす時は、左右のダンベルを「ハの字」にして下ろすと脇が開きやすくなる。さらに大胸筋の下部をストレッチしやすくなる。

脇を開きながら
肘を後方に引く

バリエーション ダンベルフライ（大胸筋中部狙い）

大胸筋中部がターゲットの一般的なダンベルフライ。両腕を軽く曲げた状態で左右に大きく開き、大胸筋の中部をストレッチする。

1 ベンチに寝た体勢で肩甲骨を寄せて胸を張り、手の平を内側に向けてダンベルを肩の上方へ持ち上げる。肘は軽く曲げた状態にする。

ダンベルを
並行にして
肩の上方へ
持ち上げる
肩甲骨を寄せて
胸をしっかり張る

2 胸を張ったまま大きく弧を描くように両腕を左右に開いて大胸筋中部を伸ばす。そこからまた弧を描いてダンベルを振り上げ1に戻る。

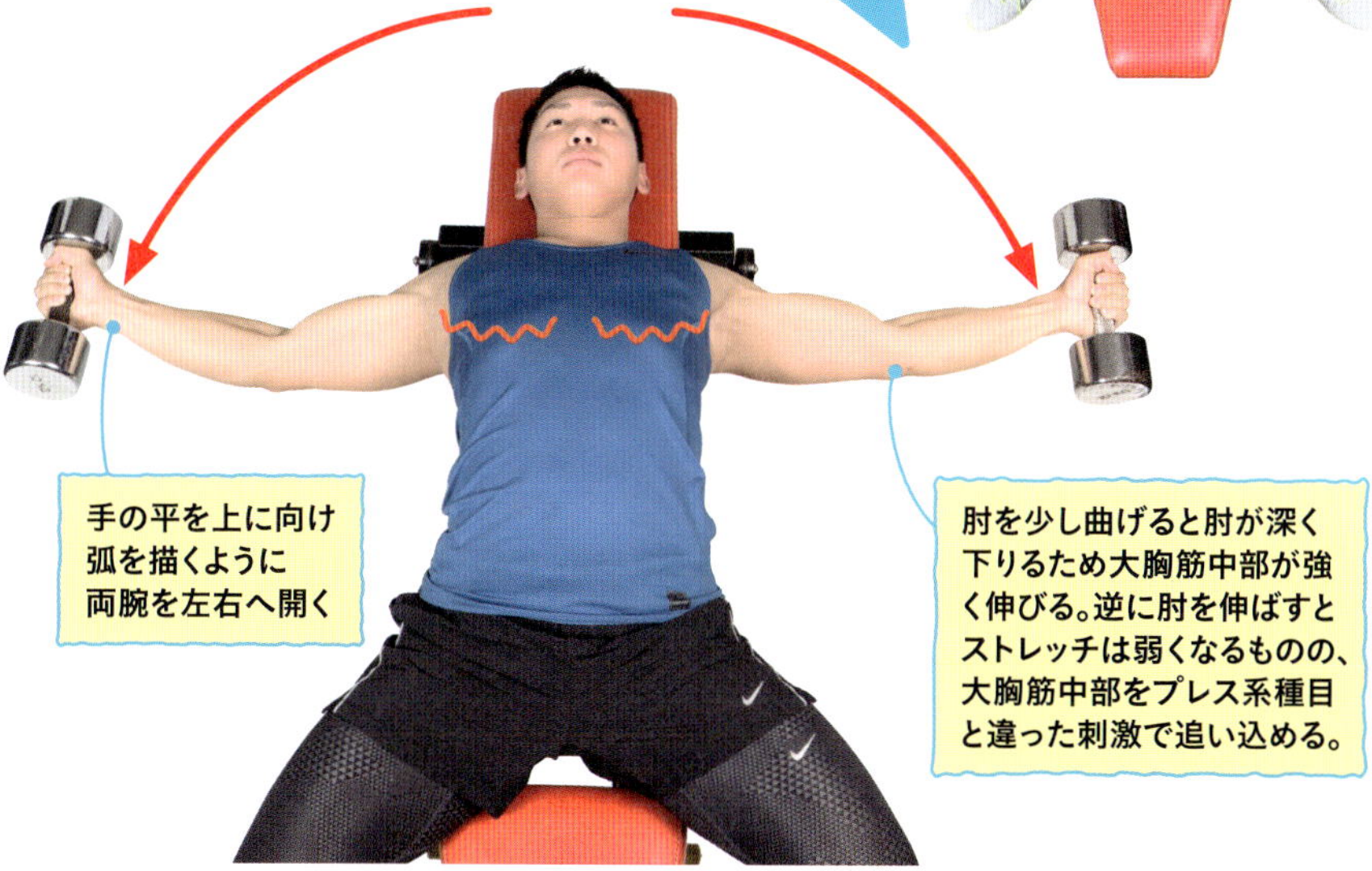
手の平を上に向け
弧を描くように
両腕を左右へ開く
肘を少し曲げると肘が深く
下りるため大胸筋中部が強
く伸びる。逆に肘を伸ばすと
ストレッチは弱くなるものの、
大胸筋中部をプレス系種目
と違った刺激で追い込める。

自宅でTRY 布団やクッションを敷き自宅で実践する

丸めた布団などで自家製ベンチを作れば自宅でも実践できる。肘を深く下ろせる高さにすることがポイント。大胸筋下部を狙ったダンベルフライも同様。

大胸筋トレ❺ ジム種目

ディップス

自重で大胸筋の下部および外側を伸ばす

上体を前傾した体勢から、肘を後方に振る動きで大胸筋の下部および外側を伸ばす種目。大胸筋の腕に近い部分を刺激できる。上体の挙上動作は、斜め下方向への肩関節水平内転になる。

Target

大胸筋
（下部および外側）

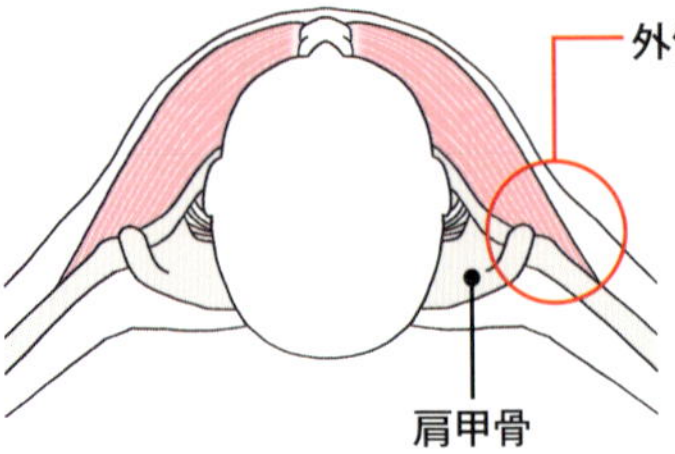
外側部
肩甲骨

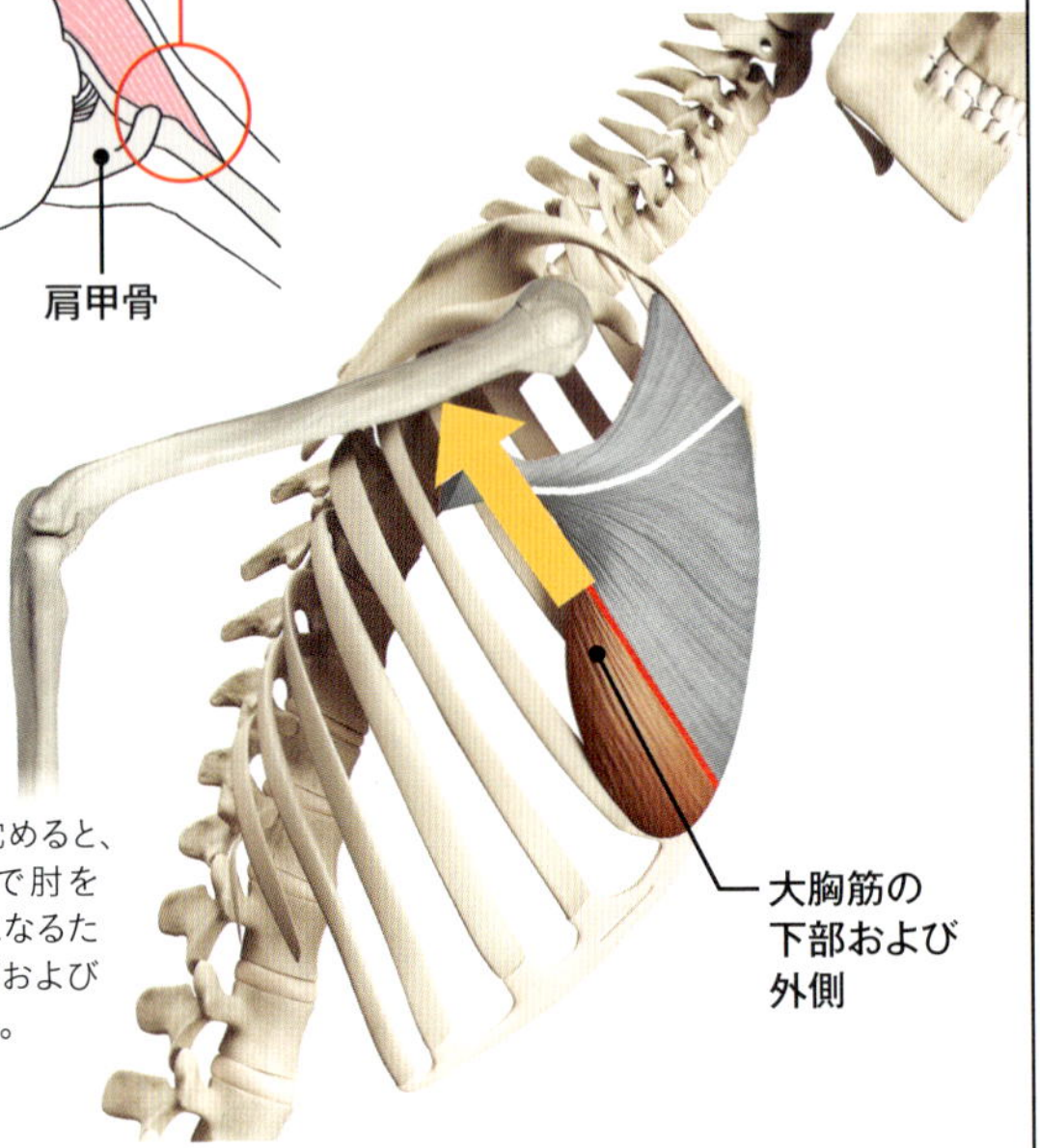
大胸筋の外側部がストレッチされる
大胸筋の下部および外側

前傾した上体を沈めると、脇を開いた状態で肘を後方へ振る動きになるため、大胸筋の下部および外側が伸ばされる。

ディップスの特長

脇を開いた体勢から自重で上体を沈める

脇が開く手幅でバーを握り、前傾させた上体を自重で沈めることによって、大胸筋の下部および外側が伸ばされる。狭い手幅で行なうナローディップスになると、脇を締めた状態で肘を後方へ振る動きになるため、大胸筋より上腕後面の上腕三頭筋に負荷がかかる。

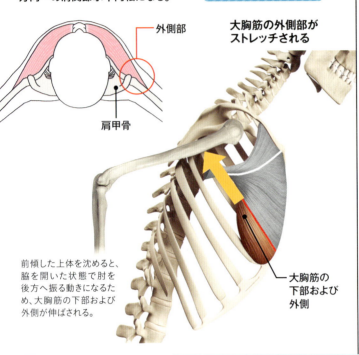

ディップス

基本フォーム

1

肩幅よりやや広い手幅の並行バーを持ち、上体を前傾させた状態で支える。そこから胸を張って背すじを伸ばす。膝を曲げると上体が前傾しやすくなる。上体を前傾させないと大胸筋に負荷がかからない。

2

胸を張って上体を前傾させたまま、肘を曲げて上体を深く沈め、大胸筋の下部および外側を伸ばす。上体は上腕部が水平になるまで沈めていく。そこから腕を前方に振って上体を持ち上げ、1の体勢に戻す。肩関節が硬い人は上体を沈めた時に肩前部の筋肉を痛めてしまう危険があるのでストレッチしてから行なう。

大胸筋プログラム 自宅編

プッシュアップバーと自家製ベンチで追い込む

大胸筋を自宅で鍛えるには、丸めた布団や座布団、クッションなどを使って自家製ベンチを作る必要がある。肘をしっかり下げられる高さにすることで、ダンベルプレスやダンベルフライが自宅でも実践できる。

さらに、手幅を広げて行なうワイドプッシュアップで大胸筋を刺激。プッシュアップバーを使うことによって筋肉をより強くストレッチできる。

オールアウトできるような重

自宅でできる大胸筋種目

ダンベルプレス

自宅編のプログラムは自家製ベンチに寝て行なうダンベル種目がメインとなる。

ダンベルフライ

ダンベルフライも大胸筋の中部狙い、下部狙いとも自家製ベンチで実践できる。

ワイドプッシュアップ

自分の体重で大胸筋に負荷をかける。プッシュアップバーを使うとより効果的に。

布団や座布団で自家製ベンチを作る時は肘を後方に引いても床につかない高さにすることが重要ポイント。

さのダンベルがない場合は、プッシュアップによる自重の負荷で大胸筋を追い込んでいく。

メインプログラム

軽めのダンベルしかない場合は、最初にプッシュアップ系2種目で大胸筋をしっかり追い込んでからダンベル種目を行なう。オールウト可能な重量のダンベルがある場合は、ダンベル系3種目からはじめてプッシュアップ系2種目を後にもってくる順番にしても良い。

	種目	ターゲット
1	デクラインワイドプッシュアップ ➡P.144	大胸筋（上部）
2	ワイドプッシュアップ ➡P.142	大胸筋（中部）
3	ダンベルプレス（自宅バージョン） ➡P.141	大胸筋（中部）
4	ダンベルフライ（大胸筋中部狙い）（自宅バージョン） ➡P.131	大胸筋（中部）
5	ダンベルフライ（大胸筋下部狙い）（自宅バージョン）➡P.128および131下段	大胸筋（下部および外側）

※各種目の負荷および回数は、基本的に8～10回の反復が限界となる負荷に設定。種目数が多いため、セット数は各種目3セットを目安にする。

ショートプログラム

大胸筋を上から順番に鍛える短縮プログラム。高負荷のデクラインワイドプッシュアップで最初に追い込むことがポイント。軽めのダンベルしかない場合はダンベルプレスをワイドプッシュアップに代えても良い。ジム編のプログラムより負荷が軽いため週2回実施するのもあり。

	種目	ターゲット
1	デクラインワイドプッシュアップ ➡P.144	大胸筋（上部）
2	ダンベルプレス（自宅バージョン） ➡P.141	大胸筋（中部）
3	ダンベルフライ（大胸筋中部狙い）（自宅バージョン） ➡P.128	大胸筋（下部および外側）

※各種目の負荷および回数は、基本的に8～10回の反復が限界となる負荷に設定。セット数は各種目3セットを目安に（※ダンベルプレスは可能なら4～5セット行なう）。

大胸筋トレ6

ジム&自宅種目

ダンベルプレス

大胸筋の中部を強く伸ばす

Target

大胸筋（中部）

ダンベルで行なうベンチプレス。扱う重量は下がるものの、ベンチプレスより肘を深く下げることができるため、より強く大胸筋の中部を伸ばせる。自宅で大胸筋を鍛えるならこの種目。

肩関節の水平内転

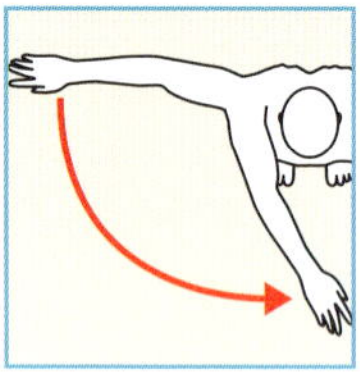

胸を張って弧を描くように肘を下げることで大胸筋の中部が強くストレッチされる。挙上動作は肩関節水平内転。

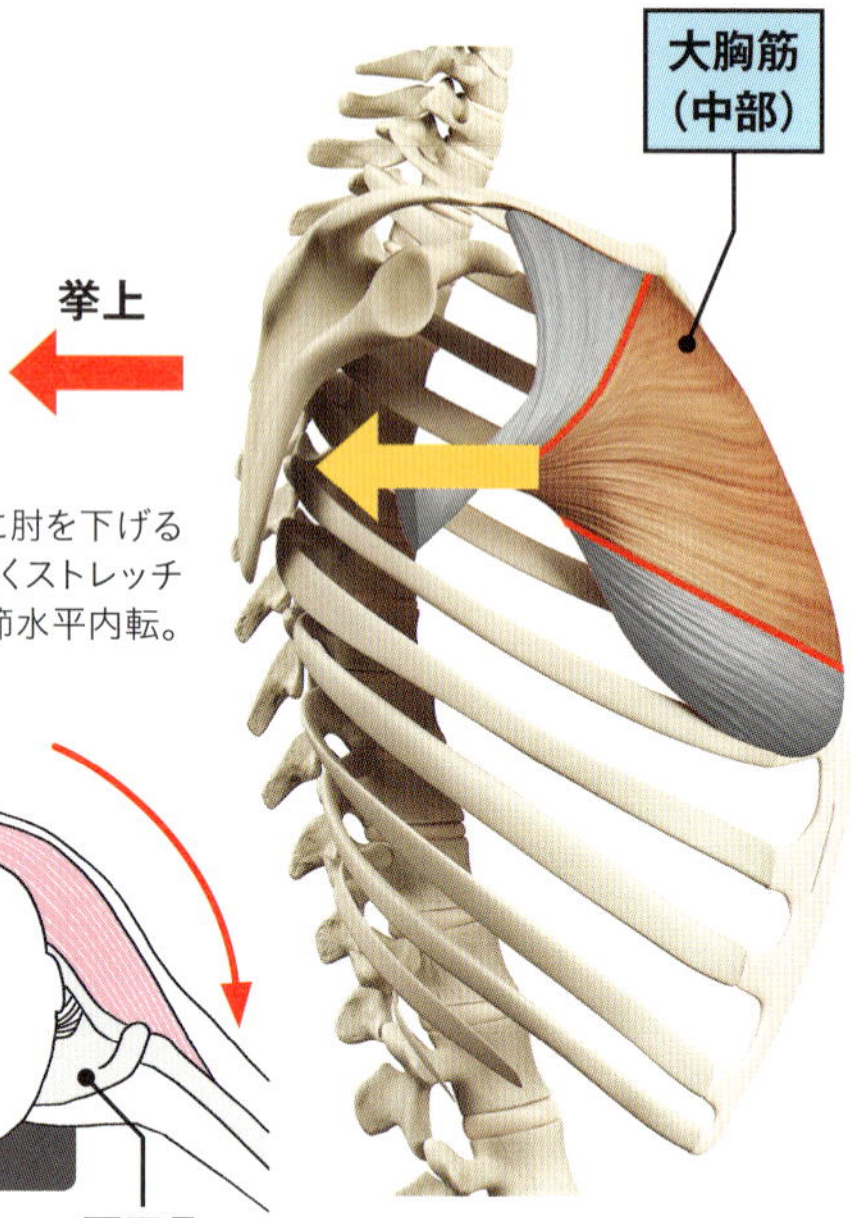

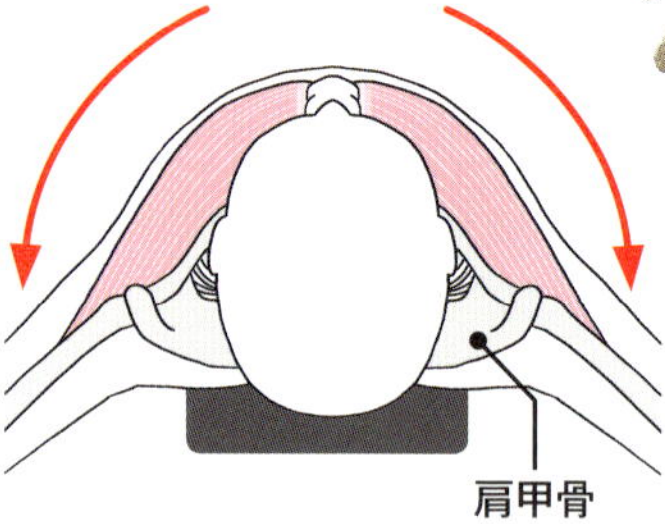

ダンベルプレスの特長

左右のダンベルを遠ざけながら肘を深く下ろせる

両手でストレートバーを握るベンチプレスと違って、ダンベルプレスは左右の手幅を広げながら弧を描くように肘を下ろせる。さらにバーが体に当たらずより深く肘を下ろせるため、大胸筋の中部を強く伸ばせる。挙上動作も手幅を狭めながら弧を描くように挙上することで筋肉をしっかり収縮させることができる。

ダンベルプレス 基本フォーム❶ 斜め横

1 スタートポジションから肩甲骨を寄せて胸を張ったまま、弧を描くように肘を開きながら曲げてダンベルを下ろし、大胸筋中部を強く伸ばす。

弧を描いて
ダンベルを
下ろしていく
肩甲骨を寄せて
胸を張ったまま
ダンベルを下ろす
肘を深く
下げていく
KEISER

弧を描いて
ダンベルを
持ち上げる
肘が
伸びきる
直前まで
上げる
肩甲骨を寄せて
胸を張ったまま
ダンベルを上げる
KEISER

スタートポジション

肩甲骨を寄せて胸を張り、手の平を前方に向けてダンベルを両肩の上方へ持ち上げる。

&

2 肩甲骨を寄せて胸を張ったまま、弧を描くように左右のダンベルを近づけながら肩の上方へと持ち上げ、大胸筋中部を収縮させる。

NG 肘の下ろしが浅くて大胸筋の中部が伸びない

肘を深く下ろさないと大胸筋中部がしっかりストレッチされず筋肥大効果が低くなる。筋肉を強く伸展・収縮させることが筋肥大につながる。

力が抜けるため
左右のダンベルは
くっつけない
肩甲骨を寄せて
しっかり胸を張る

1

肩甲骨を寄せてしっかり胸を張り、手の平を前方（足側）に向けてダンベルを持ち、両肩の上方で持ち上げる。肘は軽く曲げた状態。

左右のダンベルを
遠ざけながら
肘を開いていく

2

肩甲骨を寄せて胸を張ったまま、弧を描く軌道でダンベルを下ろしていく。両肘をそれぞれ外側へ開くように曲げながら、左右のダンベルの間隔を広げていく。

NG 挙上時に肩甲骨が開いて大胸筋中部が収縮しない

ダンベルの挙上時に肩甲骨が開いていると肩が前方に動いて大胸筋中部が収縮できなくなるため、肩甲骨を寄せたまま挙上する。

挙上した時に
肩甲骨が開くと
肩が前方に動く

ダンベルプレスは筋肉を伸ばす動きが難しいため、下ろす動作を解説する。
ダンベルの挙上動作は、1～5の写真を逆からたどったフォームになる。

3

胸を張ったまま、弧を描く軌道で左右のダンベルを遠ざけながら肘を曲げていく。下ろす局面の前腕部はほぼ垂直の状態で下りていく。

弧を描く軌道で
肘を開きながら
徐々に曲げていく

4

弧を描く軌道で左右のダンベルをさらに遠ざけながら肘を下ろす。上腕部を垂直にしたまま肘をさらに開いて下ろしていく。

肩甲骨を寄せて
胸を張ったまま
肘を開いていく
肘を曲げる動きではなく
肩から肘を下げる動きを
意識してダンベルを下ろす

5

肩甲骨を寄せて胸を張ったまま、弧を描く軌道で肘を深く下ろし、大胸筋中部をしっかり伸ばす。ここから逆の動きで1へと戻る。

最後は上腕部が少し
外側へ開いた角度に
大胸筋の中部が
強く伸びている

ダンベルプレス　基本フォーム❸　横

ダンベルプレスは肘を両肩のラインより少し下（足側）の位置で開くことにより、大胸筋の中部をストレッチできる。横から見たフォームで肘の位置を確認しよう。

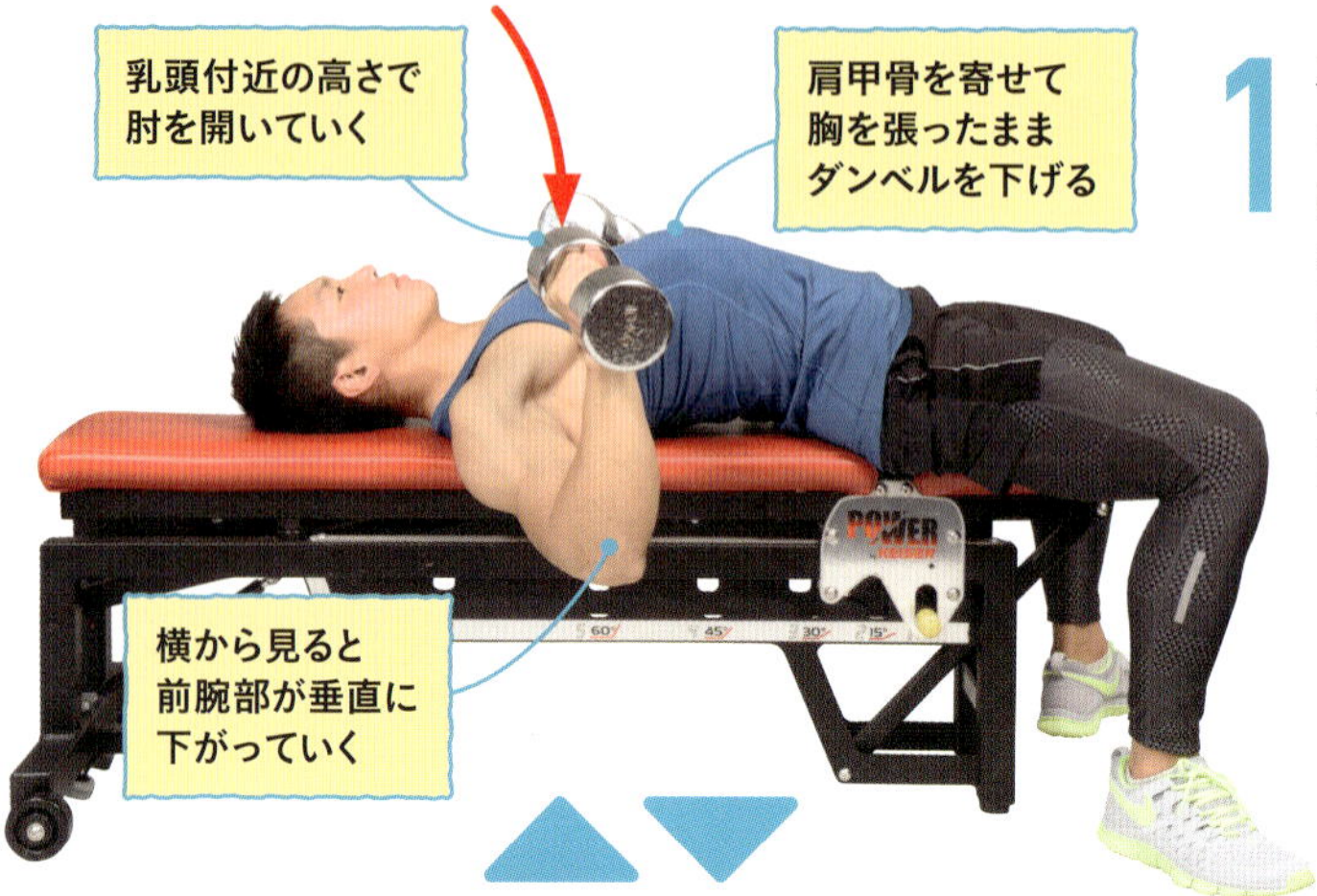

乳頭付近の高さで
肘を開いていく
肩甲骨を寄せて
胸を張ったまま
ダンベルを下げる
横から見ると
前腕部が垂直に
下がっていく

1　スタートポジションから肩甲骨を寄せて胸を張ったまま、弧を描くように肘を開きながら曲げてダンベルを下ろし、大胸筋の中部を強くストレッチする。

肘が伸びきる
直前まで上げる
肩の上方に
ダンベルを上げる
肩甲骨を寄せて
胸を張ったまま
ダンベルを上げる

2　肩甲骨を寄せて胸を張ったまま、弧を描くように左右のダンベルを近づけながら肩の上方へと持ち上げ、大胸中部を収縮させる。

&

スタートポジション
肩甲骨を寄せて胸を張り、手の平を前方に向けてダンベルを両肩の上方へ持ち上げる。

バリエーション

ブリッジで体を反らせて大胸筋の下部に効かせる

お尻を浮かせて挙上方向を斜め下（足側）にすると大胸筋下部を中心に鍛える動きとなる。

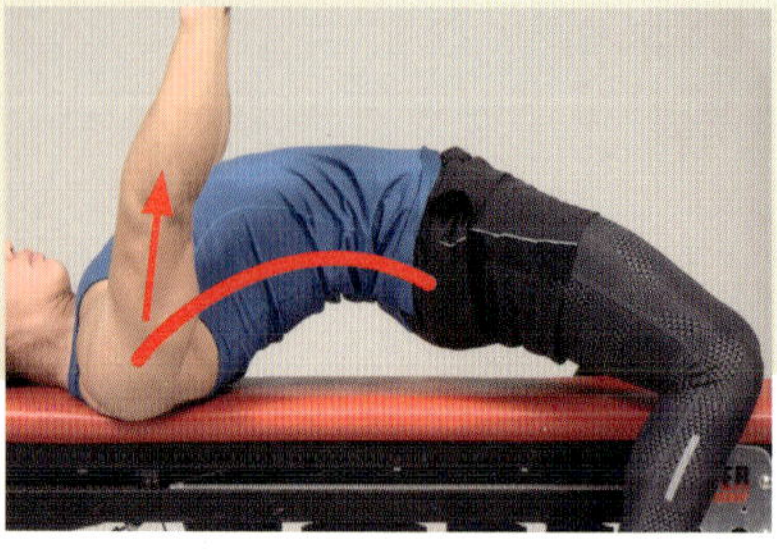

ダンベルプレス 自宅バージョン

ダンベルプレスは布団や座布団、クッションなどで自家製ベンチを作れば自宅でも実践できる。肘を深く下ろせる高さにすることがポイントとなる。

1 スタートポジションから胸を張ったまま、弧を描くように肘を開きながら曲げてダンベルを下ろす。

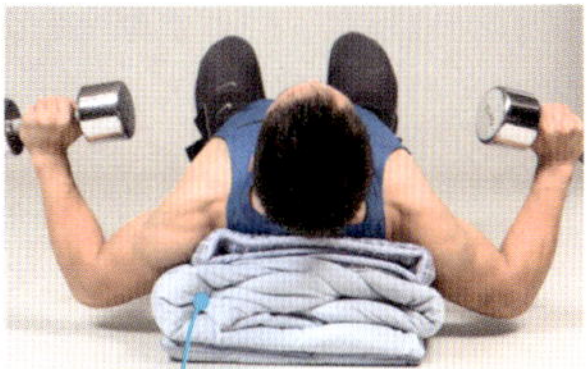
布団や座布団などを丸めて
肘を深く下ろせる高さにする

肘を開いて
ダンベルを
下ろす
丸めた布団や
クッションを敷く

肘が伸びきる
直前まで上げる
肩甲骨を寄せて
胸を張ったまま
ダンベルを上げる

スタートポジション

肩甲骨を寄せて胸を張り、肩の上方でダンベルを持ち上げる。

&

2 肩甲骨を寄せて胸を張ったまま、弧を描くように左右のダンベルを近づけながら肩の上方へ上げる。

NG 肘が床についてしまって大胸筋がストレッチされない

自家製ベンチの高さが低いと、ダンベルを下ろした時に肘が床について負荷が抜けるのでNG。肘を深く下ろしても床につかない高さにする。

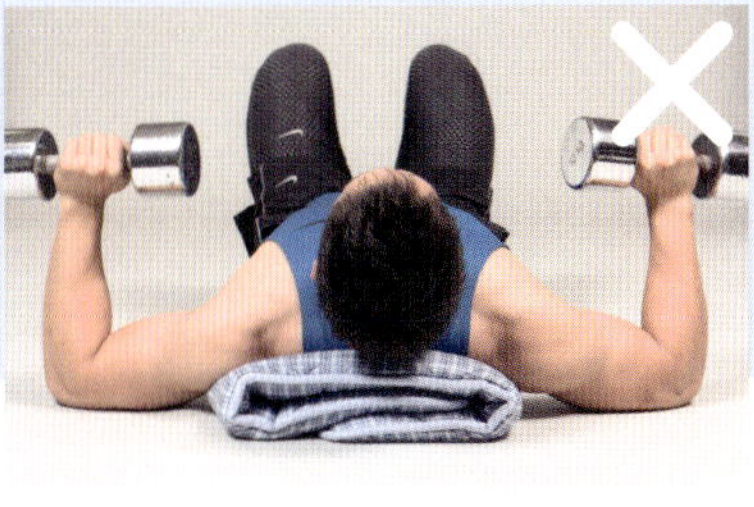

大胸筋トレ❼ 自宅種目

ワイドプッシュアップ

手幅を広げた腕立て伏せで大胸筋中部を伸ばす

広い手幅で行なう腕立て伏せ。上体を沈めるとベンチプレスと同じように肩関節水平外転の動きとなって大胸筋中部が伸ばされる。挙上動作は肩関節水平内転。自重で大胸筋を追い込める。

Target

大胸筋
(中部)

肩関節の水平外転　肩関節の水平内転

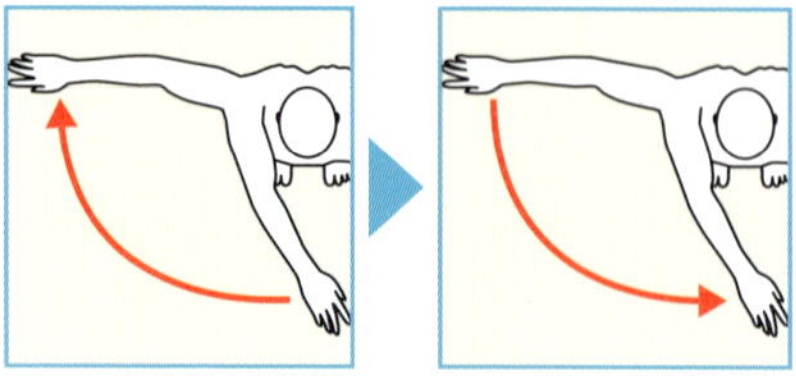

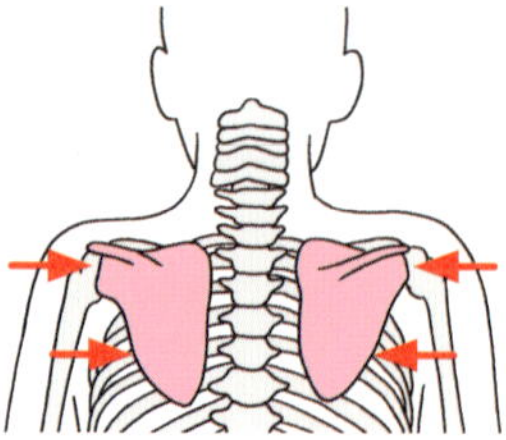

肩甲骨を寄せる

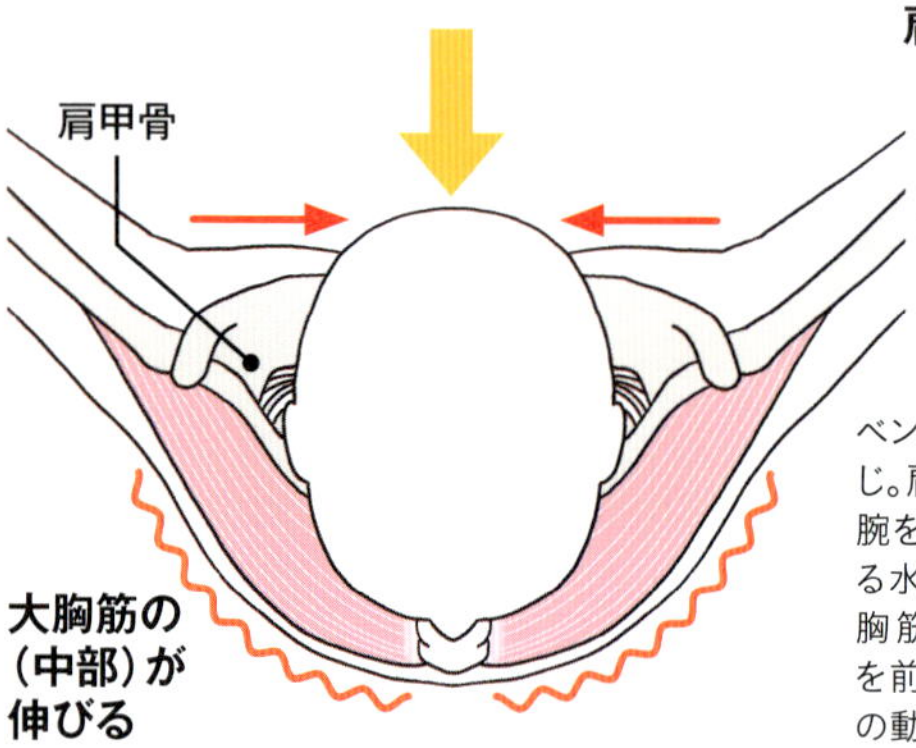

ベンチプレスと動きは同じ。肩甲骨を寄せたまま、腕を水平面で後方に振る水平外転の動きで大胸筋中部を伸ばし、腕を前方に振る水平内転の動きで収縮させる。

ワイドプッシュアップの特長

プッシュアップバーを使って上体を深く沈める

プッシュアップバーを使うと上体をより深く下ろせるため、大胸筋中部を強くストレッチできる。左右のバーは上腕部が垂直になる位置よりも少し広いぐらいの手幅で並行に置く。

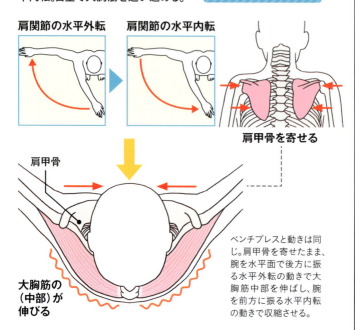

ワイドプッシュアップ 基本フォーム❶ 斜め前

1

左右のバーを広い手幅で並行に置き、前腕部の延長線上となる部分を乗せる。そこから全身を一直線にする。

お尻を下げずに
全身を一直線の
状態で固める
前腕部の
延長線上で
バーを持つ

2

肩甲骨を寄せて胸を張りながら、上体を沈めて肘を後方(上方)に振る。そこから全身を一直線に固めたまま、肘を伸ばして上体を持ち上げ、1の体勢へと戻る。

お尻を下げずに
全身を一直線の
状態でキープ
大胸筋の中部が
ストレッチされる

バリエーション

プッシュアップバーを横にして大胸筋中部への刺激を変える

左右のバーを並行にするとダンベルフライに近い動きとなるが、横に並べるとベンチプレスに近い動きになる。

ワイドプッシュアップ　基本フォーム❷　横&頭上

ワイドプッシュアップは、全身を一直線に固めたまま動作することが重要。横から見たフォームで、全身を棒のように一直線にした体勢を確認しよう。

1　左右のバーを広い手幅で並行に置き、前腕部の延長線上となる部分を乗せる。そこから全身を一直線にする。

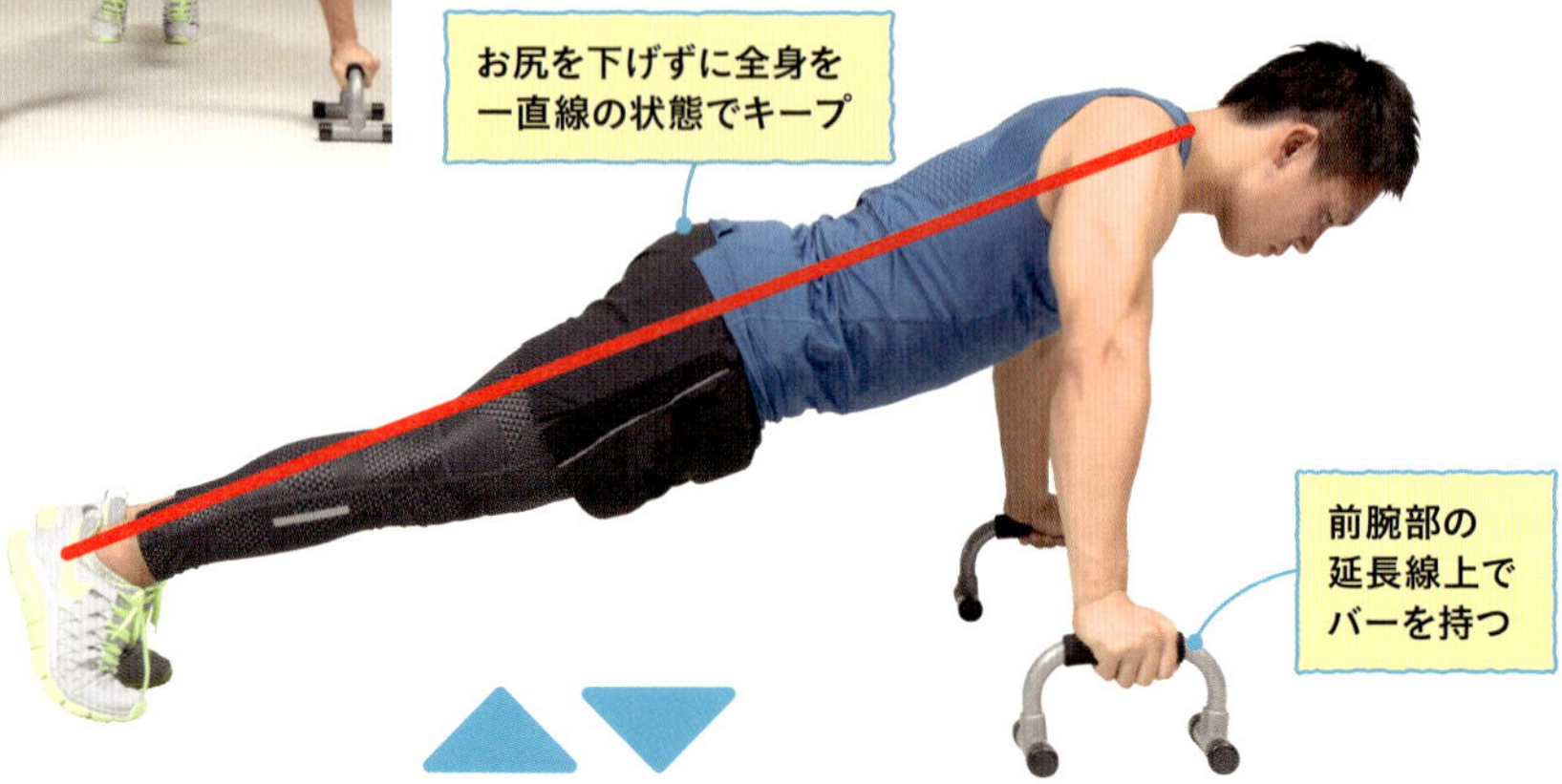
お尻を下げずに全身を一直線の状態でキープ
前腕部の延長線上でバーを持つ

2　肩甲骨を寄せて胸を張りながら上体を沈める。そこから全身を一直線に固めたまま上体を持ち上げ1に戻る。

全身が一直線のまま上体を上げ下げする
上体を沈めると肘が体より後方に振られる

バリエーション

デクラインワイドプッシュアップで大胸筋の上部を鍛える

足の位置を高くして行なうプッシュアップ。上体が前傾するため大胸筋の上部に効く。この種目はバーを横にしたほうがやりやすい。

第5章

お腹を引き締める!

胸板は大胸筋を成長させるだけでなく、ウエストまわりを引き締めることによりその厚みがさらに強調される。腹筋群を鍛えて胸板の厚みをアピールしよう。

お腹引き締めプログラム

腹直筋の上・中・下部と脇腹の腹斜筋群を鍛える

ターゲットとなる筋肉は、腹部前面の腹直筋《ふくちょくきん》と、脇腹の外腹《がいふく》斜筋《しゃきん》、内腹斜筋《ないふくしゃきん》の3筋。内腹斜筋は外腹斜筋の深部にある。

腹部前面で肋骨と骨盤をつないでいる腹直筋は、脊柱《せきちゅう》（背骨）を丸めて腹部を縮める動き（体幹の屈曲）の主働筋。

脇腹で肋骨と骨盤をつないでいる外腹斜筋と内腹斜筋は、脊柱をひねる動き（体幹の回旋）と脊柱を横に曲げる動き（体幹の側屈）の主働筋として働く。

メインプログラム

腹直筋の上部・中部・下部をそれぞれ異なる3種目で鍛え分ける。さらに体幹をひねるツイストクランチで脇腹にある腹斜筋群の上部を、下半身をひねった状態で側屈するプランクツイステッドで腹斜筋群の下部を鍛える。忙しくて時間がないという人や筋トレ初心者は、まずクランチ、シットアップ、ツイストクランチの3種目からはじめても良い。

	種目	ターゲット
1	**クランチ** →P.148	腹直筋（上部）
2	**シットアップ** →P.150	腹直筋（中部）
3	**Vシット** →P.152	腹直筋（下部） 腸腰筋
4	**ツイストクランチ** →P.154	腹斜筋群（上部）
5	**プランクツイステッド** →P.156	腹斜筋群（下部）

※回数およびセット数は、種目数が多いため各種目10回×３セットを目安に。ツイストクランチは左右交互に10回ずつ行なって１セット。可能ならクランチも１セット20回で実施する。腹筋のプログラムは週３～4回行なってもOK。曜日で種目を分けても良い。

締まった腹が胸板を厚く見せる

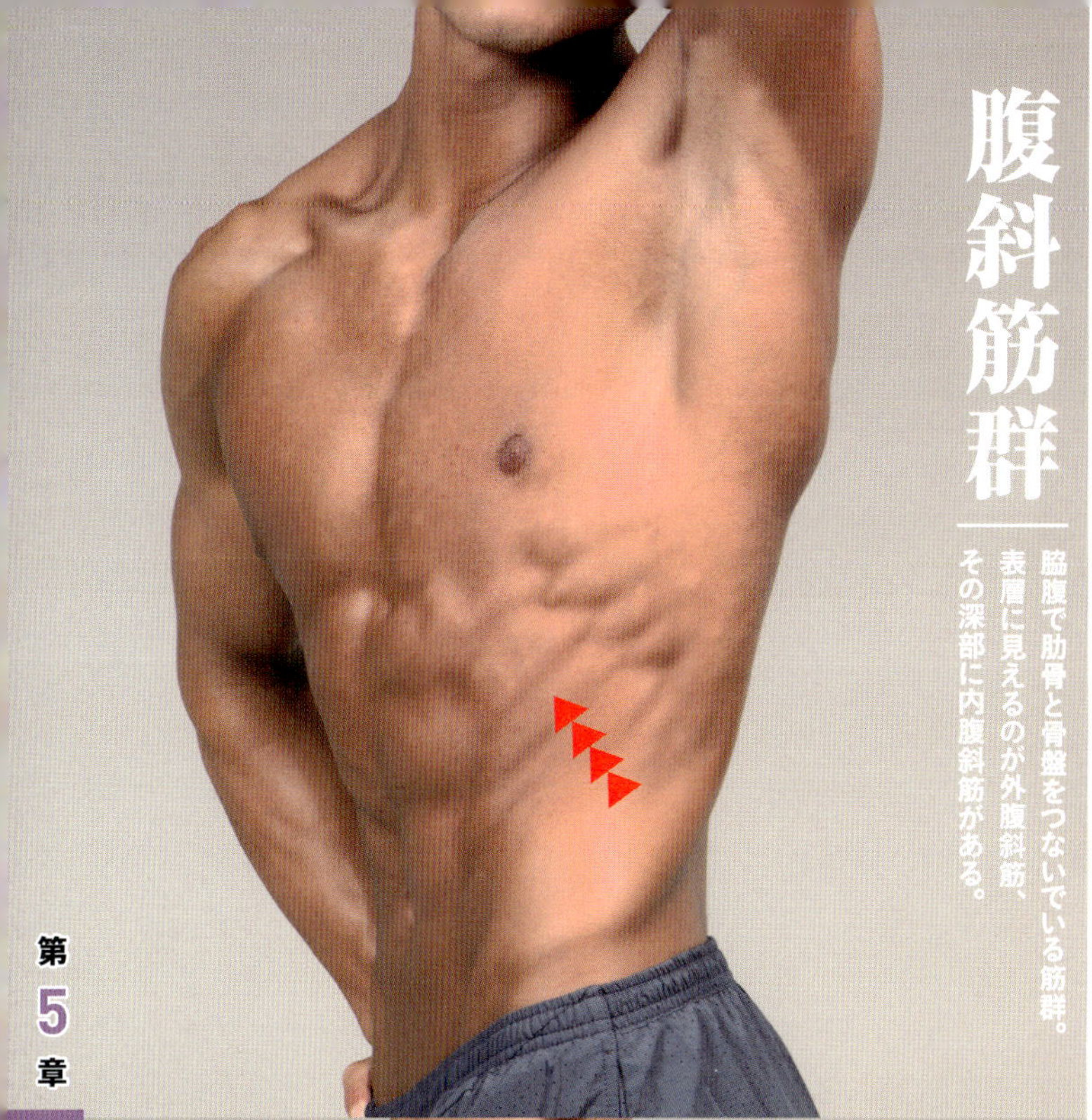

腹斜筋群

脇腹で肋骨と骨盤をつないでいる筋群。表層に見えるのが外腹斜筋、その深部に内腹斜筋がある。

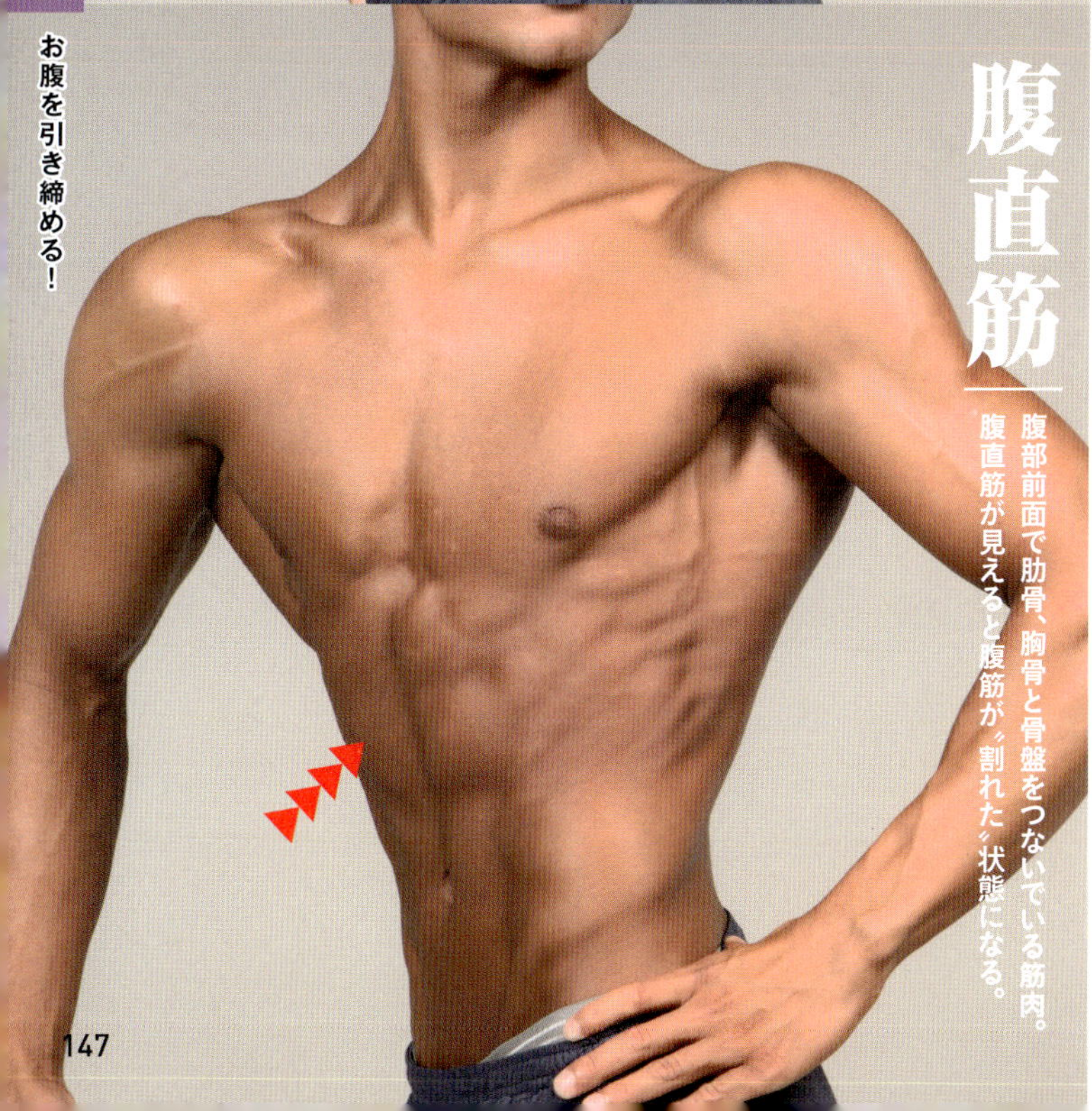

腹直筋

腹部前面で肋骨、胸骨と骨盤をつないでいる筋肉。腹直筋が見えると腹筋が〝割れた〟状態になる。

腹筋トレ1 自宅種目

クランチ

脊柱の上部を丸める

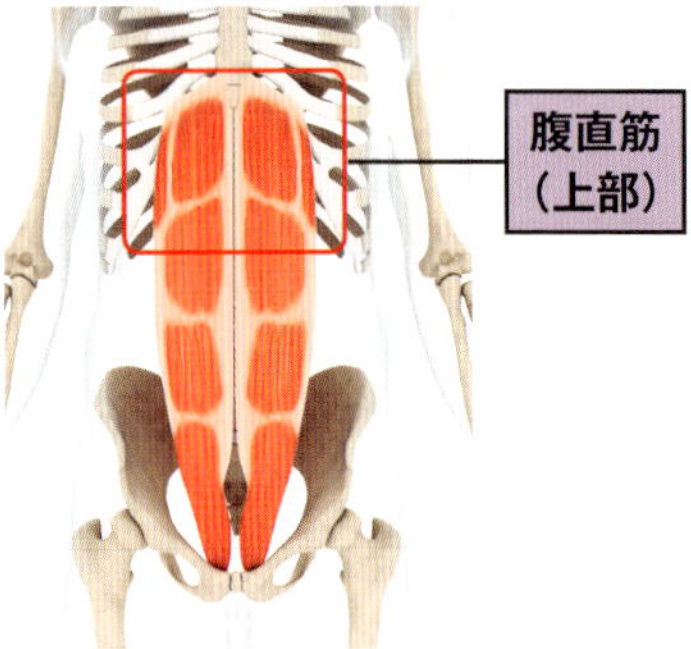

Target

腹直筋（上部）

頭から脊柱（背骨）を丸める動きで腹部前面の腹直筋上部を収縮させる。背中の上部だけを丸めることで腹直筋上部が働く。

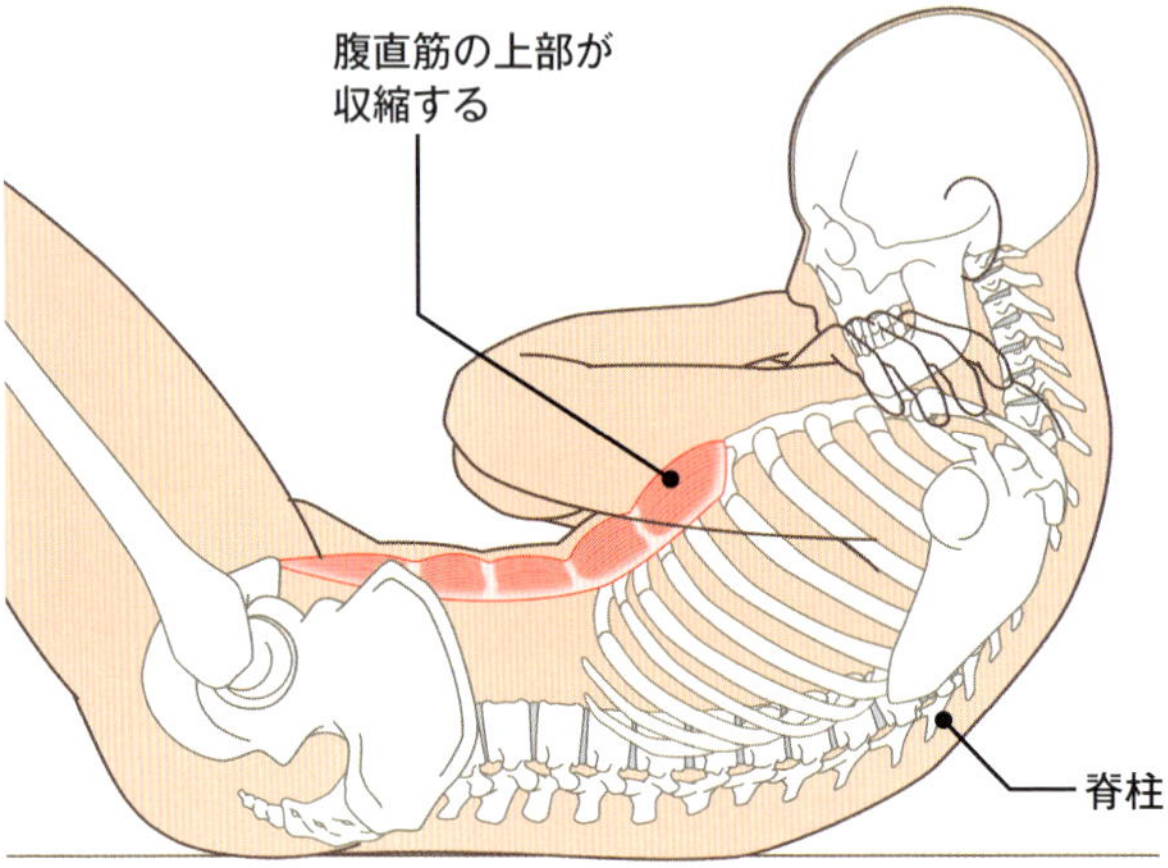

クランチの特長

**頭から上体を丸め込み
腹直筋の上部を収縮**

仰向けに寝て脊柱を安定させた状態で頭から丸めると、脊柱の上部が丸まり、腹部前面で肋骨と骨盤をつないでいる腹直筋の上部が収縮する。頭部は脊柱とつながっているため、頭部から背中を丸めると脊柱の上部が丸まる。腹直筋の中でも上部は最も“割れた腹筋”になりやすい部分。

クランチ　基本フォーム

1 仰向けになって脚を上げ、両手を後頭部か耳の後ろ付近に添える。両手は後頭部で組んでも良い。そこから頭部を浮かして腹直筋に力を入れる。

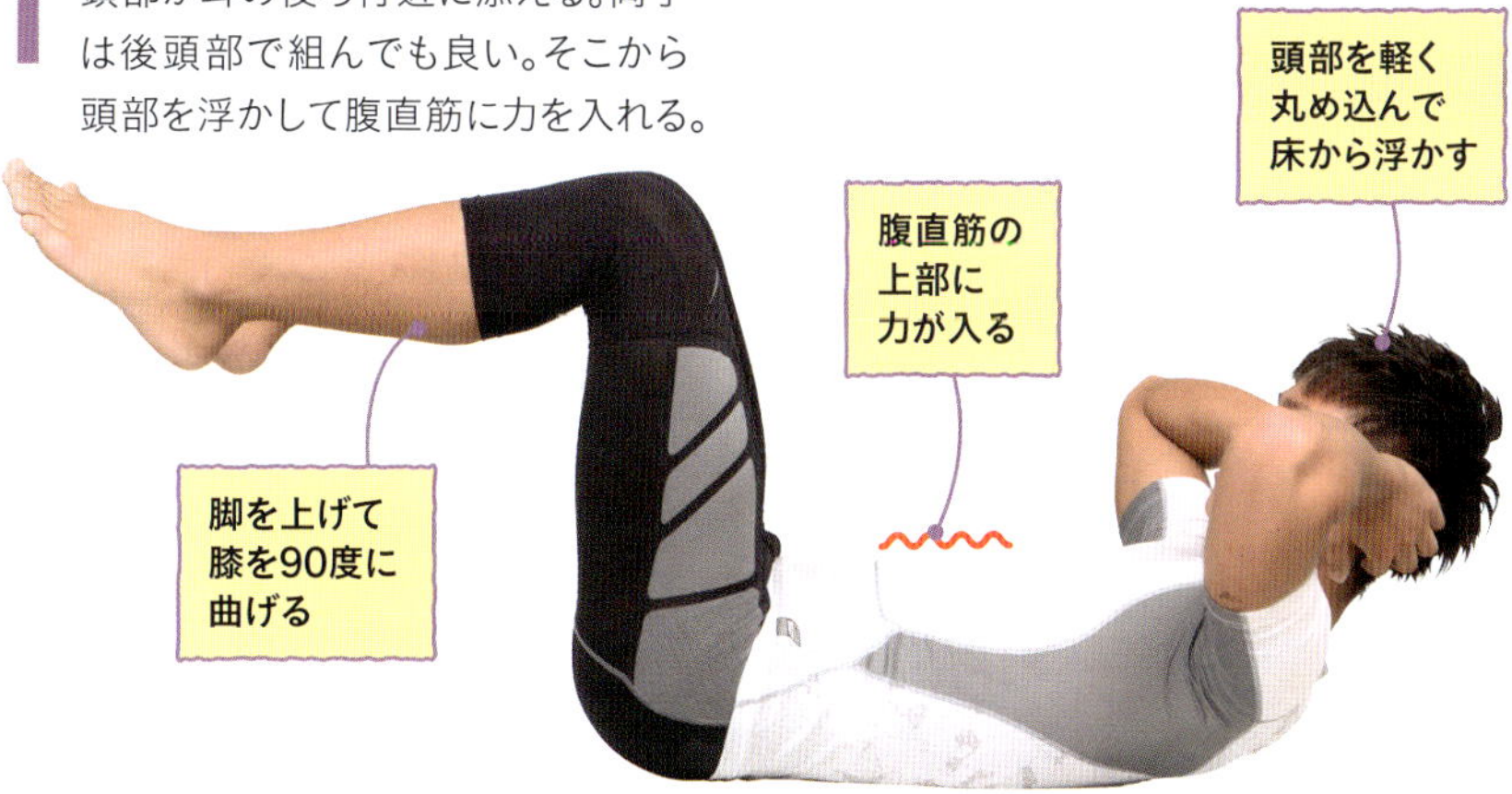
頭部を軽く
丸め込んで
床から浮かす
腹直筋の
上部に
力が入る
脚を上げて
膝を90度に
曲げる

2 息を吐きながら、頭から背中を丸めて上体を起こし、腹直筋上部を収縮させる。そこから腹直筋の力を抜かずに1の体勢に戻る。

おへそを覗き
込むように頭部
から上体を丸め
込んでいく
肩甲骨が床から
はがれるまで
上体を丸め込む

NG　上体を丸めず起き上がり腹直筋上部が収縮しない

上体を伸ばしたまま起き上がっても腹直筋の上部は収縮しない。腹直筋は脊柱を丸める動きの主働筋であり、背中を丸めることが重要となる。

腹筋トレ❷ 自宅種目

シットアップ

脊柱全体を丸める

脊柱を丸めながら起き上がる動きで腹部前面の腹直筋中部をハードに鍛える種目。クランチより脊柱が全体的に丸まるため、腹直筋の中心となる中部をしっかり収縮させることができる。

Target

腹直筋（中部）

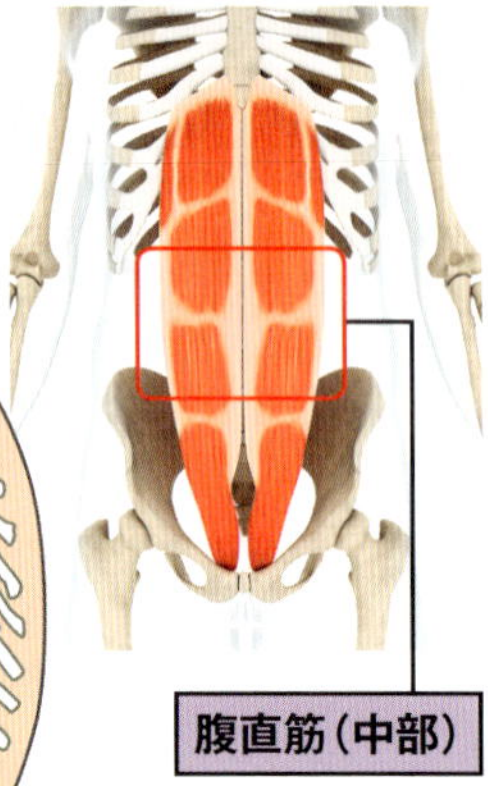

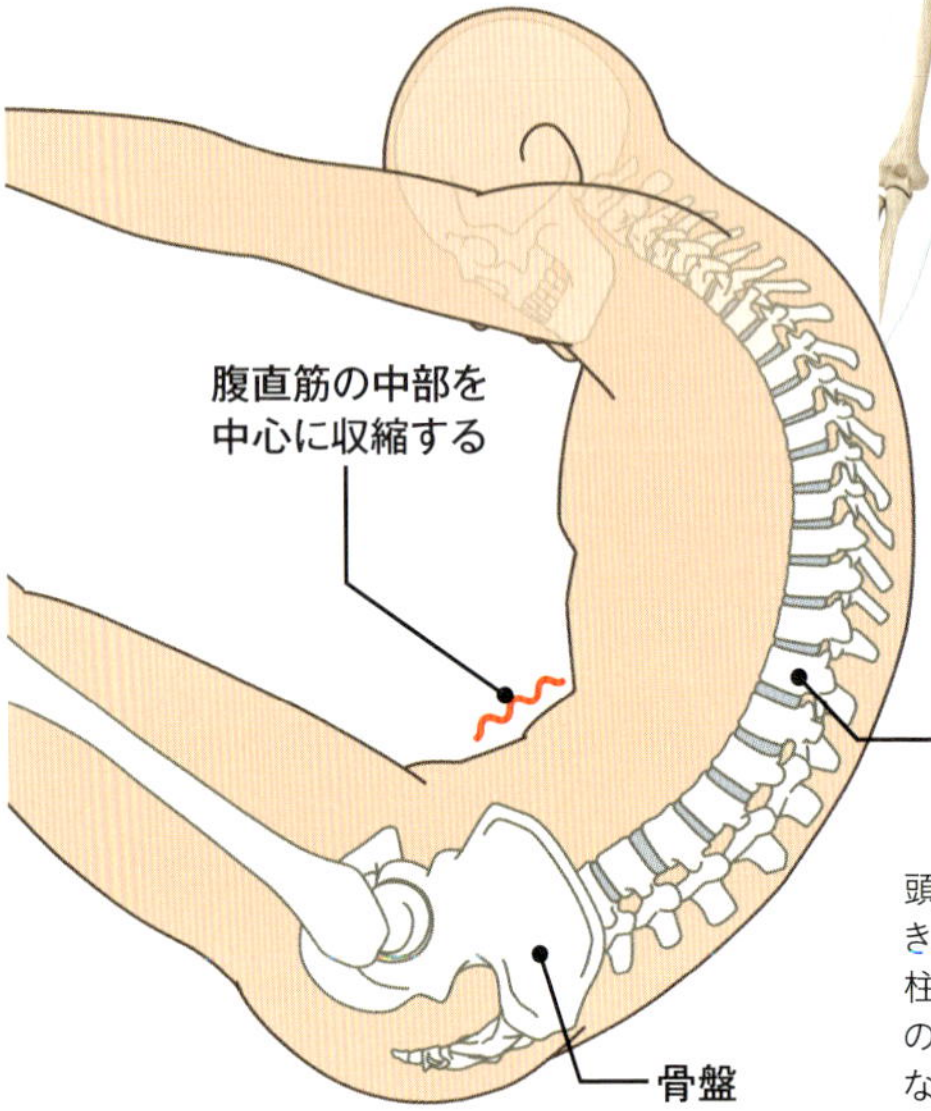

頭から脊柱を丸める動きに、起き上がる動きを加えることで脊柱全体が丸まるため、腹直筋の中部が収縮する。骨盤ではなく脊柱の動きで起き上がる。

シットアップの特長

肩から背中をはがすように起き上がる

背中を丸めながら起き上がることで、脊柱を丸める動きが脊柱全体におよぶ。背中の肩甲骨より下の部分が床からはがれないと腹直筋の上部しか収縮できない。また上体を起こせない人は、上図のように両手を前方に伸ばすと少し起き上がりやすくなる。

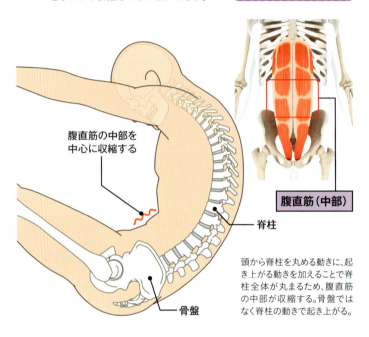

シットアップ 基本フォーム

1 仰向けで膝を立て、両手を胸の前でクロスさせる。そこから頭を軽く丸めて浮かし、腹直筋に力を入れる。

両脚を揃えて
膝を立てる
腹直筋に
力を入れる
頭部を丸めて
床から浮かす

2 息を吐きながら、頭から背中を丸めて起き上がり、腹直筋中部を収縮させる。そこから腹直筋の力を抜かずに1の体勢に戻る。

おへそを上から
覗き込むように
上体を丸めて
起き上がる
腹直筋が脱力しないように
起き上がりきる手前まで
上体を起こせばOK

バリエーション

足を固定することで腸腰筋も刺激する

足を固定して起き上がると股関節を屈曲する腸腰筋が一緒に働き、腹直筋の負荷がやや下がる。

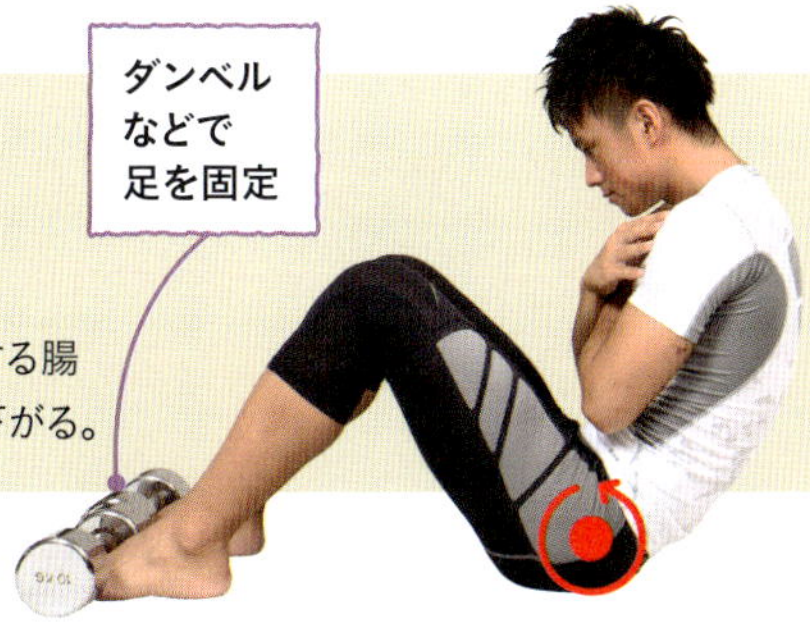
ダンベル
などで
足を固定

Vシット

脊柱と股関節を同時に屈曲

Target

腹直筋（下部）
腸腰筋

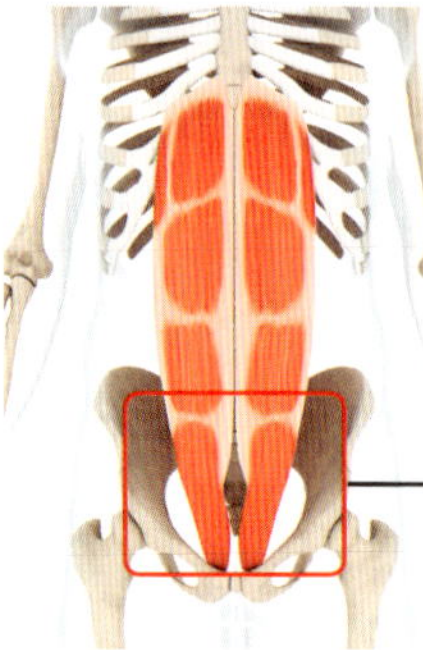
腹直筋
（下部）

上体を起こしながら脚を振り上げる動きで、腹直筋下部と股関節屈曲動作の主働筋である腸腰筋《ちょうようきん》を収縮させて鍛える種目。

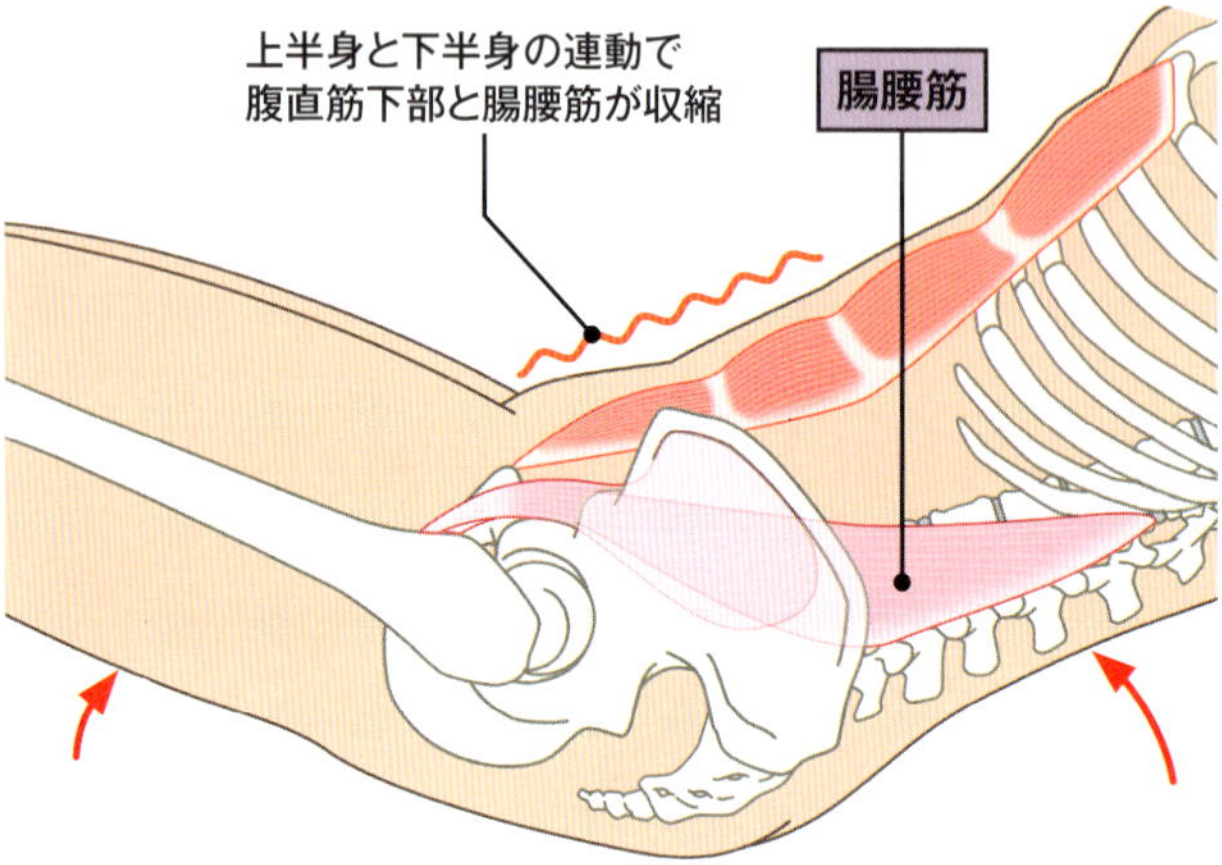
上半身と下半身の連動で
腹直筋下部と腸腰筋が収縮
腸腰筋

Vシットの特長

上体を起こしながら脚を上げる

全身を使った大きな動きで腹直筋の下部を中心に鍛えていく。上体を起こす脊柱の動きと、脚を振り上げる股関節の動きを組み合わせることによって、収縮させにくい腹直筋の下部もしっかり収縮させることができる。

Vシット 基本フォーム

1 仰向けに寝た状態で両腕を頭上へ伸ばし、腹直筋に力を入れる。両脚も揃えて真っすぐ伸ばす。

両脚を揃えて
真っすぐ伸ばす
腹直筋を
伸ばしたまま
力を入れる
頭上へ両腕を伸ばし
手の平を上に向ける

2 息を吐きながら、ある程度勢いをつけて全身を折り曲げ、「V」字を作る。起き上がる動きと脚を振り上げる動きを連動させる。そこから腹筋に力を入れたまま1に戻る。

脚を揃えて
伸ばしたまま
できるだけ
高く上げる
上体を丸めて
起き上がり
できるだけ
脚に近づける

EASY

腹直筋、腸腰筋が弱い人は膝を曲げて負荷を下げる

V字が作れない人は、膝を曲げて脚を振り上げると負荷が下がり脚も高く上がる。

腹筋トレ4 自宅種目

ツイストクランチ

骨盤を固定して脊柱をひねる

上体を左右交互にひねって、脊柱をひねる動き（体幹の回旋）に主働筋として働く脇腹の腹斜筋群（外腹斜筋・内腹斜筋）を鍛える種目。お腹の引き締めには脇腹も鍛えていく必要がある。

Target

腹斜筋群（上部）

脊柱をひねる動きは腰椎より胸椎が大きく回旋するため、上体をひねる動きに対しては腹斜筋群の上部が強く働く。

外腹斜筋（上部）

※内腹斜筋は外腹斜筋の深部にある

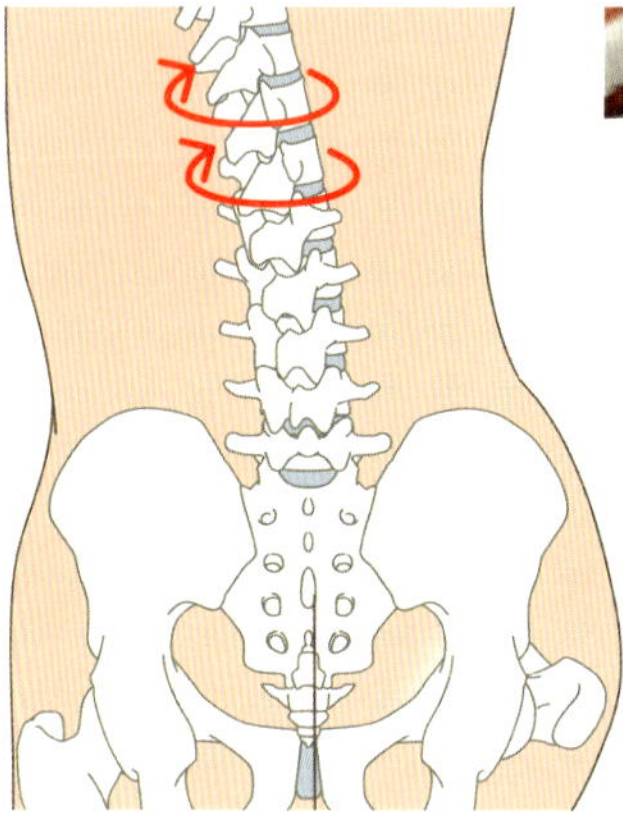

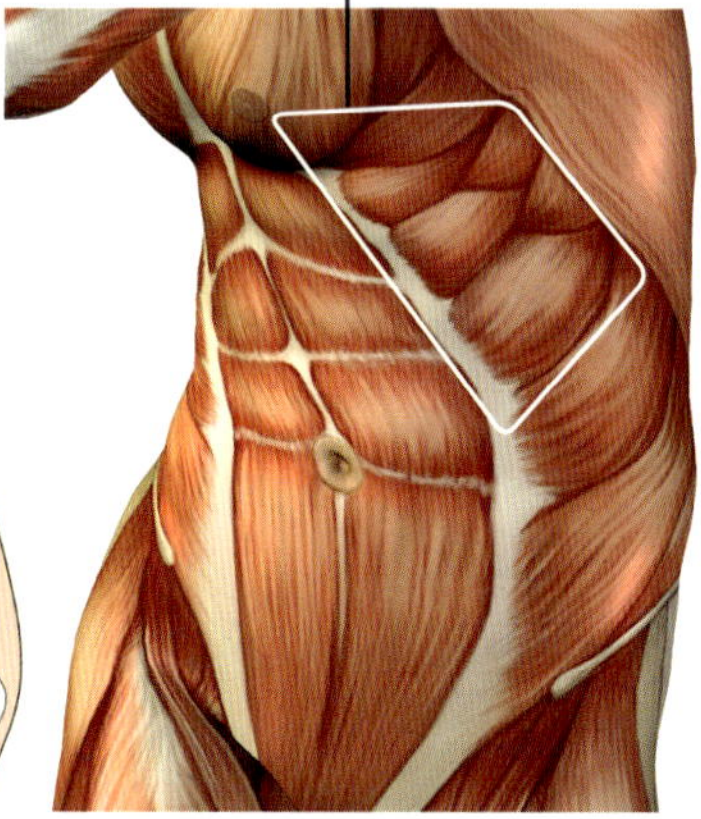

ツイストクランチの特長

下半身を固定したまま上半身を動かして脊柱を回旋

仰向けに寝て骨盤を安定させた状態で上体をひねり、脇腹の腹斜筋群を働かせる。脇腹で肋骨と骨盤をつないでいる腹斜筋群は、脊柱の土台である骨盤を固定したまま脊柱をひねることで動員される。脊柱と骨盤が一緒に回ると腹斜筋群は働かない。

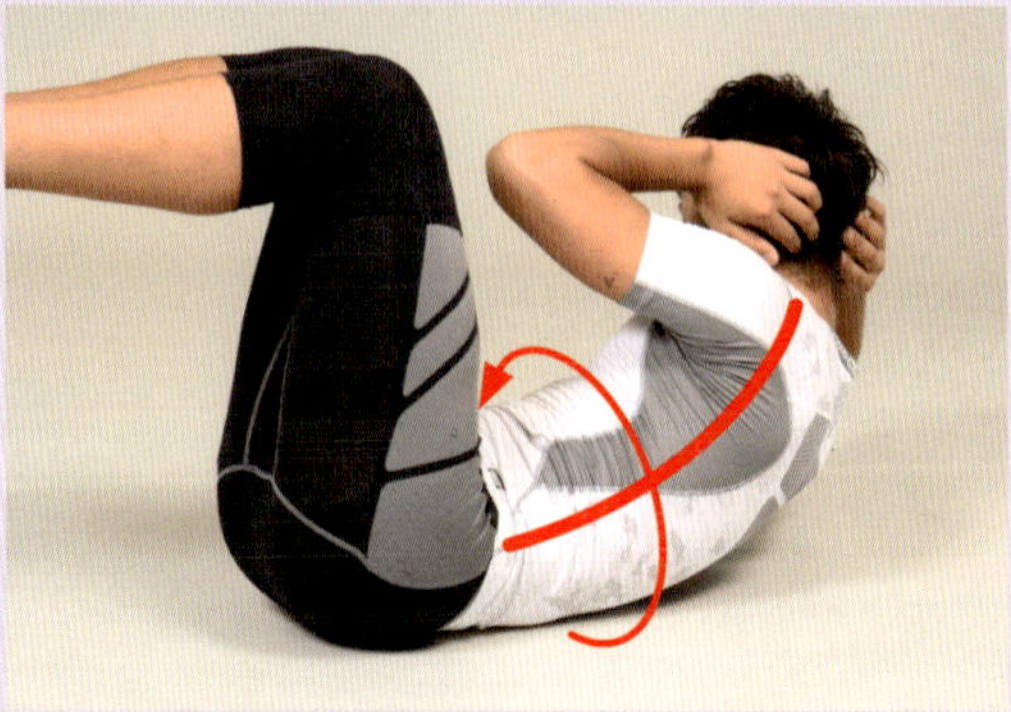

ツイストクランチ　基本フォーム

1 仰向けになって脚を上げ、両手を後頭部か耳の後ろ付近に添える。両手は後頭部で組んでも良い。そこから頭部を浮かして腹直筋に力を入れる。

脚を上げて
膝を90度に
曲げる
頭部を上げて
床から浮かす

2 息を吐きながら、頭から背中を丸めて上体を起こし、肘を対角の太ももに近づける。続けて反対側へひねっていく。

上体をひねって
肘を対角の太ももに
近づけていく
上体をしっかり
起こした状態で
ひねっていく
脇腹の上部が
ねじれて伸びる

NG 上体を起こさずひねるとひねりが小さくなる

上体を丸めて起こしてからひねらないと、ひねりが小さくなり腹斜筋群が働かない。上体を起こして脇腹をねじり伸ばすように大きくひねる。

腹筋トレ5 自宅種目

プランクツイステッド

脊柱を横に曲げる動きで骨盤を持ち上げる

四つん這いの体勢で脚を交差し、骨盤をひねられた状態で持ち上げ、脊柱を横に曲げる動き(体幹の側屈)の主働筋でもある腹斜筋群(外腹斜筋・内腹斜筋)の下部を中心に鍛える種目。

Target

腹斜筋群(下部)

外腹斜筋とその深部にある内腹斜筋による体幹側屈動作(脊柱を横に曲げる動き)で骨盤を高く持ち上げていく。

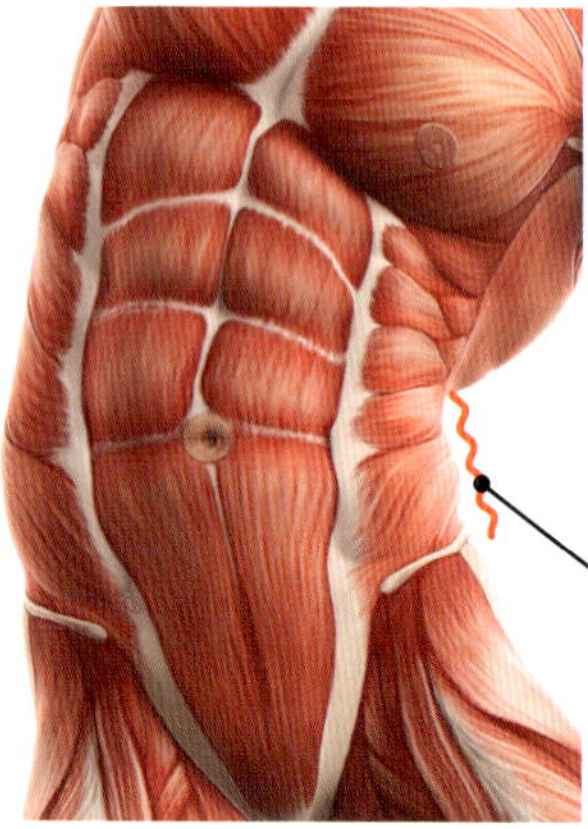

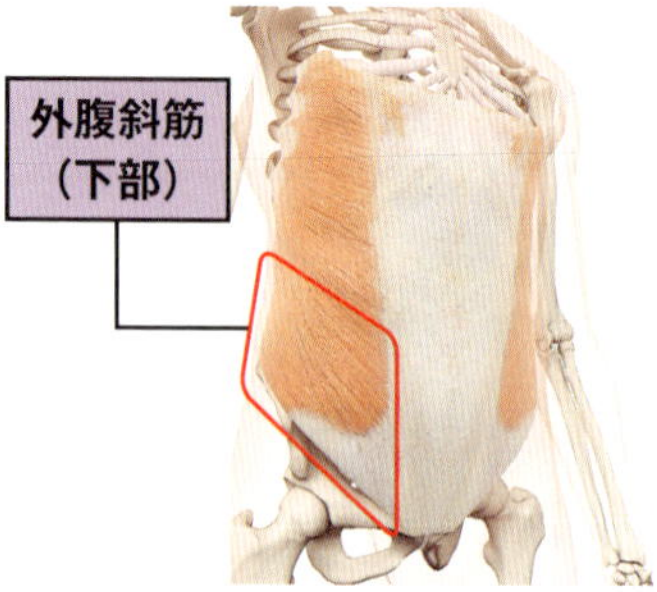

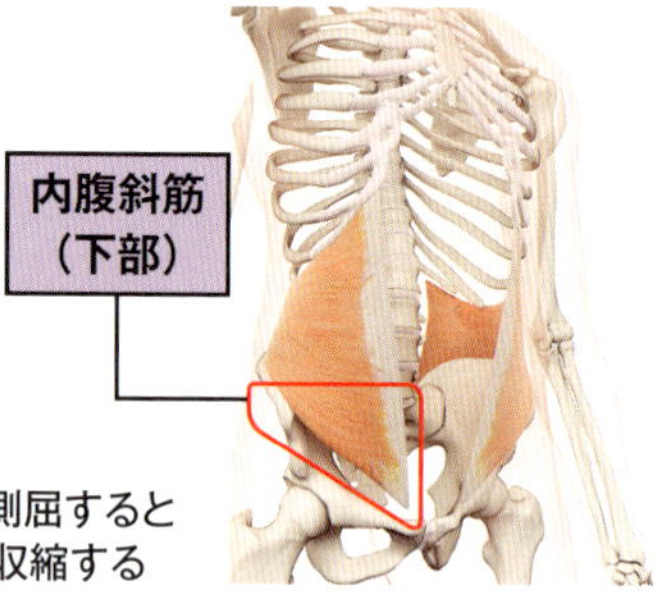

上体を横に曲げて側屈すると脇腹の腹斜筋群が収縮する

プランクツイステッドの特長

骨盤を持ち上げて脊柱を側屈させる

四つん這いの体勢から骨盤を持ち上げる動きには、腹部前面の腹直筋が働くが、骨盤を横向きにひねった状態で持ち上げると、上体を側屈する動きとなるため脇腹の腹斜筋群が働く。

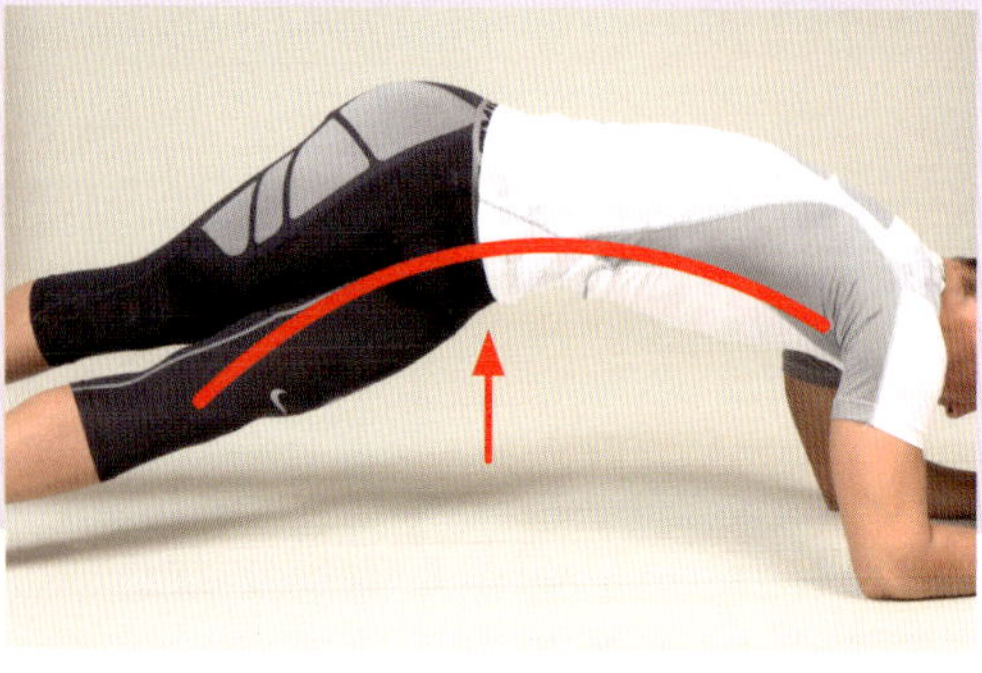

プランクツイステッド 基本フォーム

1 四つん這いの体勢で脚を伸ばしたまま交差し、骨盤を横向きにひねる。足先と肘先だけで上体を支える。

床が硬い場合は
両足先の下に
タオルや
座布団を敷く
足を前後に開き
骨盤を横向きに

2 脚を交差したまま、頭から上体を丸めて側屈し、骨盤をできるだけ高く持ち上げる。脇腹の腹斜筋群をしっかり収縮させる。

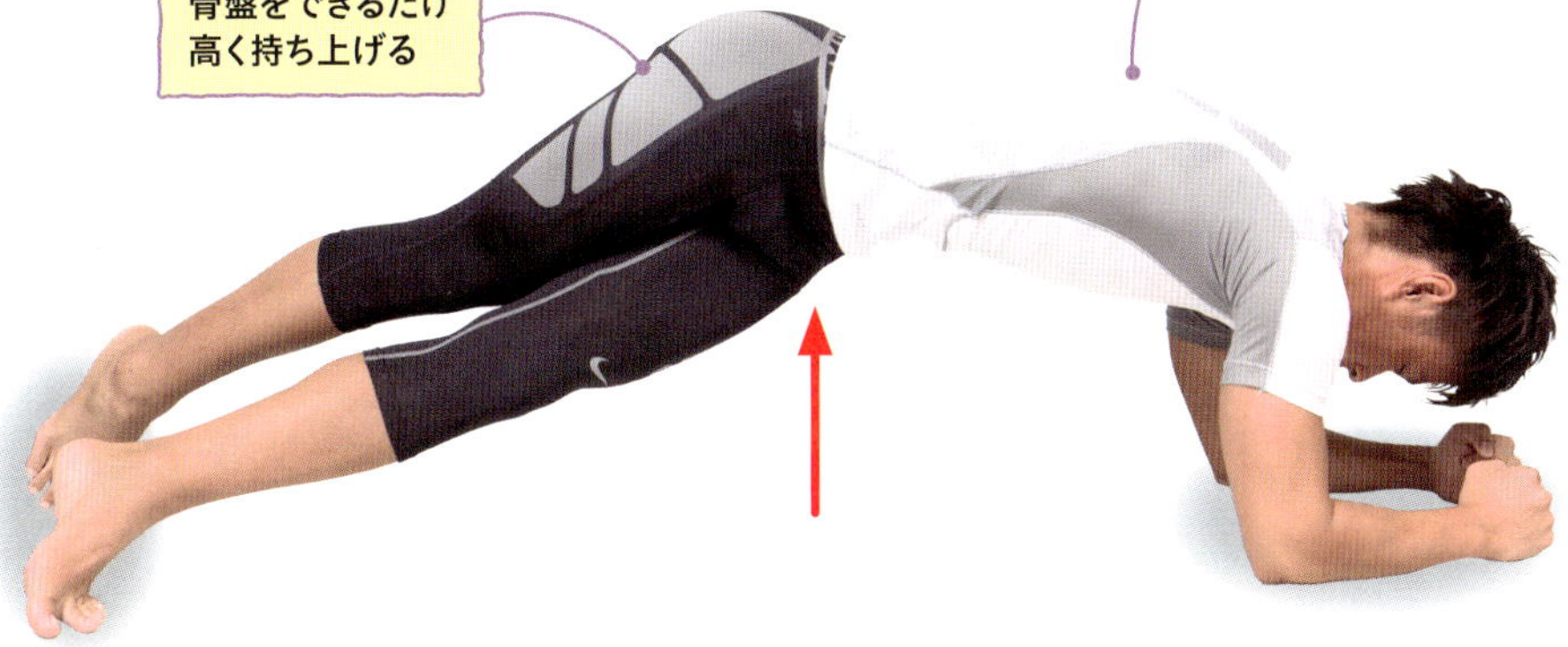
上体をしっかり丸めて
骨盤を高く持ち上げる
骨盤をできるだけ
高く持ち上げる

POINT 足の側面を設置すると骨盤がひねられる

シューズを履くか座布団を敷いたりして両足先の側面を床につけると骨盤がしっかりひねられて側屈の動きになる。

自宅トレーニングギア

自宅で太い腕や厚い胸板を目指すという人は、自宅トレーニングに欠かせないギアを取り揃えることが望ましい。近年は通販などで安く手軽に購入できる。

ダンベル（可変式）

プレートが着脱できる可変式のダンベルは、プレートを買い足せば重さを増やすことが可能。さらに種目によって最適な重さに調節できるため、筋肉を限界まで追い込むトレーニングには欠かせないアイテムといえる。価格は重さで異なるが、通販などではだいたい２～４千円程度の価格で購入できる。

ダンベル

プレートとグリップが一体型のダンベルは、安価で購入できる商品が多いものの、筋力の向上に合わせて重量を増やすことができないため、長期的使用にはやや不向き。

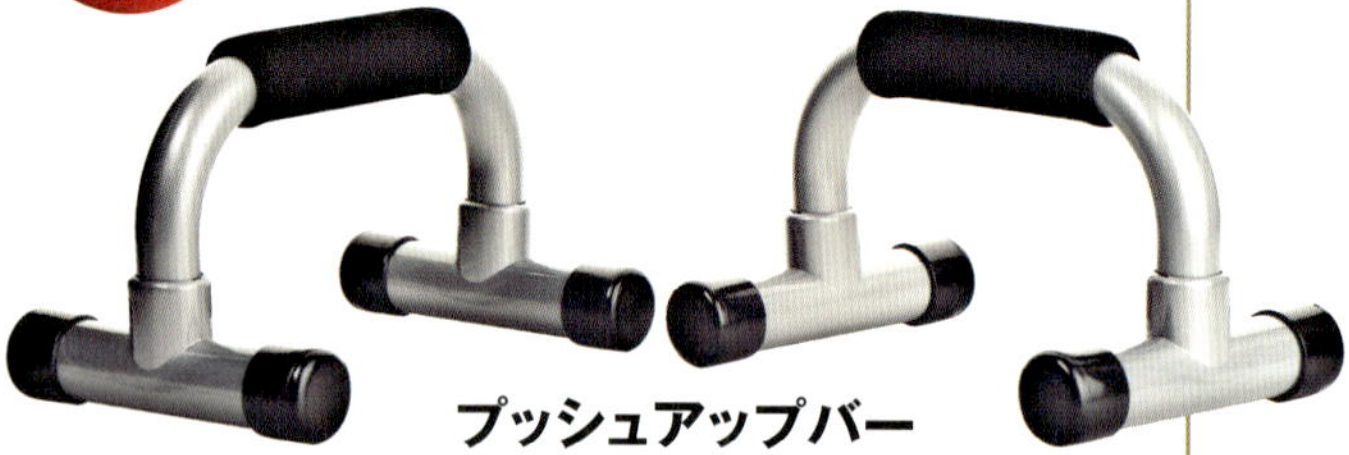

プッシュアップバー

代表的な自重トレーニングであるプッシュアップの専用アイテム。バーに手をおいてプッシュアップをすることで、関節の稼働範囲が広がるため、筋肉をしっかり伸ばしてより高い負荷をかけられる。通販などではだいたい１～２千円程度の価格で購入できる。

トレーニングベンチ

自宅用のトレーニングベンチとダンベルがあれば、ダンベルプレスをはじめとするほとんどのダンベル種目が自宅にいながら実践できる。背もたれの角度が変えられるタイプならインクライン系の種目も実践可能。脚が折りたためて収納に便利なタイプもあり。通販などでは安価な物で1万円以下の商品もある。

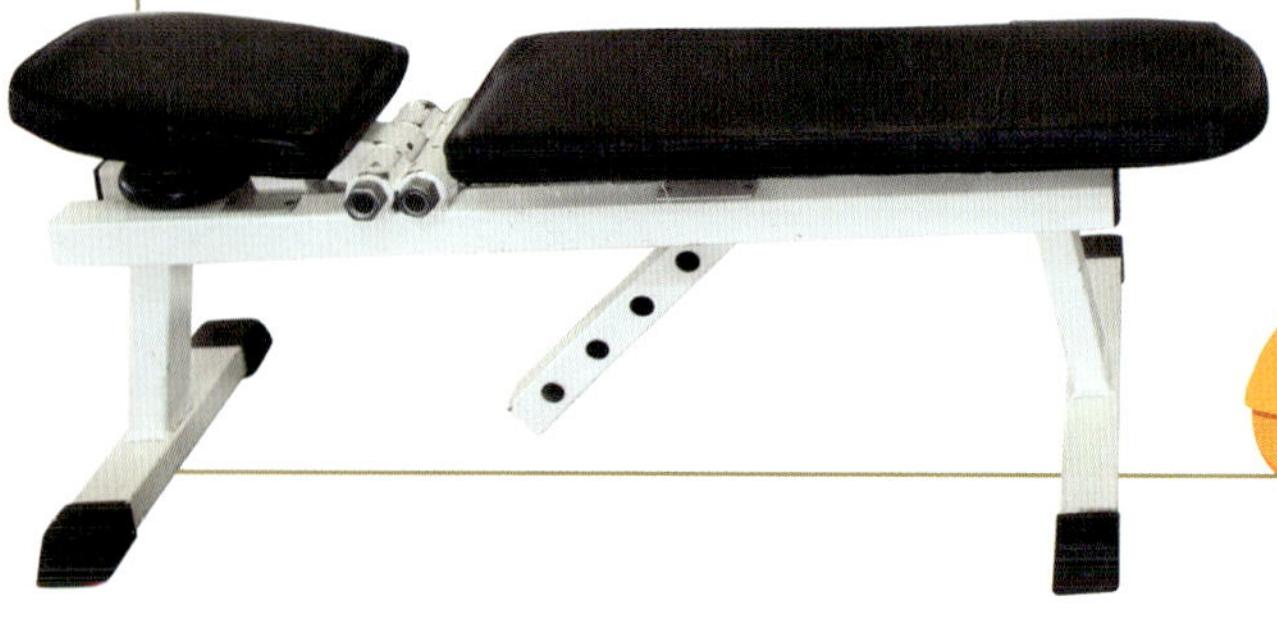

価格や置く場所の問題でトレーニングベンチを購入できない人は、丸めた布団や座布団、クッションなどを使って自家製ベンチを作ろう。ダンベルプレスなどで肘を深く下げられる高さに作ることがポイントとなる。

撮影協力

学校法人　三幸学園 東京リゾート&スポーツ専門学校

東京都豊島区南池袋2-31-2　TEL：03-5391-3386

http://www.sanko.ac.jp/tokyo-sports/

twitterアカウント
@tokyo_rizosupo

instagramアカウント
@tokyo_rizosupo

モデル

望月あもん
（日本体育大学）

戸田秀一
（日本体育大学）

正木奨悟
（東京リゾート&スポーツ専門学校）

【著者略歴】
岡田 隆（おかだ・たかし）

1980年愛知県生まれ。日本体育大学体育学部准教授（運動器外傷学研究室所属）。理学療法士。日本体育協会公認アスレティックトレーナー、NSCA CSCS、JATI-ATI。日本体育大学大学院修了（体育科学修士）、東京大学大学院博士課程単位取得満期退学。専門領域はトレーニング科学、アスレティックリハビリテーション。現在は柔道全日本男子チームの体力強化部門長を務め、ボディビルダーとしても活躍中。『筋力トレーニング・メソッド』（高橋書店）、『筋トレボディメイク・メソッド』（ナツメ社）、『筋肥大メソッド』（ベースボールマガジン社）、『2週間で腹を割る! 4分鬼筋トレ』（アチーブメント出版）など著書・共著書多数。

STAFF
編集制作：谷口洋一（株式会社アーク・コミュニケーションズ）
デザイン：小林幸恵、玉井真琴（有限会社エルグ）
撮　　影：清水亮一（アーク・フォトワークス）
写真協力：シャッターストック、日本体育大学
イラスト：庄司猛
衣装協力：ナイキ ジャパン

太い腕と厚い胸板をつくる至高の筋トレ

2017年11月30日　第1刷発行

著　者　岡田 隆
発行者　中村 誠
印刷所　株式会社 光邦
製本所　株式会社 光邦
発行所　株式会社 日本文芸社
〒101-8407　東京都千代田区神田神保町1-7
TEL.03-3294-8931［営業］、03-3294-8920［編集］
URL http://www.nihonbungeisha.co.jp

Printed in Japan 112171109-112171109 Ⓝ01
ISBN978-4-537-21518-2
（編集担当：坂）